热点

常宁◎著

社交媒体内容运营逻辑

ZHEJIANG UNIVERSITY PRESS
浙江大学出版社

推荐序
懂媒体变革，才能懂传播

杨瑨　"钛媒体"内容合伙人、执行总编辑

或许你不会想到，北京地铁替我们记录了这个时代媒体形态的变革。

常宁博士在本书中提到的《信报》，曾经在 2015 年以前垄断了北京各大地铁线路的乘客入口，短时间内达到了几百万份的发行量。

如今的地铁中却是这样的情景：每个人都在刷手机。

是的，最好的答案就写在历史里。

"新的媒体形态有机会颠覆印刷媒体，必须感谢双微——微博和微信"，随着微博、微信等移动互联网平台乃至"今日头条"所代表的新一代基于算法的信息分发平台的崛起，使公众消费资讯、消费内容的渠道发生了根本的变迁。互联网技术让内容生产的效率极大地提高了。

"社交媒体"成为新的主流之后，直接呈现出去中心化、人人都能出版、**碎片化阅读**等特质，内容产业链条的创作生产、传播及商业模式彻底发生了改观。

我和常宁博士有一位共同的朋友，甚至出版了一本描述新媒体变革的书，书名为《主编死了》——用这样的方式夸张地定义了我们眼前全新的社交媒体时代。

我所在的"钛媒体"平台，就诞生于本书中所定义的"大众社交媒体"时代，本身也是媒体变革的实践者之一。

钛媒体从诞生起就开通了"专栏"UGC(User Generated Content,用户生产内容)的内容生产模式,至今六年,我们保持着一年一度的作者原创节及"年度十大作者"评选,主张创新写作,并为一年当中持续思考、持续为平台贡献有价值观点和内容的写作者们颁奖。

我们发现,从2013—2015年,业内一直有持续的讨论,议题就是中国传媒行业集体"融合"和"转型"浪潮,在此期间,我们收到了大量关于传统媒体转型、社交媒体野蛮生长及商业模式创新的投稿。报业停刊或报业集团重组等一系列行业事件也发生在这一时期。

作为钛媒体的创办者之一,我有幸亲历本书中所述的时代,我们和互联网时代的数以亿计受众们一起见证了"不知道用户是谁"的传统媒体的式微,以及新的媒体形态成为主流的全过程。

作为在媒体行业"搬砖"的一线从业者,我很欣慰能看到本书中关于蜂巢理论及有效传播这样的干货梳理。

事实上,常宁对于媒体变革、社交媒体运营的研究,都早于钛媒体的创办。在2011年社交媒体萌芽之际,常宁博士就已经开始着手研究相关领域的变化了;常宁此前还曾供职于《麻省理工科技评论》(*MIT Technology Review*)中文版多年。

常宁是不折不扣的理科生,后在中国传媒大学开启了她在新闻传播领域的研究,这一跨界的专业背景,以及在最早一批科技媒体中的实践,给了她足够的高度去看待前沿技术发展对于媒体及社交趋势的影响。同时,她又通过后期不间断的研究,对媒介进化、媒介对社交关系对于社会进化的影响,获得了更为宏观的视野。

2015年早春,常宁博士笔下的一篇《微信关系链上,有一种沉默的"僵尸关系"》通过钛媒体平台发表,引发了读者广泛讨论,在钛媒体的微信公众号上制造了又一个"10万+"热门文章。以此为开端,常宁此后对每一个阶段对于社交网络及营销方法论的研究,都独家授权钛媒体来发布研究成果,也征服了钛媒体上几百万的忠实用户,常宁的深度长文,早就成了钛媒体"深度内容"中的招牌菜。

在我们评选的"年度十大作者"中，她年年上榜。

早期在《麻省理工科技评论》的工作经历，让常宁得以有一个较高且宏观的视野，对于媒介技术的发展状况，以及技术对于人类的社交关系有什么样的影响，有了更深入的思考。

作为常宁的朋友，更作为她每一次研究成果分享时优先级最高的伙伴，我在前沿科技领域的持续报道中，也不断印证了本书中所总结的社交媒体变革的基本规律，即蜂巢理论——社交媒体连接形态、社交媒体信息传播要素、热点事件如何遵循这样的规律一个又一个爆发出来等。

蜂巢关系理论、社交媒体热点传播规律，是凝结了常宁近 7 年对社交媒体和营销传播研究精华的成果。

而蜂巢理论及本书的出版对于当下的意义则在于，如何善用蜂巢关系，成了内容产业的商业掘金者们的必修课。这本书由小见大，如何利用蜂巢关系的连接、蜂巢传播规律去运营社交媒体的内容传播、营销传播，是核心落脚点。因此，全书不仅具备理论价值，更能看到常宁博士的历史观和方法论。相信内容运营者、社交媒体研究者、营销传播者等多个领域的人都可以从这本书中找到答案，即便是普通人，也能从本书中窥探到社交媒体历史的发展。

任何研究都是一个孤独的过程，我的好姐妹常宁能将她的成果付诸出版，唯有祝贺和击掌鼓励。

前　　言

2009年，在中国社交媒体发展史上值得铭记！

2009年，微博这个源于国外的社交媒体在中国落地，从此，中国的社交媒体迅速打开局面，以难以置信的速度植根于中国用户的日常生活。经历和见证过微博落地的人一定清晰地记得，当我们初次发现能在微博上快速发布120字的信息、转发、评论、拥有粉丝、追随他人时，我们的雀跃和激动。我们像发现了新大陆一样快速地探索、接纳、使用和拥抱它。

从此，传统的社交圈子快速被移植到这个新生事物上，形成了新的连接方式和圈子，无数个网状的大圈子和小圈子活跃在微博上。这些大圈子和小圈子，就像无数个蜜蜂的巢穴，每个人都不停地向这些巢穴内搬运信息，又把巢穴内成员的信息搬运出来。这些信息快速地流进更多巢穴，又从更多的巢穴内流转出来。就这样，信息就像波浪一样，一层一层地向周围辐射和扩延，蔓延到一个又一个巢穴，直到信息触达社交媒体上所有的巢穴。

这个社交媒体看似无形，却给了人们无限的遐想。如果我们的想象力足够丰富，就能看到，社交媒体就像一个大大的蜂巢，而里面的用户就像蜜蜂一样"按照一定秩序"自发组建和连接成或大或小的巢穴。这些蜜蜂（用户）依靠搬运信息而生，也依靠不停地搬运信息来维护巢穴内的社交关系。更重要的是，正是因为无数个小巢穴每时每刻"自如"地"搬进"和"搬出"信息，才令社交媒体这个"大蜂巢"得以长久地存活下去，有内生的动力。

从此之后，无论是微信的横空出世，还是其他类型社交媒体层出不穷，它们都难以逃脱"蜂巢"的命运。不同的社交媒体蜂巢,其成员之间的关系连接方式可能有所不同,但蜂巢的结构和信息流转方式大同小异。

也正是这样的蜂巢连接方式,造就了社交媒体上一波又一波"热点"的潮起潮落。

这些热点信息,既是蜂巢成员自产的,同时也是蜂巢的助燃器。蜂巢中的成员不断地搬运信息,推动一些信息达到最高热度,同时,蜂巢成员又在制造热点的过程中欢呼、呐喊、助威,直到热点慢慢降温和消失,他们重新趋于平静。但这种平静,只是短暂的平息,因为他们在迎接下一个未知的热点信息,期待着下一次狂欢。

就这样,蜂巢中的"蜜蜂"不停地向自己的巢穴中搬进和搬出信息,他们甚至在信息中不由自主地夹杂上自己的喜怒哀乐等情绪,从而让这些信息流动得更快,信息影响的范围更广,直到让整个蜂巢内沸腾起来。

三四年前,社交媒体蜂巢内的热点大约会持续 3～4 天。两年前,社交蜂巢内的热点大约会持续 1～2 天。如今,热点的持续时长大约只有几个小时。社交蜂巢内的热点周期变得越来越短!

有人开玩笑说,如果你在某一刻成为社交媒体上所有人都攻击的热点人物,你不需要做任何回应,只要忍耐几小时,便会被人们相忘于"江湖"。

那么,究竟是谁制造了热点?他们怎样制造了热点?谁又希望制造热点?又该如何抓住热点?又能如何利用热点规律?

这一系列的答案和秘密都在蜂巢里!

透过蜂巢看看里面无数巢穴的连接方式,看看里面的蜜蜂如何搬运信息,看看信息和情绪如何交织着并不断上升和流动,看看社交蜂巢里的信息流动脉络,看看蜂巢运转的大机器如何拨动着现实和虚拟的琴弦。

常 宁

2018 年 10 月

|目　录|

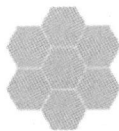

第一章　蜂巢的前世今生

一、 技术决定论预言成真

1964 年，伟大的传播学家麦克卢汉因出版了《理解媒介》而名噪全球，他提出的对媒介的理解和预言虽然产生了广泛影响，但也曾被人批评为"偏激""臆想""太过技术决定论"。因为，麦克卢汉认为，媒介本身就是讯息，媒介是人体的延伸，人类世界将会变成"地球村"。

《理解媒介》问世后引起了巨大的轰动和质疑，人们既惊讶于麦克卢汉的远见，但又难以理解和想象他所谓的"媒介就是讯息，媒介是人体的延伸"究竟是怎样一种状态。人们的质疑和惊讶是情有可原的。我们要想理解那个时代人们的想法，就要去追溯当时的社会背景和技术发展状况。

1946 年，世界诞生了第一台电子数字计算机埃尼阿克（ENIAC）。之后的十几年，计算机技术和通信技术开始发展，直到 1960 年，第一个真正意义上的网络——阿帕（ARPA）网出现了。阿帕网虽然是美国国防部出于冷战目的而创建的，但是它引发了技术进步，也促使其成为互联网发展的中心。然而，又过了十几年，到了 1973 年，阿帕网最终扩展成互联网，英国和挪威成为第一批接入的国家。十年之后，阿帕网在 1983 年将其网络核心协议改为我们现在熟知并通用的 TCP/IP 协议。直到 20 世纪 80 年代，局域网才开始兴起和发展，但局限于机构之间的网络通信。

1964 年，在电视、广播、报纸、杂志这些传统媒体控制信息和舆论的年代，人们还不知互联网为何物，麦克卢汉的"地球村"概念的确令人难以理解和想象。尽管之后的 20 年，计算机和通信技术持续发展，但网络并未进入大众生活，更谈不上商业化。所以，在麦克卢汉提出超前概念之后二三十年的时间里，他一方面受到盛赞，另一方面也经受批评，并且被业界贴上了"技术决定论者"的标签。

直到 20 世纪 90 年代，网络之间开始互相连接，html 网页被创立，万维网（WWW）概念被推广，网页浏览器 1.0 版本出现，"互联网"（Internet）一词在 90

年代末开始广泛流传。只有几个节点的远程网开始覆盖全美并向全世界扩张，整个互联网向公众开放并被商业化。

麦克卢汉于1911年出生，1980年去世，享年69岁。因此，他并未看到90年代网络大范围互联的局面，也并未看到互联网全球发展的萌芽。正因为如此，他曾经的论断和预言才显得如此前瞻和伟大。

麦克卢汉去世20年后，也就是《理解媒介》问世近40年后，大约2000年开始，麦克卢汉的预言开始成真，互联网将信息迅速从地球一端传向另一端，地球被缩小，成了一个"信息村"。地球上的人开始通过互联网"打听""地球村"发生的事，互联网既是媒体，也是讯息。对于这一切，可能连麦克卢汉自己也想象不到。

然而，让麦克卢汉更想象不到的，是全球互联网出现后十几年的时间里媒介发生的变化。最近几年，变化更加令人应接不暇：几乎人人都拥有一部智能手机，人们可以通过Twitter、Facebook、视频网站、微博、微信等社交网络迅速连接到世界任何一个角落。手机和移动互联网成为我们的"第三只眼"，移动设备和移动网络平台本身就是讯息，它们成为生活中不可或缺的工具，就像是我们身体的一部分。麦克卢汉在几十年前的论断不但成真了，而且还是对今天媒介状态的精辟归纳。

于是，批评者们的声音开始慢慢变少。在以往的传播学书籍中，我们能看到有人义正词严地批判麦克卢汉是技术决定论者，但在今天的互联网世界里，到处都有麦克卢汉的拥护者。人们更愿意用麦克卢汉的理论去解释今天的互联网和媒体时代到底正发生着什么。

互联网出现之前，计算机和通信技术经过了几十年的时间才得以发展和迭代。然而，互联网出现之后，技术更新的速度迅速加快，网络的发展和进步只用了十年的时间。从互联网的产生到移动互联网的迅速普及只用了几年的时间，并且更新的速度越来越快，几乎以指数级的增长速度发展。

互联网和技术发展不断带来新的媒介形态，今天的媒介样式前所未有地多样化，人们可以通过多种网络媒介发出自己的声音、观点，分享自己的信息，与其他人发生联系和互动。各式各样的媒介承载了各式各样的信息,真的成了我们身体的延伸。这些变化验证着麦克卢汉的论断,并且越来越显著。

二、 媒介变迁四阶段

媒介形态是如何跟随技术发展而变迁的?其实,上面对于互联网发展过程的简单分析已经将不同阶段的媒介形态清晰划分开了(如图1.1所示)。

传统媒体时代	前互联网时代	社会化媒体初期	后社会化媒体时代
报纸 广播 电视	Web 1.0 网站单向传播	Web 2.0 博客,BBS 互动性弱 实时效果差	Facebook Twitter 微博、微信 其他社交软件 移动App **新模式新闻产品**

图 1.1　媒介变迁四阶段

以今天的视角去回望媒介的发展历史,我们其实可以把媒介分成四个发展阶段:传统媒体时代、前互联网时代、社会化媒体初期、后社会化媒体时代。但这四个阶段之间并非是割裂的,后一个阶段的发展会在较长时期内融合前一阶段的媒介形式。

这些演变过程从外在来看,是因为技术的进步和发展而逐步推动了媒介的变革。是的,我们不得不承认技术决定论。

传统媒体经历的时期最长,报纸是最早的传统媒体形式。15世纪50年代,德国人古登堡发明了金属活字印刷术,之后印刷的报纸才开始发行,但最初只有在重大事件发生时才会印刷,因此其并不能算真正意义上的报纸。一般认为,世界上最早的报纸是17世纪初在欧洲出现的国家报纸,比如荷兰的《新闻报》和德国的《通告报》。自此以后,报纸真正拉开了传统媒体时代的序幕。

但从报纸的产生到广播和电视的出现却经历了300多年。1906年,美国人弗森登在圣诞节前夕成功实验了第一次广播，直到 1920 年，美国匹兹堡 KDKA 电台正式开播，真正的广播才诞生。1908 年，电子扫描原理被提出，奠定了电视技术的理论基础。1925 年，电视机由英国人发明出来。从此，社会进入了广播、电视、报纸和杂志并存的传统大众媒体时代。1946 年，第一台正式的计算机 ENIAC 出现，为今后网络的萌芽和发展奠定了基础。直到 20 世纪 90 年代末到 21 世纪初真正意义上的互联网出现，传统大众媒体时代经历了约 400 年的发展。

从广播、电视、计算机再到网络的出现，经历了几十年的时间，在此期间，电子和通信技术逐步发展。然而，从互联网的出现到如今社交媒体和多种新媒介形式的迅速发展，计算技术、网络技术、产品技术等的迅速迭代让互联网发生了质的变化，这些变化总共只用了大约 10 年的时间。而未来，技术和产品迭代的速度会更快，周期会更短。

上述媒介演变过程从内部来看，互联网出现后，人们为了强调与传统媒体的区别，而把互联网称为"新媒体"或第四大媒体。但值得注意的是，互联网这一"新媒体"在出现后的 10 年时间里，并没有让传统媒体的地位发生本质上的动摇，互联网起初只是传统媒体的陪衬，传统媒体的垄断地位和舆论控制权没有发生变化。并且最初的门户网站也承担着一对多的广播形式，也就是所谓的 Web 1.0 时代，我们甚至可以把最初的门户网站也看作传统的大众媒介。

2003 年前后，博客、BBS 等社交媒体出现，但这类社交媒体的实时性较差、互动力较弱，加之计算机硬件设备不够普及，所以它们并未引起大众的广泛参与，也未能对传统媒体的地位造成影响，我们可以把这一阶段看作社交媒体1.0 时期。直到 2009 年前后，智能手机、移动设备、移动互联网开始发展和普及，Twitter、Facebook、微博等社交网络开始出现，情况才开始发生巨大变化。传统大众媒介的地位开始被颠覆，危机感愈发深重，并且一发不可收拾。

2009 年笔者在美国麻省理工学院《麻省理工科技评论》（*Technology Review*）中文版工作的时候，该网站仍是单向传播的"一对多"形式，没有任何互动，也没有流量导入方式，更不知道用户是谁。甚至，很多传统的网站都设置了用户登录系统，以此获取用户的详细信息。面对内容传播和流量问题，当时，最好的做法就是与四大门户网站协商互转内容，以帮助我们导入流量，获得曝光率。但这种形式效果堪忧，因为门户网站的信息更新太快，导流的效果甚微。

就在 2009 年，新浪微博在国内兴起并且迅速传遍全中国，人们被这种新鲜的媒介形式深深吸引，蜂拥而至。人们快速从中获取各种信息、资讯和新闻，也能生产内容并让信息迅速传播出去，于是一对一、多对多的网状传播模式出现，自媒体概念开始萌芽。传统媒体的危机感开始全面爆发，但同时，面对这种"打击"，传统媒体纷纷开设了微博账户，通过微博平台传播新闻内容，并且开始从微博用户生产的信息中获取新闻源。

《麻省理工科技评论》中文版在 2009 年年末注册了微博官方账户，在微博上发布内容和内容链接，到 2010 年年底，该账户的真实粉丝数已经达到了 10 多万。这个数量在当时算是很不错的，并且，《麻省理工科技评论》清晰地了解到目标用户都有哪些人，从事何种工作，对什么感兴趣，对其报道的新技术有何看法。这些都是非常直接快速的对接。另外，通过微博这样的渠道，《麻省理工科技评论》官方网站的流量大大提升，知名度提高，杂志的订阅量也开始增加。

于是，微博开始成为一个信息的聚集和发散地。传统媒体一方面遭受着新媒体的冲击，而另一方面却不得不"投靠"新媒体，依赖它们的反哺。传统媒体的信息分发渠道开始变弱。比如，报纸和杂志的销量和广告收入开始慢慢下滑，并且从 2011 年开始，下滑的速度迅速加快，之后，大量报纸和杂志开始停刊，有的也开始转型发展新媒体形式，比如手机应用。对于电视媒体来说，受众开始转移和分化，收视率和广告收入也一度下滑，但电视并未像报纸和杂志那样沉沦，电视媒体在这场变革中一直努力寻找融合的方式，以调整自身的发展模式。

传统媒体的焦虑以及社交媒体的雄心勃勃在那几年表露无遗。传统媒体一方面要与自身旧有的内容生产、内容传播模式进行博弈，另一方面还要积极融入新媒体的发展进程中，借助新媒体平台扩大自身在网络上的影响力和话语权。

我清晰地记得，在 2009 年到 2012 年间，业界出现大量关于传统媒体转型、传统媒体被取代、传统媒体消亡等言论,各种专业性的和非专业性的文章充斥着网络。似乎有一种无声无息的关于传统媒体的死亡气息到处弥漫着,我也曾针对传统媒体转型的问题发表过一些文章和看法。

2011 年年初,微信被正式推出,一种异于微博的新的社交媒体平台出现了。2012 年开始,微信迅速发展,到 2013 年年底注册用户就超过了 6 亿。相比于微博的新闻分发性质,微信则将社交媒体真正推进到了即时"社交"的时期,更加侧重社交圈子中的信息流动。从 2013 年至今,各种新的社交媒体平台或社交产品不断出现,开始专注不同的垂直领域,比如专注女性的美柚(社区软件)、美拍(短视频社区),还有专注兴趣、美食、生活的社交产品等。垂直领域的社交产品进入了创业爆发期。

可以说,我们今天正处于社交媒体演变期,Twitter、Facebook、微博和微信等大众社交媒体仍是主流,但同时仍有各种社交产品、新闻产品如雨后春笋般不断冒出。所谓大众社交媒体是指微博、微信等社交产品,它们的目标用户是大众,并没有特定的目标人群,这类社交媒体承载的主要功能就是信息传递,满足了人们最基本的通信、交流需求以及信息获取需求。

大众社交媒体就像是信息批发集市,在这个平台上,有官方租赁的摊位(比如官方媒体),有个体户租赁的摊位(企业组织、舆论领袖),也有散户(草根用户),还有游荡者。与传统集市不同的是,在这个集市上,信息不需要买卖,而是自由流通的,不同类型的用户都可以从外界运输信息进来并在这个平台上发送出去,也可以从别的租户那里获取到信息再传出去。并且,在这个大集市平台上,所有类型的租户都可以按照不同的方式、需求、喜好或兴趣聚集到不同的空间里。

大众社交媒体已成为人们获取信息、发布信息、与他人建立联系的主要渠道。但同时,各种小众社交媒体产品慢慢出现,各有千秋,并向垂直方向进一步发展。但今天的社交媒体仍未安定下来,各种形式和形态的社交媒体都不断出现,预计在未来几年,小众社交产品将会大量兴起,不断细分用户,不同垂直领域的社交媒体或社交产品将会最终洗牌,那些能够长期满足垂直用户需求的社交产品将会最终留存下来,形成新的媒介形式。而此时就会进入社交媒体的成熟期。

在社交媒体的成熟期,小众的社交产品将会掌控社交媒体市场。大众类社交媒体主要依靠信息流动来连接用户,但在这些大的信息集市上,人们会发现自己很快被淹没在信息流中而找不到存在感,或者找到自己所属圈子的时间成本太高,并且因为大众社交媒体的开阔性,圈子的流失和流动性也很高。因此,小众化社交产品的盛行或许就能解决这些让人们感到不确定的问题。

小众社交产品将在衣、食、住、行等基本需求方面进一步细分。同时,满足人们不同兴趣、爱好和更高层次精神需求的更加垂直化的社交产品也会越来越多。换句话说,人们也将聚集在不同的小众化社交平台上,在满足自己某方面需求的平台上融入让自己有归属感的圈子。

在社交媒体成熟期,传统媒体不会消失,但会迭代成新的形式,比如纸质报纸或许会消亡,但会以网络版或其他电子形式存在。我们会进入一个媒介形态多样化,多种媒介高度融合、共存的时期。

三、 媒介形态更替催生巨变

如果说媒体的第一次变革是互联网的出现,那么社交媒体的出现,尤其是Twitter、Facebook 这样具有极强互动性和即时传播性的社交媒体开始出现后,媒体的第二次变革便一发不可收拾了,而且这次变革带来的是迅猛的、质的变化。我们可以从以下两个角度看这些变化。

1. 传播方式和信息生产方式

在当前社交媒体时代,信息传播方式和内容生产模式相比以往都发生了非常大的变化。

要说明这个问题,我们首先要看传统媒体时代,信息的传播和内容生产模式是怎样的。在传统媒体时代甚至在互联网发展初期的 Web 1.0 时代,信息的输出者主要是媒体,传统媒体垄断着信息传播渠道,信息从媒体单向传给受众。受众很难将信息反馈给媒体(如图 1.2 所示)。

图 1.2　信息传播方式

而从内容生产方式上来说,传统媒体主要是自产自销。它们有专门的内容生产团队(专职的编辑、记者),这些专业人员不断地从社会上发掘值得传播的信息,对这些信息进行加工后,符合媒体定位的内容被生产出来。之后,传统媒体凭借自己铺设的传播渠道(比如电视节目的信号覆盖,报纸的订阅和发放渠道),将这些内容分发出去。在这个过程中,传统媒体主要依赖广告盈利,通过将有吸引力的内容售卖给受众,从而获取受众的注意力。可以说,传统媒体是依靠售卖受众注意力而生存的。因为人们没有更多媒介可选择,传统媒体垄断的信息分发渠道是人们获取信息的唯一方式。

2009 年,在北京地铁早高峰时期,有一道非常亮丽的风景线,那就是每个进入地铁的人都可以免费得到一份都市类报纸。这份报纸仅有薄薄几页,分为政治、社会和娱乐版面,内容轻松简单,但在社会和娱乐版面搭配着不少广告信息。这些广告主要是房产、汽车、招聘、相亲类信息。这份报纸叫《北京娱乐信报》(以下简称《信报》),它是地铁里唯一可以免费发放的报纸,被称为"京城独家地铁报"。据央广网在 2015 年年初的报道,《信报》创刊 6 年来发展迅猛,发行量已达到百万级。

我们无从考证《信报》的发行量目前是多少,但可以肯定的是,这份报纸凭借独特的垄断式的优势渠道迅速发展。报纸的收入来源主要是发行报纸和打广告,发行量越大就意味着吸引到的注意力越多,那么通过广告盈利的能力就越强。所以,免费的报纸换来的是盆满钵满的广告盈利。

曾有人在知乎上问:"为何《信报》能在北京地铁里一枝独秀?"而有人的回答十分有趣:"如果有其他报纸(纯广告类除外)天天早上在北京地铁站里免费发放,我想我也会领一份看的,不是因为《信报》内容真的有多好,而是因为它是免费领来的。"更值得回味的是,北京京港地铁有限公司在 2009 年 12 月份发布了一份关于《信报》发放和停止销售其他报刊意见的公告,大意是,地铁里只允许《信报》在指定时间和地点免费发放,而不允许其他报刊在地铁里售卖。

举这个例子是想说明,对传统媒体来说,信息渠道的垄断地位不但使得受众接触的媒介渠道单一化,而且还让传统媒体在这种垄断地位中获益颇多。

而在社交媒体时代,传统媒体的信息分发渠道大大被弱化了,它们的信息分发渠道没有了绝对优势和垄断地位。从 2009 年开始,传统媒体的危机感和焦虑感日益严重,正是源于此。因为,人们可以绕过传统媒体的渠道,通过手机社交媒体免费获取信息。人们的注意力不再专属于传统媒体,传统媒体也无法再通过垄断权来控制注意力。因此,传统媒体凭借垄断注意力而盈利的生意被极大地冲击了。

社交媒体上的信息也从那一刻迅速大爆发,新闻信息瞬时传播,社交媒体给人们提供了一个巨大的信息提取和发放平台。人们从过去多年被传统媒体的禁锢中突然解放出来,2009 年新浪微博在国内出现后,人们释放出了前所未有的兴奋和热情,充满了新鲜感。每个人都可以将身边发生的事情迅速上传到社交网络中,人们也开始跳开传统媒体,从社交媒体中获取新闻。新浪公布的 2012 年第四季财报中称,这一年新浪微博的注册用户达到了 5.03 亿。除了新浪,其他门户也开始自建微博平台,一时间各种微博平台纷纷冒出。但在这场社交媒体的竞争中,新浪微博最终获胜。

现在想想,2009 年真的是需要被记载到中国互联网发展史中的年份,一切似乎从此瞬间改变。

也从此刻开始,信息的传播和生产方式发生了明显变化。社交媒体上的每个人都是一个信息传播节点,UGC(用户产生内容)大量出现并开始流行,信息开始呈多向、交互、网状交叉传播的特点,传统媒体也不得不纷纷入驻社交媒体。

传统媒体过去要亲自从社会中寻找新闻源,并且要投入大量人力、资金和时间。而如今,传统媒体可以从社交媒体上用户生产和传播的信息中寻求报道方向和提炼新闻,这些信息源源不断,甚至传统媒体要按照社交媒体中的信息线索去生产新闻内容,之后,再将报道发放到社交媒体上,用户会针对媒体的报道给出反馈,比如发出质疑,或者提出新的信息线索和方向,然后媒体又会根据这些内容调整新闻报道方向。这样一个反复的互动过程,事实上推动了新闻事实的挖掘。

同时,用户生产的信息除了自己的生活播报,也会提供许多来自社会的信息,于是这些信息被媒体采纳、挖掘、报道后又会反过来影响到现实社会,促进现实中问题的解决。最终,传统媒体、社交媒体和社会三个系统达到信息的协调统一(如图 1.3 所示)。

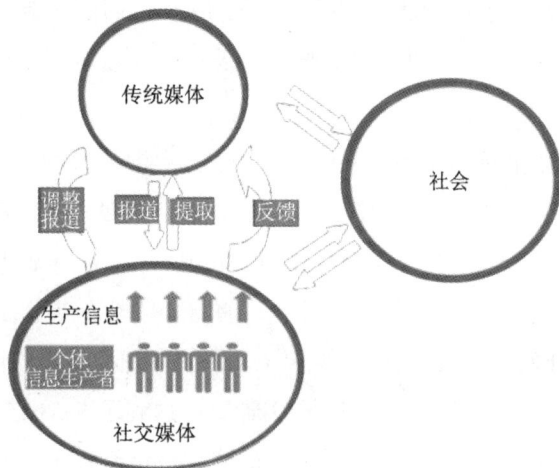

图 1.3　传统媒体、社交媒体和社会三者信息的协调统一

传统媒体在社交媒体时代只能积极拥抱社交媒体,努力融入其中,并调整自身。在这几年的新旧媒体融合中,传统媒体也慢慢适应了这种快速的变化。因此,在微信出现后,许多媒体也很自然地入驻微信平台,并开通了微信公众号。

但同时,微信这种不同于微博的社交媒体形式让媒介环境再次发生变化。如果说微博的出现让自媒体这个概念流行起来,那么微信则进一步推动了自媒体的发展。从 2012 年到 2013 年左右,业界都在讨论“自媒体是什么”“自媒体到底行不行”“自媒体如何发展”等问题,从这些讨论中可以看到对于“人人都是媒体”这个说法,大家是有许多不确定的,并且“人人都是媒体”也让人开始怀疑内容的专业性。

但微信的出现,让"人人都能生产内容"这件事变得更加确定和仪式化。比如,每个人都可以注册微信公众号,拥有一个自己的媒体发布平台,可以通过自己产生的内容笼络到自己的用户,这种感觉是实实在在的,相比之下,微博账号的仪式感就没有这么强。优质的内容生产者(自媒体)纷纷脱颖而出,他们通过内容的运营和维护圈住了大批用户,并通过对这批用户的维护,让自身升值,或者在合适的时机转型,推出自己的产品和服务。内容也成了微信这种传播平台上不同圈子和不同关系建立连接的核心(后面章节会详细讲到)。于是,"社群"的概念在 2015 年迅速流行起来。其实"社群"虽然是一个新鲜的名词,但本质上却是类似于"社区"的用户圈子。

之前关于自媒体的疑虑和探讨似乎慢慢变得清晰了。一个标志性的事件便是,2014 年年初,国内最大的自媒体联盟 WeMedia 获得 A 轮融资 300 万美元,这是自媒体诞生以来的首个融资案例,标志着自媒体的模式从备受争议到逐渐被认可。此后的两年时间,自媒体在微信平台上一波波崛起,许多传统媒体人也纷纷加入自媒体大军。

许多自媒体凭借内容滋养着"社群"中的用户,同时,也通过与用户的良好互动关系而维系自己的个人形象、品牌形象,从而带来广告收益,或者达到产品推广的目的。此时,相对于微博,自媒体和用户之间的关系是更加亲近的,交流互动更加频繁。

而后,一批批成功的"网红"自媒体出现,自媒体的商业模式也更加确定。许多自媒体纷纷获得投资,发展成独立的媒体。而这些就是 2014 年和 2015 年短短两年时间发生的事情。自媒体从模糊、不确定到有明确的发展线,的确是微博、微信这样的社交媒体推动的结果。

2. 从人的角度看媒介形态更替带来的变化

为了说明媒介形态变化对人产生的改变,我们不得不从人与媒体的关系以及人在这种关系中的地位变化来解释。

（1）"受众"地位得到提升甚至反转

以前，我们总习惯把传统媒体的目标对象称作"受众"。"受众"这个词由来已久，并且词语本身就隐含着"单方面接收信息"的意思。在传统媒体时代，人们的信息接收渠道由传统媒体垄断，而传统媒体的目标范围也是没有明确特征的"大众"，因此，人们只能"接受"，是通过单一渠道接受信息的"大众"。所以，在这种人与媒体的信息互通关系中，人的重要地位是没有被确立的。

但在社交媒体时代，"受众"这个词恐怕要被取代了，我们更愿意以"用户"来称呼那些能够连接网络和信息的人。尤其像我们上面分析的那样，社交媒体的出现改变了人与媒体的关系，每个人可以多方获取信息，也可以通过多个社交平台生产并传播信息；媒体仍可以按照常规渠道发放信息给"受众"，但所谓的"受众"早已分散到各个媒介平台上，媒体在双方关系中已经不能拥有绝对的控制力，"受众"地位在双方信息互动的关系中被不断提升。与其说传统媒体在突如其来的社交媒体时代感到焦虑，不如说传统媒体是因为"受众"的流失而感到恐慌。所以，我们今天普遍使用"用户"这个词其实已经表现出"受众"地位的变化，"用户"与媒体之间的关系更具平等性，双方可以通过社交媒体互通信息、双向传播。甚至，普通"用户"在社交媒体上产生的大量信息会决定媒体新闻报道的方向。

因此，媒介形态的变化不仅仅带来了媒介形式的多样化，也让人接触媒介的方式、接收和处理信息的方式发生了质的变化。比如，过去我们读报纸、看电视新闻，如今我们获取信息主要是通过社交网络以及能够提供信息内容的各种手机 App。新的媒介形式让用户改变了阅读习惯。而在内容方面，我们不再盲目地寻求"权威"，而是从更多元化的来源获取信息。

这些变化一方面提升了人的地位，比如角色方面，从被动接收到主动选择再到主动创造，而地位方面则是从不被重视到被更多关注和争抢再到以"用户为中心"。如今"以用户为核心"也已成为各种互联网产品设计、运营的理念。而自媒体的发展和崛起更说明了普通大众在社交媒体时代的地位和角色变化。

（2）社交媒介依赖症严重化，媒介化生活成常态

另一方面，人在新的媒体上投入的时间越来越多，接触媒介的方式、信息接收、信息处理和信息生产的方式几乎发生了颠覆性的变化，信息选择权和主导权也大大提升。人们的时间不断被不同的媒介平台分割，中国人常说的"物极必反"也开始彰显。这些变化不但会影响到人与新媒介的关系，而且还会影响人的社会生活和文化。

首先，人们对媒介的依赖程度不断加强。新的媒介提供的信息数量越来越多，而社交媒体对信息的集中程度最大，因此人们已经十分习惯在社交媒体上获取各种信息，这会让人们产生社交媒体信息依赖倾向。比如，我们每天难以抑制地刷微信朋友圈，因为朋友圈集中了热点事件讨论、朋友状态等信息，在空闲时间迅速浏览圈内信息便能了解外界发生了什么，如果不浏览便会产生心理焦虑，生怕错过某些动态。再比如，尽管微信已成为人们即时通信的第一大社交平台，但QQ空间这样的社交网络仍然具有大量用户，且有较强的用户黏性，许多90后大学生仍然保持着在QQ空间里更新动态、了解朋友动态的习惯。第37次《中国互联网络发展状况统计报告》的数据也说明了这一点，网民中使用QQ空间的比例最高，达到65.1%。

其次，社会的发展和稳定程度也会直接影响人们对信息传播的依赖。我们正处于媒介变革和社会高速发展期，社交媒体的信息时效性和高度的互动性会加快人们对社会发展、社会转型、社会动态信息的获取。并且，人们养成了通过社交媒介平台或其他新媒介渠道得到外界事态发展动态的习惯。可以说，这种信息渴求其实是被新的媒介时代创造出来的。

比如，以往人们在传统媒体时代对获取的信息也很知足，并没有觉得传统媒体提供的信息少；到了社交媒体时代，社交媒体提供的信息越多，人们反而"感觉"自己需要的信息更多，但这种感觉未必是真实的。举个例子，当你的工资是5000元的时候，你觉得足够自己消费了，但当你的工资涨到10000元的时候，也

并没有剩余多少，仍然觉得刚刚好，甚至会不够花。当然，除了物价上涨的因素之外，一个更重要的原因是，金钱的增多提升了你的消费能力，培养了你消费更高价值物品的习惯，所以你总是觉得钱不够花，其实有些东西不是必需品，但你已经抑制不住这种消费习惯。这个道理就像今天的社交媒体带给我们的依赖感一样。就好像你隔一两个小时甚至更短的时间就想刷微信朋友圈，不刷就觉得不自在，好像会错过很多信息；但其实一天不刷朋友圈，并不会影响什么。

而在传递新闻信息上，微博是一个更让人依赖的社交媒体。虽然微博会帮助用户基于共同兴趣拓展社交关系，但其更重要的作用是，让用户获取和分享"新闻热点""兴趣内容""专业知识"和"舆论导向"。因此，人们想获取更多社会新闻信息时，更常想到微博。第 37 次《中国互联网络发展状况统计报告》的数据显示，紧随 QQ 空间之后，微博是网民最常访问的社交媒体。

所以，媒介的发展和各种社交媒介、新媒介的出现正在逐步养成人们对媒介的依赖。

(3) 人的媒介化生活成为常态

正如上面所说，社交媒体和新媒介的发展培养了人们从这些平台上获取信息的习惯，刺激了我们看似真实但并不太真实的信息需求。人们对这些媒介的依赖最初是一种信息依赖，但逐渐发展成个人生活对不同媒介的依赖，利用不同媒介经营着个人生活。比如，通过微信朋友圈维系原有的和新的社交关系。比如，使用跑步 App 健身并借此与他人建立联系，如寻找跑友、互相监督等。再比如，许多人已经习惯直接通过微信平台或支付宝平台打理日常财务。这样的例子比比皆是，想想我们的日常生活便一目了然。

尽管微信创始人张小龙在 2016 年 1 月备受关注的微信公开课中强调："从微信的角度来说，微信一直希望用户能够合理地使用微信，除了微信还有生活。""好的工具就是应该最高效率地完成用户的目的，然后尽快地离开。如果一个用户沉浸在里面，离不开，就像你买一辆汽车，开完了，你到了目的地，你说汽车里面的空调特别好，所以要待在里面，那不是它应该做的事情。业界很羡慕微信是用户的时间杀手,但是我们要考虑的则是怎么样更高效率地帮助用户完成任务,而不是让用户在微信里面永远都有处理不完的事情。"但是,张小龙已无法控制人们对微信的依赖,微信已成为用户生活的一部分。

美国马里兰大学的"无设备世界"(World Unplugged)研究结果显示,人们对媒介的依赖越来越严重,一旦离开常用媒体就会出现焦躁、困惑、易怒、抑郁、孤独等情绪,媒介化生存已经成为这个时代最逼真的一种生存方式。而在社交媒体时代,这种情绪更加严重。当一切通信信号被屏蔽之后,每个调查对象都无不痛苦地喊道:"过了一阵我就开始强烈想念我的手机。我会把它放在口袋里,用手握住它。仅仅是这样就能让我感到莫大的安慰。"

国内某个大学的教师曾在 2013 年对 90 后大学生手机使用情况以及问题做过一次调查,数据显示,55.87％的学生手机不在身边就会感觉焦虑,27.61％的学生会产生幻听,64.64％的学生经常查看是否有未接来电或未读短信,32.75％的学生手机 24 小时不离身、晚上睡觉时也开机,25.38％的学生认为手机削弱了面对面交流的欲望,56.06％的学生上课也会经常玩手机。由此可见,许多年轻人已经过度依赖和消费手机这种媒介了。而今天,恐怕人们对移动设备的依赖会更加严重。更准确地说,我们依赖的不是手机这种硬件,而是以这种介质为依托的各种社交应用平台、功能软件。

截至 2015 年 12 月,我国手机网民规模达 6.20 亿,占总体网民的 90.1％,手机成为拉动网民规模增长的首要设备。而手机即时通信用户规模已经达到了约 5.08 亿,其中涵盖了微信这种即时通信社交平台。这些庞大的数字一方面得益于智能手机的普及和移动互联网的发展;另一方面,智能手机的普及也刺激了人们对移动应用的需求,而移动应用的爆发式增长让人们的日常生活更加媒介化,不同的应用、平台、圈子也正在分割我们的网络生活和碎片化时间。

在经过上面对媒介发展的描述后,或许我们会突然发现,麦克卢汉的观点是如此有见地。他说:"真正有意义、有价值的讯息,不是这个时代的传播内容,而是这个时代所使用的传播工具的性质,它所开创的可能性以及带来的社会变革。"麦克卢汉强调了技术的重要性,强调了技术工具的决定性作用。

四、 媒介变革孕育"蜂巢"初态

在人与媒介的关系中，人的地位不断提升，角色也更加重要，而这得益于社交媒体时代带来的变化。比如，媒介产品多样化带来了信息表达渠道多样化，而渠道多样化就会刺激人们对新的媒介产品和社交媒体产生依赖，更进一步改变人们的日常生活方式以及人与人交流、互动、联系的方式。

简单地说，在如今的社交媒体时代，新的媒介几乎完全构建了人与社会之间的互动关系，人的社交关系已经不局限在现实生活中，甚至从现实生活中抽离出来，转移到不同的媒介平台上，或者在不同媒介平台上重新组建新的圈子和关系，并进行扩展。这使人们对社交媒体平台的依赖更加强烈，更加依赖新的平台去维护关系和了解外界社会。

因此，上面讲了那么多媒介的发展、媒介的变革、新媒介的发展趋势，都是为了说明我们这本书接下来要讲的重要内容，那就是"圈子"。只有理顺了前面的媒介产品的种种演变，理解了媒介环境的种种变化以及由此带来的各种变化，我们才能够更加深刻和清晰地理解，中国人所依恋的"圈子"到底正在发生什么变化，这些"圈子"的变化会以什么样的新形式存在，而新形式的"圈子"又是如何影响着生活、经济、营销等方面。

而这一切，都要从"圈子"的前因和后果说起。我们前面已经说了很多"因"，接下来就是这些"因"带来的很多"果"。

1. 中国人的圈子

中国人最讲求情感纽带、人脉关系、个人资源、朋友圈子等，这些都属于一个人的"社会圈子"。一般意义上的圈子，主要指朋友圈和关系圈。一个人若想维系好"圈子"，必须往这个圈子里投入人情、时间、精力、资源乃至金钱，当然在这个维系的过程中,这个人也会从所属的"圈子"里得到回报。所以,在人情或人脉圈子的维护中,人需要不断从外面带来某种东西"输入"到圈子中,从而可以在适当的时候从圈子中"输出"东西。简单地说,这就是中国人的"圈子"生活。台湾历史学家孙隆基先生在他的著作《中国文化的深层结构》中用极其细腻的方式观察,在中国人的交往关系中到底什么是纽带,答案是"人情"。人们与他人交往,往往先站在他人的角度考虑问题,而不是自己。孙隆基说,中国人"无私"也好,"自私"也好,都不是"自我"萌芽的表现,而是由别人去定义的。[①] 但西方人是从自我角度出发来定义与他人之间的关系。

因此,在互动关系中,人是需要被他人"确定"后才安心的。所以,这就会导致在独特的中国式圈子中,个人更看重向圈子"输入",期待适当的时候能够从圈子中"输出"某些回报。比如,你需要不定期地给圈子里的朋友打电话嘘寒问暖,或者不定期地约朋友出来吃饭,或者出门旅游回来要给圈子里的朋友带礼物以示挂念,这些都是"输入",尽管我们可能不愿意意识到这是一种有目的的行为,但却对维系圈子里的关系十分重要。

当然,中国人的"圈子"式生活由来已久。即便在传统媒体时代,这种传统的较为常态的方式也并未改变多少。因为传统媒体时代的媒介渠道较为单一,由于受到信息传播范围和速度的限制,圈子基本会维持一种稳定的状态。

比如,传统媒体时代的圈子类型主要包括"内层圈子"和"外层圈子"(社会资源圈子)。"内层圈子"主要指"家庭圈子"和"挚友圈子","外层圈子"主要包括时常碰面的"泛泛之交"以及可能接触到的"陌生人"。然而,这种传统现实圈子的范围十分有限,据人类学家罗宾·邓巴的研究计算,我们的社交关系的上限平均在 150 人左右。

2. 社交媒体时代,现实圈子的转移和分化

随着技术的发展、媒介的变革以及由此带来的媒介形态的演变,中国人传统

---

① 孙隆基. 中国文化的深层结构[M]. 桂林:广西师范大学出版社,2011.

意义上的"圈子"在这种变化环境中有了新的表现形式。比如，传统的现实圈子开始转移到社交媒体上，并且被社交媒体不断分化，依托各种社交媒体平台的新圈子正围绕着社交媒体重新聚合和重新分配。我们最真切的体会是，目前人们维系线上的圈子渐渐成为一种常态，并且线上圈子的活跃度较高，而线下原来的现实圈子关系的维系逐渐被弱化，或者转移到线上来。

本质上讲，圈子形态的变化要得益于我们前面说的互联网的发展，但直接的原因是，人们对社交媒体的使用程度不断加深和加强，也就是当人们越来越依赖移动社交媒体时，圈子会自然而然地转移到线上。

但这种转移并非简单地将现实社会圈子拉到社交平台上，比如，有的人除了在微信上把家人圈子拉在一起或者把挚友圈子组成群之外，还会重新融入或建立新的圈子，这些圈子里的人彼此可能从来都没见过面，但因为某种需求而建立联系。再比如，有的人会把工作中的关系圈放到 QQ 上来，而不会放到微信上。因此，原来属于不同现实圈子的人，在社交媒体时代，会根据自己的需求将圈子分别建立在不同的社交平台上，并进行维护。但是，在不同的平台上，关系的类型和维护是不一样的（我们会在第二章详细分析）。这样的举动，会对我们现实社会圈子中的真实关系产生什么影响呢？

在 2013 年，趁着做博士论文研究的机会，笔者对这个一直颇感兴趣的问题进行了初步的调查。调查的对象是 90 后大学生，这些年轻人被我们称为伴随互联网成长的一代，是未来移动互联网的主力军，被寄予了厚望。我选取了其中的 30 位进行深度访谈，访谈问题主要是：微博和微信等这些社交媒体对现实中的社交关系有什么影响。多数人都有一个共识，那就是社交媒体越来越多地占据了个人生活，这使得他们在线下交流的时间和空间都大大减少了。甚至有人抱怨，自己跟原来的朋友之间正变得疏远，这让他们感到不适应。

其中一位受访人的说法就很典型："假如现实中我有朋友，我过去找他，大家会一起聊天，接触的东西会更多。有了这些社交网络之后呢？我不用跑去找他，大家也能聊天。但我怎么更多地了解他呢？虽然社交网络让你接触的信息多了，但是人与人之间似乎疏远了。"他觉得社交关系要在现实中维系和促进，即便从社交网络上能迅速认识许多人、加入许多新圈子,但这种圈子维系的感情很"虚",网络上的圈子再多也不能算朋友,这种关系不靠谱。

有些年轻人显然感受到了社交媒体对真实关系的不利影响,在新旧圈子的更替上,他们需要时间去接受已发生的变化和事实。尽管现实圈子慢慢转向社交平台,并且也有许多新的网络圈子在社交平台上形成,但许多人表示他们依然更喜欢在线下和现实圈子进行互动和交流。

对于得到这样的结论,笔者并不惊讶,但这次调查仍不足以满足我对这些问题的好奇心。于是,在那一段时间,只要碰到 90 后年轻人,笔者就会问他们关于社交媒体平台对他们圈子影响的问题。得到的答案仍与这次调查类似。有人甚至直接表示,以往现实中关系很好的朋友,自从用了微信或微博进行联系后,他们在现实中的交流大大减少了,虽然会在这些平台上经常发布个人信息,但这样的"交流"让他们感觉很别扭,实际的联系也变少了。

2014 年年底,笔者又进行了一个新的项目研究,这次研究的主题是"社交媒体对圈子关系的影响"。项目组深度访谈了 70 多位使用微博、微信等社交媒体的 90 后大学生,调查结果再次说明,社交媒体平台的出现影响了他们现实圈子中关系的维系。但是,这次调查却有了新的进展,我们发现,年轻人已经普遍使用 QQ、微博和微信等社交媒体,并且他们已经将现实圈子中的一些关系复制或转移到了社交媒体上。一方面,他们认为这种做法的确会减少朋友在现实中的交流;但另一方面,他们已经投入到社交媒体上的新圈子中,比如,微博中的兴趣圈,微信上圈子的扩大。他们跟线上的圈子互动交流更多,即便很多人表示不会在线下见面。

所以,大多数年轻人对于圈子更替采取慢慢接受的态度。一方面,他们意识到社交媒体对现实圈子关系的影响;但另一方面,他们也无力改变这一事实,只能加入这个变化的潮流中,接受现实,并且投入更多时间在社交媒体平台与新圈子关系的维护上。

一个人的时间是有限的。我们在单位时间内要联络的人的数量和与每个人沟通的时间成反比,就是说单位时间内若想与许多人沟通,与每个人沟通的时间就必然很少;而朋友情谊的加深是与沟通时间成正比的,没有足够的沟通时间,也就难以保证交往质量。所以，社交媒体不但使圈子形态发生了变化，而且还影响了圈子的互动。

截至 2015 年 12 月，我国网民以 10～39 岁群体为主，占整体的 75.1％，其中 20～29 岁年龄段的网民占比最高，达 29.9％。在网民中，学生群体的占比最高，为 25.2％。[①] 而这一年龄段的网民大多数为 90 后年轻人。并且数据显示，移动互联网的主力人群将越来越年轻化。因此，这些互联网主力人群的加入，促进了社交媒体圈子的多元化发展，也带来了更多形式的圈子。

当然，如今被影响的不止是年轻人，越来越多的人投入到移动设备、移动互联网和移动社交媒体平台中，他们的圈子同样会发生变化，现实圈子关系弱化，线上新圈子不断增多。

3. 社交媒体时代，人们开启"蜂巢"式生活

（1）圈子化生活

社交营销机构 We Are Social 在 2015 年年初发布的报告显示，全球社交媒体持续增长，活跃用户约占全球人口的 29％，即时通信服务和聊天应用这类社交平台的用户量也在持续增长（其中包括微信），这一数据在今天进一步增加。而市场调查机构 Global Web Index 同时期的研究显示，全球社交媒体用户平均每天花 2 个小时 25 分钟使用社交网络和微博。而在中国，截至 2015 年 12 月，手机即时通信应用的用户量为 5.57 亿，较 2014 年年底增长了 4957 万，占手机网民的 89.9％。并且即时通信类社交应用的网民使用率是各类应用中最高的，且用户规模还在不断提升。

这说明，人们在社会化媒体平台上的沟通和交流时间越来越多，而在现实生活关系中的沟通时间上便会越来越少，现实社会圈子被分化到社交平台上已经

---

① 数据来源：第 37 次《中国互联网络发展状况统计报告》，http://www.cnnic.net.cn/hlwfzyj/hlwxzbg/hlwtjbg/201601/t20160122_53271.htm。

成为事实,人们开始了新的圈子生活。

人们在社交媒体上的时间越来越多,对社交媒体的依赖也就会越来越强。这就会让人在线上空间的存在方式发生较大变化。他们将在某个网络平台上以某个特定身份集中在某个群体里,或者根据特定爱好和兴趣群集中在另外一个社交产品或社交平台中,或者按照某个需求群集在另外一个社交网络空间里。因此,每个人可能属于多个"圈子",每个圈子的作用不同,它们将一个现实中完整的人"分割"成几部分,满足人们生理、心理、精神、工作等不同状态时的需求。

比如,当下流行的健身社交产品,其实是满足了人们的生理需求;影视社交产品(比如,豆瓣电影)满足的是人的精神文化需求;人们参与"唱吧"(垂直社交产品)中的"圈子",发布自己的作品,其实满足的是人的心理满足感和成就感需求。人们开始在网络上以高度圈子化的方式存在。

许多人的日常生活开始游走于各种"圈子"。比如,早上起床要刷微信朋友圈,了解朋友们的动态和心情,隔三岔五也要发一些自己的动态,怕被遗忘在角落里。上午工作闲暇时,要刷微博圈子,除了可以看到私人圈子里友人发布的动态和兴趣圈中朋友更新的信息,更主要的是在微博这个大圈子上了解热点信息,偶尔也发一些自己对热点事件的感慨和评论。中午休息时,要在豆瓣电影的兴趣小组内发一篇新上映电影的影评,和小组内成员讨论下男女演员和剧情,并且也要经常性地评价一下别人的影评。下午下班后,约了几个好友吃饭叙旧,好友们一边联络感情,一边纷纷把开吃前的美食照片发微信朋友圈,大家时不时低下头回复几条微信,偶尔浏览下微信群里的讨论,看自己能不能搭上几句话。于是一顿饭的线下时间被线上圈子充分"利用"和"分配"了。晚饭后,悦跑圈里的朋友对你呼喊,春季健身夏季才能美起来,跑圈儿里的朋友已经互相督促了很久,跑步结束后总要彼此点赞或鼓励。晚上要去"唱吧"里溜达一圈,看自己唱的歌有多少人喜欢,也听听自己喜欢的人又更新了什么歌曲,心情不错顺便再录一首发到唱吧社区里跟"吧友"切磋一下。晚上睡觉前,不再刷一遍微信朋友圈是难以入睡的,于是又打开朋友圈浏览了朋友更新的状态,随便点几个赞表示你仍很重视朋友,尽管许多时候你根本不看朋友更新的内容是什么。刷过朋友圈之后,你才觉得今天完美结束，安然入睡。

这显然是许多人当前生活状态的缩影。在这个过程中，不同类型的社交产品已经自觉地给人们划分出了不同需求的各类"圈子"。人们一天的生活被不同"圈子"整齐地划分归类，与其说人们被"四分五裂"，不如说从他们从属的"圈子"形态就能拼凑出一个完整的人。因为，这个人在不同社交平台的圈子中所展现的东西能反映出这个人的某个侧面形象，我们把这些侧面形象拼接起来，就可以还原这个人可能的面目。所以，不同的社交产品的确成了人身体和心理的延伸。

以往人们属于大"圈子"，比如家庭圈、朋友圈、工作圈。但如今，人们所属的"圈子"更加分散化。圈子经历了这样的变化：从现实生活转移到网络空间中，再转移到不同需求的社交平台上；从大圈子到小圈子，再到更细分的圈子。而这些变化显然并非人自己主动划分的，而是新的媒介产品出现，让人们的媒介接触逐渐发生变化，它们培养了人们的"需要"，并告诉人们应该在什么样的"圈子"中完成什么样的事情。并且，未来人们所属的"圈子"将更加细化。

因为，垂直社交媒体平台市场正在兴起，并即将在未来三五年内甚至两三年内爆发，并达到成熟状态，就是我在前面讲的社交媒体成熟期，这个周期也可能会更短。第 37 次《中国互联网络发展状况统计报告》的数据也说明了这一点，报告显示，目前国内用户对社交应用的使用深度还远远不够，未来垂直类社交应用会得到进一步发展。目前，电商、游戏、视频，甚至在线教育、互联网金融领域也都纷纷引入社交元素，带动用户规模，提升用户黏性，社交应用在国内有较大发展前景和空间。

这些垂直社交应用平台主要基于人的不同兴趣、爱好、需求而设计，这也意味着人们的线上圈子会更加多样化，每个人都可能加入许多圈子中，并且需要投入更多的精力去维护这些线上圈子。正如前面所说，中国人主要通过"输入"和"输出"的方式维护圈子，而这种方式也被继承到线上圈子的维护中去了。但在线上圈子的维护中，"输入"和"输出"的不再是物质、金钱、人情等实际的利益，而是"信息"。人们通过将不同信息"搬进"和"搬出"圈子，维护着自己在圈子中的曝光率和存在；通过"信息"的风格和特征，维护个人在圈子中营造的个人风格和形象。比如，人们在微博圈子中更新的信息与在微信朋友圈中更新的信息有很大差别,在微博圈子里"输入"的信息可能是兴趣、知识,但在微信朋友圈里"输入"的信息就是个人状态、心情、工作内容等。所以,一个人可能会呈现出多种角色和人物形象。

因此,每个社交平台都成为了一个大的"信息圈",在它上面存在着许多小的线上圈子,而这些圈子就是小的"信息圈"。无论是大"信息圈"还是小"信息圈",人们都不停地将外界信息搬运进来,又把里面的信息搬运出去。所以,让大"信息圈"维持运转的根本便是信息的流动,否则大"信息圈"便会衰落;而让小"信息圈"维系起来的关键也是圈子内信息的持续"输入"和"输出",这样圈子内的关系才会不断稳固。

(2) 社交媒体"蜂巢"

1911 年,比利时诗人和散文家梅特林克因其作品《花的智慧》而获得诺贝尔文学奖。这位文学家还酷爱养蜂,并且长期近距离观察蜜蜂在蜂巢内的生活状态,最终完成了一本极其细腻的散文著作《蜜蜂的生活》。这本书详细地描述了蜂巢内的组织结构和生存机制,蜂巢内是一种秩序井然的生活,蜜蜂不是在服从蜂王,而是服从一种"蜂群精神"。这种精神像一只无形的手,控制并约束不同蜂种的行动,指引它们根据不同花期在内部孕育适量幼蜂以匹配外部环境,同时也让工蜂夜以继日、不知疲倦地往返于蜂巢和花丛之间,搬运花蜜。蜂巢内这种无形的"蜂群精神"到底是一种怎样的精神?

我们看看今天的各种社交媒体平台,从微博、微信、人人网等这样的综合性社交媒体平台,到秒拍、美拍、唱吧等这样的垂直社交应用平台,宛若一个个蜂巢。每个社交平台就是一个大的"信息圈",也是一个大"蜂巢",而存在其中的各种社交圈子、社群圈子等小"信息圈"就是小"蜂巢"。

而活跃在这些平台上、圈子里的人俨然是一只只辛勤的小蜜蜂,他们不停地往平台上和圈子里"搬运信息",又从平台上和圈子里"搬出信息"到另一个圈子,他们通过信息的"输入"和"输出"而在圈子里"制造"或"酝酿"一个又一个热点,他们看似无序地分散在互联网的各个角落,但在这些社交媒体圈子里却默默地遵守共同的规则和网络文化。

社交媒体"蜂巢"里的"蜂群精神"又是什么呢？那就是"分享欲望"，而"分享"正是社交媒体的本质精神。他们为何有强烈的"分享"意愿？因为他们需要维持线上圈子的运转，满足自己的心理需求，维护自己在其中的角色和形象，保持与其他人的社交关系等。也就是说，虽然分享的目的各有不同，但正是这些目的增加了他们的"分享欲望"。这个"分享欲望"在无形中指引着每个看似无组织的个人进行着有序的信息传播活动。

2014 年，中国传媒大学广告学院联合日本博报堂生活综研（上海）进行了一个大型项目研究，该研究分别在日本、美国和中国展开，深入调查了如今的"生活者"在社交媒体时代的信息传播特点，研究结果十分具有新意。这次研究首次提出"信蜂"概念。所谓"信蜂"，就是那些不知疲惫地搬运信息的人群，他们的行为像极了辛勤采蜜的小蜜蜂。① 这次调查研究的更多结果和细节在《信蜂：中国信息传播的新兴群体》这本书中都有详细说明。

如今，"信蜂"人群已经普遍地存在于社交媒体平台上，并且他们活跃在各种平台圈子里。由于"信蜂"的大量存在，社交媒体平台这个"大蜂巢"才充满了活力和信息流动性，也正因为"信蜂"的忙碌行为，各种圈子才能维持运转。"信蜂"是"蜂巢"里的重要元素，但不同类型"蜂巢"要运转起来的话，除了"信蜂"这类人群之外，还有其他重要的元素，比如"内容"和"连接关系"。

因此，这本书将重点围绕"蜂巢"这个大机制展开，分析各种不同类型"蜂巢"的特征、信息传播特点、营销传播规律、蜂群关系和蜂群需求对营销的启示等内容。

---

① 博报堂生活综研（上海）. 信蜂：中国信息传播的新兴群体[M].上海：文汇出版社,2014.

第二章　变革中蜂巢涌动

媒介形态已经随着技术的发展发生了很大变化,媒介形态的变化也带来一系列变化,比如,改变了信息传播的方式,改变了信息生产的方式,改变了人们与信息之间的关系,也改变了人们与媒体的互动关系。

这些变化一方面影响了社会生活和文化,另一方面也不可避免地影响了人与人之间关系的互动,传统的"圈子形态"也随之变迁。传统的线下圈子开始大量转移到社交媒体上,基于社交媒体平台的圈子则不断重新聚拢,并在社交媒体平台上形成不同类型的"蜂巢"圈子。

如今,有基于大众社交媒体平台而形成的蜂巢圈子,比如微博和微信,也有基于垂直社交媒体平台而兴起的"共需型"蜂巢圈子,还有以年轻人群为主体的二次元蜂巢圈子。这些圈子的属性和特点都不尽相同,圈子内群体之间的连接关系也不同,信息传播特点既有共性,也存在差异。

一、 微博蜂巢: 牵一发而动全身

1. 圈子特征

微博自 2009 年在国内上线后,迅速拉开了社交媒体新时代的序幕。信息渠道单一、信息闭塞、信息流通速度慢等一系列过往问题或壁垒似乎在一瞬间被打破,人们奔向微博的那种热情,令人记忆犹新。每个人和每个媒体都可以创建自己的微博账号,拥有自己发布信息的渠道,可以根据自己的"气场"聚拢粉丝,也可以成为任何一个人的粉丝。

　　而这里的"气场"指的就是兴趣、爱好和标签。比如，A 是一个极爱烘焙的人，可能会发布许多与此有关的微博内容，凭借这种"爱好"就会聚拢与 A 有类似"爱好"的人，当许多人因为这项"爱好"而成为 A 的粉丝时，以 A 为中心的微博小圈子便形成了。

　　同时，A 可能也会关注别的爱好烘焙的人，假设是 B，并成为 B 的粉丝，B 也有一个以 B 为中心的粉丝圈子全体。A 和 B 之间会经常交流跟烘焙有关的话题，互动频繁。当然 A 的粉丝圈里的某些人除了关注 A 之外，也可能会关注 B，此时以 A 为中心的圈子和以 B 为中心的圈子就会有了交集，那些交集点就是能跟 A 和 B 共同建立连接的人（如图 2.1 所示）。

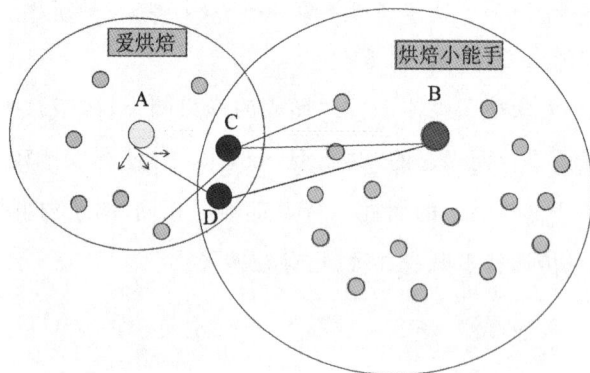

图 2.1　以共同兴趣建立圈子的模式

　　A 和 B 虽然有共同的爱好，但他们彼此的气场不同，也就是说，A 和 B 除了有烘焙这个共同爱好之外，他们是两个不同的人：A 可能会对蹦极感兴趣，而 B 可能会对绘画感兴趣；A 是 90 后，而 B 是 80 后；A 关注动漫话题，而 B 关心军事政治话题……因此，此时以 A 和 B 分别为关键节点，聚集起来"爱好"烘焙的圈子，同时又因为两人在其他"兴趣"上的不同而聚集起来另外各自不同的"兴趣"圈子（如图 2.2 所示）。

　　如果把微博这个大社交媒体蜂巢无限放大，就会看到每个个体都是一个小中心节点，以他们为中心，聚拢了不同圈子，圈子性质是按照兴趣、爱好或关注话

题等来划分的。而不同圈子之间的连接,同样是基于兴趣爱好或"关注话题"的
类似而发生的。

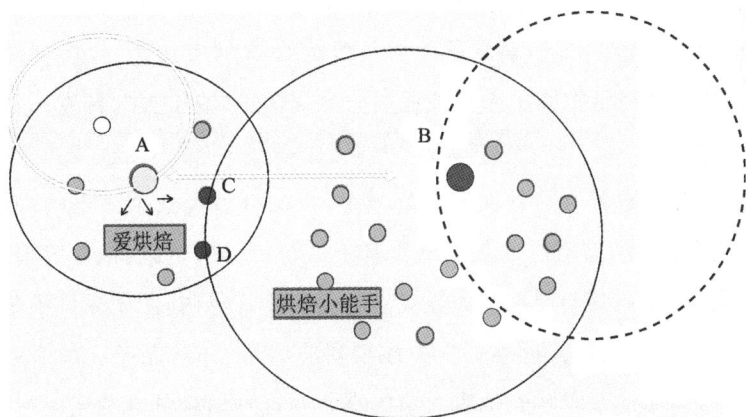

图 2.2　基于兴趣、爱好而形成的媒体蜂巢

这时,我们从 A 和 B 所属的不同圈子,就可以反观到 A 和 B 身上的标签。
比如 A 的标签是"90 后""爱烘焙""动漫迷""蹦极挑战者";而 B 的标签是"80
后""爱烘焙""军事迷""绘画师"。我们既可以说,A 和 B 因为不同的兴趣、爱好
或关注话题而聚集在了不同的圈子;也可以说,A 和 B 因为各自身上的"标签"
而与不同圈子发生连接。

在这个过程中,所有的圈子都是开放的,圈子对圈子里的人不具有"约束
性",圈子内也没有明确的需要共同遵守的规则,比如 C 既可以属于 A 的烘焙圈
子,也可以属于 B 的烘焙圈子,也可以属于以 D 为中心建立的圈子。

圈子内的成员来去自由,他们之间的关系没有太强的"黏性",这就是我们所
说的"弱关系"。

那么,在这种靠"弱关系"连接的圈子里,是什么让这些看似散漫和聚合性不
强的圈子存在下去的?答案是:信息输入。并且,这里的信息输入要么是流动
性较强的新闻信息,要么是圈子内成员有共同兴趣的信息内容。

比如,A 会不时地往烘焙圈子里分享一些烘焙知识,或者分享自己烘焙成果

图片，此时，"烘焙"圈子里成员的活跃度可能会因为这个话题内容而被激发起来，形成圈子内的交流和讨论，而圈子内的成员可能也会把这条烘焙信息输出出去（比如转发），从而影响或带动他所从属的其他圈子。同样的道理，如果 B 往圈子里分享军事信息，那么军事圈子的成员可能会被激活讨论的热情，提高互动率。并且，B 也会经常把圈子内其他成员分享的信息"输出去"（转发），从而带动圈子的互动频率。

因此，在微博这种大众社交媒体蜂巢上，里面有着无数个小小的"蜂巢"，每个蜂巢就是一个"信息圈"，这些小蜂巢基于兴趣、爱好、话题、标签等聚集起来，它们彼此交叉，并不断向周围扩展连接。在每个小蜂巢内，圈子成员不断地输入与圈子兴趣、爱好、话题或标签等相关性很高的信息，并且也把这些信息"输出"到圈子外，从而连接并影响其他有交集的圈子。这种信息分享和连接的方式，维持着蜂巢圈子的日常形态，有时也让圈子与圈子发生连接；当"输入"圈子的信息是"新闻"或热点信息时，圈子的活跃性便会增强，新闻或热点信息的"输入"和"输出"开始变频繁，信息的流动性变高。此时，圈子与圈子之间的连接速度会加快，直到信息扩散到整个微博社交媒体平台上。

所以，微博上的蜂巢圈子主要是基于兴趣、爱好、标签、话题等方式而聚集起来的，圈子对圈子成员的约束力有限，关系黏性较差，互动强度也会受到圈子里流动的信息类型的影响，是一种典型的"弱关系"连接。这些圈子大多不涉及利益关系，更多凭"共同点"维系。

比如，以前微博有过一个"周围的微博"功能，可根据周边人的信息动态将附近的人连接起来，这个连接其实是靠"位置"或"地域"临时组建圈子的。而微博功能几经更新，现在这个功能似乎已经消失了。如今，微博添加了许多按照信息类型来分类的"标签"，用户可以根据信息"标签"的类型参与到某个类型信息的讨论圈里去，并且还进一步细化了"微话题"功能，用户可以根据自己发起的"微话题"，聚集到对该话题有兴趣的大批群体。这些"微话题"圈子一般成员较多，且成员之间的互动也基本基于相同的话题信息，他们之间的连接关系更弱，黏性更差。当话题解散时，圈子也自行消失。

　　一项研究显示，一些群体在微博上会因为对某一群体的关注而迅速走到一起，从而造成很大的传播效应。该研究表示，这些微博用户通过微话题互粉的概率超过30%。①

　　因此，在微博这种大众社交媒体平台上，圈子根据个体的爱好、兴趣、话题、标签等弱关系因素而划分，圈子的活跃和维系则凭借信息的输入和输出，即信息的分享和传播，并且信息的类型会影响圈子的信息流动速度和活跃度。

　　虽然在微博上的蜂巢圈子是"弱关系"连接，但这些圈子又可能重新转化为现实圈子，发展成"强关系"连接。霍华德·瑞恩高德（Howard Rheingold）在其著作《虚拟社区》中指出：虚拟社群以参与者的认同、共同利益和价值、需求为核心，虚拟社群发展的力量来源于参与者的不断创造，这种社群关系不但可以使网络中的参与者彼此帮助，还可以延伸至线下，影响并作用于真实社会，成为社会文化和政治变革的积累。

　　2013年，笔者在一个关于年轻人的调查研究中也曾试图探究这个问题，受访者大多数是90后大学生，访谈问题主要是，这些年轻人在微博上参与的某些圈子会不会影响他们的现实生活。有些年轻人表示，一般不会影响现实生活，这些虚拟圈子就是他们在网上消遣时参与的，有时是参与某个话题讨论时认识的人，之后就互粉，在微博上互动。然而，也有一些年轻人说，他们在微博上就参与了不同的圈子，这些圈子都是基于他们自己的兴趣而加入的，有的是因为"周围微博"这个附近功能而认识的，之后就慢慢熟悉起来。并且，他们在微博上加入的圈子，偶尔会三五人一起约在线下聚会，因此，这些原本属于虚拟圈子里的"朋友"便转化成了现实生活中的朋友。

　　当时，笔者对于这样的答案稍感吃惊，当然更多的是好奇。到底是什么促使他们愿意跟陌生人进一步在现实中延伸关系和互相了解？天津师范大学的张同学（女）给出了一个合理的解释，她说，在微博上某个圈子里因为互动而慢慢跟有些人熟悉起来，在线上大家基于共同语言而建立起一种信任，所以线下见面时就

①　戴瑞凯. 新社会阶层微博群体特征及表达特色研究[J]. 新闻研究导刊,2015(5).

不会觉得尴尬,反而会很亲切和自然,这样的线上圈子在某种程度上会顺利转化为现实中的圈子。

新浪在 2016 年 3 月公布的 2015 年第四季度财报显示,微博的日活跃用户达到 2.36 亿。而中国传媒大学广告学院和国家广告研究院发布的《媒介·消费：2014 中国大学生调研报告》的数据显示,目前有 71.1％的大学生在使用微博。并且,新浪微博数据中心在 2013 年发布的官方报告显示,新浪微博平台的大学生用户在微博平台上的活跃程度较高,平均年龄为 20.84 岁。所以,年轻人将成为微博重点发力的用户群体。

其实从这两年微博在页面和功能上的逐步调整也可以看出,微博正在向 90 后甚至更年轻的用户倾斜。比如,在话题分类上加入了动漫、音乐等年轻人热衷的板块,这些板块会刺激年轻人围绕这些主题聚集在某些圈子中。年轻人的线上圈子也会转化成现实圈子,圈子的演化似乎按照这样一种路径：传统现实生活圈子慢慢分化转移到社交媒体上,在社交媒体上形成新的虚拟圈子,虚拟圈子又会转变成现实圈子。

不过,经过几年的发展,社交媒体的格局已基本稳定。微博已经成为网民获取信息的重要途径之一。微博既承担着大众化舆论平台的角色——我们更愿意通过微博而不是微信了解更多新闻,也满足着人们对弱关系、低强度的社交沟通需求。人们在微博上更加重视信息的获取和分享,而并不十分热衷于维系弱关系的虚拟社交圈子。

也正是圈子用户对信息和资讯获取和分享的重视,才带来微博上较高强度的信息流动,也让微博这个大蜂巢平台的信息传播特征变得十分明显。

2. 微博蜂巢的信息传播特征

经过对微博上热点新闻事件传播路径的观察和分析,我们会发现,微博这个大蜂巢上的信息流动和信息循环频率非常高,并且信息传播也出现了明显的规律。

由于微博是新闻属性较强的社交媒体,因此它往往会成为热点事件的爆发地。我们长期对微博上的热点舆论事件的传播过程和发展趋势进行追踪观察和分析，去了解一个事件是如何最终演变成热点事件的；在成为热点的过程中，究竟是谁起着决定性的作用。

我们的跟踪研究发现，微博上热点事件的发酵大致遵循着一定的过程：导火索点燃，热点不断升温，并在某个时间点到达高峰，之后开始降温并趋于平稳，后续可能会发生微小波动并出现小的波动高峰，最后热度慢慢消失。我们把这个过程分成四个阶段。

第一阶段：热点潜伏期

潜伏期特点：普通用户发布信息，引起小圈子内成员的注意并发布信息，进一步向四周圈子延展传播，从而引起个别舆论领袖（大 V）的关注；信息影响力和范围较小；媒体尚未介入。

在许多普通的热点事件中，微博上第一条消息往往来自普通用户，这条信息首先被"输入"到该用户自己所属的圈子内，同时，该消息开始被圈子内成员转发，并进一步扩展到其他人的圈子中。于是，关于事件的第一条信息开始被关注，但转发量和传播力有限。普通用户本身的圈子范围较小，即便向外圈子延展传播，也不可能瞬时到达传播节点。但是，这个阶段的小范围延展传播却起到了至关重要的作用，就像导火索一样积聚着更大的力量。

信息在第一阶段由小圈子慢慢向外传播和"引燃"，速度较慢，也并未触及核心传播节点。

第二阶段：热点酝酿期

热点酝酿期特点：信息开始快速向外辐射式扩散，扩散到更多圈子，并且随着圈子扩散传播，信息开始连接到更多核心的传播节点（大 V）；大 V 传播节点开始加速信息的传播速度，扩大信息传播范围，信息传播开始发生裂变；信息开始触达媒体及新闻从业者，他们不断介入传播；信息传播量持续扩大，事件热度开始走高。

我们发现,在许多热点事件的前期传播过程中,大V(粉丝量较大的微博用户)的介入至关重要。他们对事件相关信息的转发会带动大量普通用户的参与,大量普通用户会为信息的扩散搭建舆论场景,舆论场景的铺设会慢慢引起媒体的注意和介入。这些因素会加快信息的流动。

经过第一阶段的发展,信息在第二阶段的传播速度加快,范围不断扩大,并且开始触及核心传播节点,圈子辐射式传播的力度开始加大,这为热点的引爆打下了基础。

第三阶段：热点引爆期

热点引爆期特点：信息触达大型权威媒体,权威媒体开始大范围传播;大量媒体迅速介入;媒体、大V和普通用户最终形成了无数蜂巢圈子的联动式多级传播。

经过第二阶段的辐射传播和快速裂变,信息已经到达微博大蜂巢上的多个关键节点,因此在第三阶段,信息的扩散已经引发大量媒体的注意,大量媒体的介入往往意味着舆论热点开始引爆。信息在这一阶段的传播速率呈指数级增长,几方力量对事件的参与传播让信息快速覆盖到整个微博,并不断推动全网讨论和传播,舆论在较短的时间内迅速走向热点高峰。

而在有些热点事件中,随着热点在线上的持续扩散和热点高峰的到来,往往会进一步影响线下。比如,社会、政府、媒体将在线下参与到事件中来,扮演"问题解决者"的角色。

第四阶段：热点平稳下降或波动式下降期

在许多舆论事件达到热点高峰后,其热度一般会平稳下降,关于该事件的讨论和信息传播范围开始缩小,直到微博上的讨论结束。然而,在一些舆论事件的热点上升过程中或达到热点高峰后,往往会针对该事件衍生出其他角度的舆论话题,在这些舆论角度上仍存在小范围的讨论者,甚至会形成关于这些舆论角度的话题热度小高峰。但是,关于整个事件的讨论和传播热度是在下降的,那么此时就会呈现波动式下降的情况。

通过上述分析，我们认为，微博蜂巢内热点信息传播过程大致呈"不规则正态分布"形状（如图 2.3 所示）。

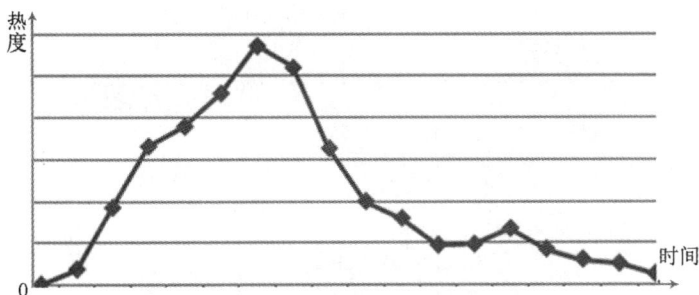

图 2.3 微博蜂巢内热点信息传播过程分布

这种分布有以下特征：信息先在小圈子内传播并向外围辐射式延展（潜伏期）——慢慢延展至核心传播节点，拉动更大量圈子内的普通用户参与，传播速度加快，传播范围迅速扩张（酝酿期）——信息迅速连接到媒体，媒体的传播瞬间点燃热点，促进热点急速升温，信息最终连接覆盖至全网（引爆期）——信息热度慢慢下降，关于事件的讨论慢慢结束（下降期）。

在微博信息传播过程中，三个关键因素值得强调：

（1）小圈子内成员（普通用户）得到信息后将信息"输入"到圈子内，引起圈子内其他成员关注，圈子内成员又将信息"输出"，信息进入外部其他圈子。在其他圈子里，信息也保持着同样的"输入"和"输出"，以此类推，引发更多的圈子对信息的延展，直到触达某些核心传播节点（有影响力的大 V）。所以，小蜂巢圈子内信息"输入"和"输出"的不断流动成为导火索。

（2）核心传播节点，也就是蜂巢内的某些舆论领袖，比如大 V。当信息通过前面的不断延展触达核心节点时，某些大 V 便将信息"输入"到自己形成的超大圈子（粉丝群）里，从而引发大量圈子成员（粉丝）将信息再次"输出"。但因为这些节点的影响力较大，因此在大 V 形成的大蜂巢中，信息的流动性和扩张性非常强，从而引发更大量蜂巢对该信息的传播，直到引起多个媒体的注意。所以，大 V(核心传播节点)起到了导火索加速器的作用,让信息经过该环节之后加快了传播速度,加大了传播范围和信息触达点(如图 2.4 所示)。

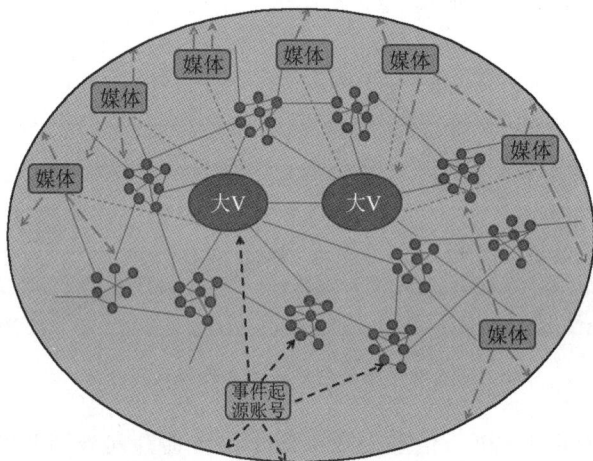

图 2.4 微博信息传播过程

(3) 媒体的介入,使媒体成为引爆器,并连通社交媒体和现实社会。在微博上众多热点事件的传播过程中,媒体的介入通常是最晚的。当小圈子传播扩展延伸到更大圈子的传播时,才会激发媒体的参与,在这个过程中,媒体更像是"被动式"地接收信息。当事件信息热度不断推进时,媒体便会选择是否让该信息进入自己形成的大圈子(媒体订阅用户)。当然在这个过程中,媒体的"延迟"反应有一部分是基于媒体报道的谨慎性。同时,当信息触达媒体的"兴奋点"后,媒体便会向大圈子输入该信息,也因为媒体本身的权威性,从而使该信息引起大圈子内成员的更大量传播(订阅用户往往更相信媒体),自此信息的连接和扩展变得毫无阻力,并会瞬间引爆全网关注和传播。

正如上面的分析,小蜂巢圈子一般通过兴趣、爱好、话题等信息的输入和输出来维护圈子的日常形态以及和周围圈子的互连。但是,当信息成为流动性极高的"新闻"或热点信息时,圈子的活跃性便会增强,新闻或热点信息的"输入"和"输出"开始变得频繁,此时,圈子与圈子之间的连接速度会加快,直到信息扩散到整个微博社交媒体平台上。

随着微博上的热点事件频频出现,这样的规律也越来越明显。我们以 2016 年 4 月北京望京 798 和颐酒店女生遇袭事件在微博上的传播为例,对此进行解读。

4 月 5 日凌晨,微博用户@弯弯_2016 上传了名为"20160403 北京望京和颐酒店女生遇袭"的视频链接,截止到 4 月 7 日 14:30,短短两天内,这条视频的点击量迅速达到 647 万多次,微博转发量接近 9 万。而在这期间,《法制晚报》在新浪微博发起了"和颐酒店女生遇袭"话题,大量用户参与其中讨论,该话题的讨论量超过 232 万,阅读量超过 20 亿。

为了探究该热点事件的传播路径,《法制晚报》通过知微事见历史库中的数据统计,分析了该事件的热点发酵和酝酿过程。

数据显示,4 月 5 日,微博用户@弯弯_2016 在 00:06 发布第一条微博,之后到当日 15:32,连续发布了 11 条微博,讲述自己的遭遇。但直到当天 20:00,舆论仍然十分平静。20:10,@弯弯_2016 发布了第 12 条微博,内容为"整理了我被劫持的经过和事态发展到现在的结果"。此后,该事件进入热点升温前的三个关键阶段:潜伏期、酝酿期和引爆期。

热点潜伏期(20:10—22:00),该条微博最初在小范围内传播,微博转发量较少,并且转发量小范围内不断提升,之后,该信息开始触达某些核心传播节点(大 V)。比如,《法制晚报》整理的最初转发该微博的 40 个人中,有超过百万粉丝的大 V 有 8 个。

之后进入热点酝酿期,如果把酝酿期放大观察,可以根据时间点分为两个阶段。

热点酝酿期第一阶段(22:00—23:00),信息转发量逐步增大,并且通过最初触达的大 V 的信息扩散,引发更多普通用户的参与,信息被扩散到更多圈子,并且触及更多的核心传播节点(大 V),《法制晚报》整理出的这一阶段的大 V(百万粉丝以上)数量达到 11 个。由此,更大量的转发和传播被引发,信息裂变开始,事件热度开始走高,至 23:00,信息提及量达到约 350 万条。

热点酝酿期第二阶段(当日 23:00—次日 6:00),信息仍辐射式向外延展传播,在这一阶段,信息触达个别新闻媒体或新闻从业者。我们仔细整理了这一阶段的数据后发现,在 4 月 6 日 0：00 后,中华网、新浪新闻、凤凰网、北青网、网易新闻等媒体开始注意到该信息,并进行了跟进报道。

热点引爆期(4 月 6 日 6：00—9：00),大量媒体参与信息传播,信息被引爆。大量普通用户迅速参与其中,信息热度呈现跳跃式升高,直到 9：00 达到第一次热点高峰,并且开始引来社会有关部门的介入,推动事件的发展。

上述三个阶段的热点发展如图 2.5 所示。

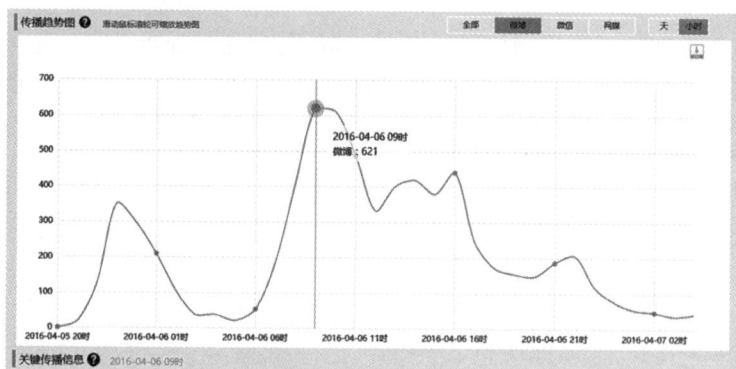

图 2.5　微博热点事件三阶段
图片来源：知微事见公开数据。

之后,事件进入热点波动式下降期。关于该事件本身的信息热度开始回落,舆论角度开始转变,转向女生遇险如何防卫和自救、问责酒店、事态最新进展等,并分别形成两三次小高峰,随后与整个事件有关的讨论热度逐步减弱,直到热点结束。

图 2.6(知微事见公开数据)为和颐酒店女生遇袭事件整个的热点传播趋势。如果将这张图中的时间集中处理(比如将凌晨之后的低峰压缩),那么这次事件的热点发展轨迹整体上仍类似于一个不规则的正态曲线。

我们从这个典型的案例中,已经能够清晰地看到微博这个大蜂巢的信息传播特征了。核心传播节点(大 V)和媒体的介入在热点发展中的作用固然重要,然而,正是大量普通蜂群(普通用户)不停地将信息“搬进”和“搬出”,才使信息能

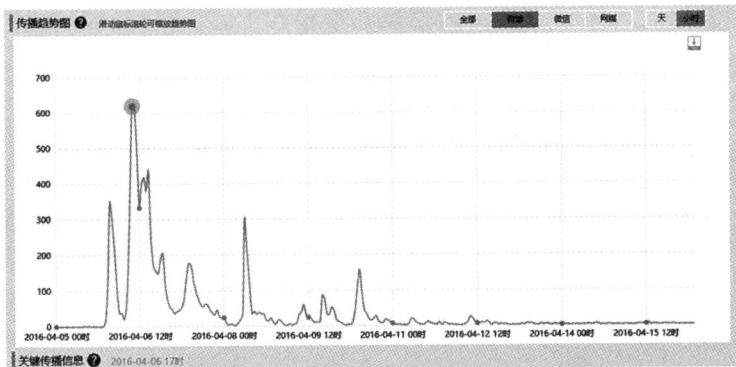

图 2.6　和颐酒店女生遇袭事件热点传播趋势

图片来源：知微事见公开数据。

够连接到更多节点，从而推动热点发展。

其实，在热点事件的后期发展过程中，蜂群（用户）和媒体有一个不断互动的过程。蜂群不断提出新的信息方向，媒体便会跟进报道，而媒体的报道又会引发蜂群在社交媒体上的讨论，这些讨论又会促使媒体更进一步挖掘新的事实和新闻方向……如此循环。整个热点事件的周期较短，热点达到一定程度时便会引来社会力量甚至官方的介入，直到事件发展到用户、媒体和社会都可以接受的程度，关于事件的讨论才会告一段落。

二、微信蜂巢：激流中的婉约派

1. 圈子特征：强关系延伸出更多弱关系

微信的出现给微博带来不小冲击，微博活跃度开始下降，活跃用户减少。2014 年年初，中国互联网络信息中心发布的《中国互联网络发展状况统计报告》的数据显示，2013 年，22.8％的网民减少了微博的使用；手机端的微博网民数量也呈下降趋势，截至 2013 年 12 月，中国手机微博用户数为 1.96 亿，较 2012 年年底减少了 596 万；手机端微博的使用热度也在下降，手机微博的使用率仅为 39.3%，比 2012 年年底降低了 8.9 个百分点。

另外，中国传媒大学广告学院和国家广告研究院在 2014 年联合发布的《媒介·消费：2014 中国大学生调研报告》显示，90 后大学生 2013 年的微博使用率为 71.1%，微信的使用率为 82.3%。相较于 2011 年，90 后大学生 2013 年的微博使用活跃度有所下降（见表 2.1）。

表 2.1　90 后大学生微博使用频率的变化　　　　　　　　　　单位：%

微博使用频率	2011 年	2013 年
一天发 5 次及以上	5.9	3.2
一天发 3~4 次	13.8	5.9
一天发 1~2 次	23.2	10.7
2 天发 1 次或更少	57.1	80.2

可以说，2013 年是微博最难熬的一年。2012—2013 年，行业内人士以及媒体出现了大量唱衰微博的声音。其中的原因究竟是什么？对此，该报告给出的分析认为：一方面，用户觉得社交网站浪费时间，并且在长期使用后丧失了新鲜感，所以减少了使用频率；另一方面，微博上的用户与朋友的互动变少，用户转向微信这样的社交产品，在减少使用微博的用户中，37.4% 的人转而使用微信。

恐怕后者才是最主要的原因。一个不可回避的事实是，微信带来的强大冲击让微博措手不及，但是，除了外力影响之外，微博社交产品本身的功能设计以及用户之间关系连接的方式也导致了它的失势。

首先，微博在发展的过程中，慢慢忽略了或者说减弱了普通用户的"分享欲求"。笔者一直认为，社交媒体的本质就是分享，分享的目的是带来互动。比如，人们分享自己信息的本质目的其实就是被朋友、被微博关系中的其他人关注，并且这还不够，他们还希望传播得越来越广，受到越来越多的关注，满足内心的虚荣感、成就感和被认可感。不可否认，这是人们内心最原始欲望的表达。

因此，"分享＋互动"才能让信息持续不断地"输入"到平台上，并在其中流动、传播，以此维持平台的活跃度和运转。有互动才有分享的动力，有分享才有互动的基础。

新浪微博在发展之初的宣传语是"有什么新鲜事儿想告诉大家？"鼓励成千上万的普通用户来分享内容和心情。然而，新浪微博的用户战略和新浪博客的思路是一样的，就是以"大号"为中心，扶持大号。因此，大号发布的任何信息，即便是不痛不痒的话，也会得到大量传播和互动。但是，普通用户分享的信息慢慢成了自言自语，并且会瞬间石沉大海。当用户分享的信息没有互动，没有"被关注"时，他们的成就感和被认可感并未得到满足，因此分享和互动的热情便会逐渐减弱。道理很简单，如果你总是发状态、评论、信息，但没人回应你，也不知道有多少人看到你的状态，久而久之你就会感到很无趣，离开也是必然的。

2012年年末，新浪CEO曹国伟曾在一次电话会议中承认微博受到微信的冲击，并表示准备提供私人分享功能。2013年，微博推出"阅读数"功能，试图让用户感受到自己"被关注"的程度，但大量用户转向微信已成为不可逆转的事实。

而微信采用了与微博相反的路线，微信平台的设计以"个人"为中心，微信圈子也以"私人圈子"为主体，用户感觉到自己处于小圈子中心位置，自己对个人的"朋友圈"有掌控感，觉得"朋友圈"是自己的"地盘"。微博圈子大而散，对圈子成员的约束性小，并且主要以大号为中心；而微信圈子小而聚，对圈子成员的约束性大，主要以个人为中心。所以，微信改变了圈子聚集的方式，并且圈子成员间的连接关系也发生了变化。比如，微博圈子是基于兴趣、爱好、话题等聚集起来的，这些圈子对成员的约束性较弱，圈子成员之间的关系黏性小，没有太强的聚拢关系。前面已经分析过，微博圈子更多凭借圈子成员"信息的流动性"（比如信息的"输入"和"输出"）而维持圈子的日常形态，除此之外，圈子成员间的人情互动、情感维系体现得并不明显。所以，微博圈子是基于弱关系连接的，大多数是陌生人社交，圈子范围更大，也更开放。

也因此，基于弱关系连接的微博圈子必须依托"信息流动性"而存在和发展。因为弱关系连接的圈子黏性小，圈子成员难以像在微信圈子那样随意分享和交流个人信息，所以用户自然而然更愿意讨论大家可能都有兴趣关注的、有较高话题性质的热点或新闻类信息。因此，新闻类、热点事件类信息在微博上流动得比较快，有较强的传播力，微博自然也慢慢成为新闻属性较强的社交媒体平台。

然而，微信圈子的特征却明显不同。微信圈子最初是基于现实中的真实关系而组建的，比如亲朋好友、工作同事等，这些关系黏性较大，属于强关系，更多凭借人情、情感来维系，而非兴趣、爱好、话题等弱连接来维系。但随着微信越来越用于职业交流，微信上的关系类型也开始慢慢扩展，从最初的亲朋好友这类强关系连接，慢慢延伸到更多"不熟"的弱关系连接。

并且微信社交平台的功能设置也让关系连接更加"仪式化"，微信平台希望用户之间的关系更加具有黏性。比如，用户在微信上不能随便添加好友，用户自己有一个筛选"朋友"的过程，一旦某个"朋友"被添加进自己的"朋友圈"，那么这个"朋友"就进入了自己的个人圈子，并能了解用户的个人生活状态、心情、工作等。那么在较长一段时间内，这种关系就会在特定的圈子内相对稳定地存在。

表2.2可以形象地反映出微博圈子和微信圈子的特点差异。

表 2.2　微博圈子和微信圈子的差异

微博圈子	微信圈子
以大 V 为中心	以个人为中心
用户感受不到自己的存在	用户感觉自己处于小圈子中心位置
茫茫人海的无力感	用户对个人"朋友圈"有掌控感
"地主"家的地	自己的地盘
圈子大而散；约束力小	圈子小而聚；约束力大
关系建立太容易；易得也易失	关系连接更具有"仪式感"；可筛选；相对稳定

2. 微信圈子的三种形态和运营

我们可以把微信社交平台上的蜂巢圈子分为三种形态：第一种是"个人朋

友圈",这是微信蜂巢的主要形态;第二种是微信群;第三种是微信公众号形成的粉丝(订阅用户)大社群(如图2.7所示)。

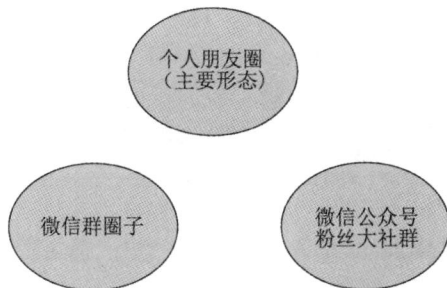

图 2.7　微信蜂巢圈

(1)"个人朋友圈"的特征与维系

微信个人朋友圈是以"个体"为中心组建起来的,每个人都有自己的"朋友圈",这就像自己搭建的舞台,谁能进入自己的"朋友圈"观赏"美景",由用户自己决定。所以,微信朋友圈是一种封闭式的圈子,并且圈子的稳定性相对于微博来说较高,圈子成员间的关系相对微博圈子来说更加紧密,至少能让用户感受到自己在圈子中的存在以及圈子中其他朋友的存在。原则上,即便是关系不熟的弱关系连接在一起,他们在相对较小的"朋友圈"内因为彼此信息的不断分享和曝光而慢慢"熟悉"彼此,原本的弱关系也可能会转化成线下的真实关系,变成强关系连接。

当然,圈子内成员的互动和关系会受到其他因素的影响,这一点我们将在后面章节详细分析。那么就朋友圈这种圈子形态来说,它靠什么来维系圈子呢?

微信朋友圈更具蜂巢特征,每个人的朋友圈就像是一个小蜂巢。朋友圈的维系仍然依靠信息的"输入"和"输出",但与微博不同,微信朋友圈并非基于兴趣、爱好、话题等信息连接,而是靠个人生活、工作、心情等私人状态信息的频频曝光引起圈子内的互动,以此维系和滋养圈子关系,同时也让用户感受到一种"存在感"。

这些信息的流动性不高,用户只能将这些信息输入或"搬运"到自己的圈子内,并且这些信息一般不能再流转到其他圈子内。比如,你发了一条朋友圈状态诉说自己的心情,或者分享旅行美景,这些状态只能引起朋友圈内朋友的互动(点赞或评论),一般并不能像微博上那样被转发,而只能在自己的小圈子内存在。你以一定的频率向朋友圈"输入"个人信息,一方面是为了引来圈内成员对你的关注,并且由此引起交流互动;另一方面也希望通过这种信息输入的方式表明自己的存在,维护你和其他人的关系。这种个人信息的不定期输入,能够维持朋友圈的运转。

当然,个人在朋友圈除了"输入"私人信息之外,还可以"输入"个人感兴趣或者认同的内容,这些内容是从"外部"(媒体内容或公号内容)转发(搬运)来的。假设用户 A 从媒体上看到一篇文章,并转发(输入)到 A 自己的朋友圈,当这条"搬运"来的信息内容引起朋友圈内其他成员(比如 B)的"认可"时,用户 B 便将这条信息内容转发(输出)到 B 的朋友圈,以此类推。朋友圈通过这样的信息"输入"和"输出"方式完成了信息的流动,也正是这样的信息类型,将较为封闭的朋友圈与朋友圈连接起来,信息也得以更广泛地被传播。

所以,个人朋友圈这种小蜂巢之间就是凭借媒介产生的内容而进行信息的互动和连接,这里的媒介既可以是大众媒体,又可以是自媒体微信公众号。

(2) 微信群圈子的特征与运营

微信群圈子相对于个人朋友圈来说,是一种更加集中的方式。个人朋友圈里的关系是通过个人筛选后才确定的,即便不熟悉,也可能通过不定期的互动慢慢熟悉起来。所以,个人朋友圈更具有某种"人情味"。

然而,与个人朋友圈的"情"不同的是,微信群的组建目的性更强,也更加集中。微信群是基于职业需求、资源互动、凝聚亲朋好友等而建立的,它们基于共同的话题、兴趣。比如,现在的很多微信群是由比较大的机构发起,它们建立所属领域的微信群,把相关的人脉资源拉进来,这些人脉多属于相同领域或共同关注某个领域的人。在微信群圈子里,圈子成员所关注的话题有相似性,并且功利目的更强,有些人进入圈子或在圈子内互动,主要是为了获得这些资源,出于工作或利益的需要。

所以,笔者认为除了家庭成员或挚友组成的以"情"为中心的强关系微信群之外,大多数微信群圈子的最大特征就是以"利"为中心的弱关系连接。

那么,这些以"利"为目的的弱关系微信群是如何维系的呢?

个人朋友圈需要靠个人状态、转发内容等更具私人特征的信息来维护,但与之不同的是,微信群的维系是靠"话题"和"主持人"的作用。

"主持人"通常是微信群的组建者,即群主,但也可以是其他较活跃的成员。"主持人"定期向群圈子抛进话题,并且这些"话题"往往是"主持人"根据群的性质或关注领域而筛选出来的。所以,"话题"也具有一种"约束性"和"目的性",也就是说,群成员能根据群的性质自动辨别出哪些"话题"是圈子需要的或感兴趣的,由此决定向群内"输入"什么话题。

所以,要想增强微信群圈子成员的互动性和活跃度,就需要定期输入"话题",以供给圈子。这就对"话题"的内容和性质有一定要求,"话题"需要尽可能地唤起圈子里大多数成员的兴趣,引起他们的互动。因此,"主持人"(群主和某些活跃分子)在群内的角色和作用十分重要,他们承担着"话题"筛选和"输入"的工作,而群主又承担维护着圈子内关系平衡的任务(如图 2.8 所示)。

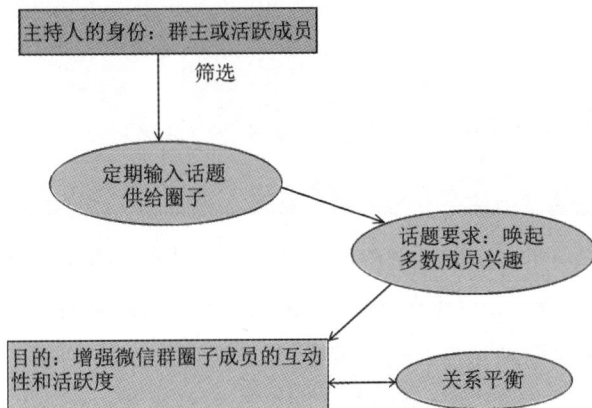

图 2.8　微信圈子的话题输入

比如,现在有很多媒体在做微信群的运营,媒体将专栏作者和不同领域的企业负责人聚集到媒体建立的微信群,以便圈内成员互相交流和沟通,媒体提供了一个类似"关系"中介的作用。一方面,媒体在维护圈子的过程中,能够得到更多内容来源以及资源合作;另一方面,圈子内成员也在这样目的性较强的圈子内接触到自己需要的人脉关系,以便进一步沟通和交流,转化成自己朋友圈中的关系,并且在合适的情况下也会转成线下的关系。所以,大多数企业或组织建立的微信群,目的性较强,满足圈子内成员各取所需、利益互换、资源互置的需求。

微信群的规则一般由群主决定。通常情况下,微信群圈子越大,群主维护的成本(时间和精力)越高,圈子成员整体的活跃性会变小;微信群圈子越小,群主维护圈子的成本越低,圈子成员整体的活跃性相对变大。

因为,当圈子成员规模变大时,"主持人"对"话题"的筛选难度会变大,同一话题可能并不能引起更多人的兴趣和关注,这就是所谓的"众口难调"。并且当圈子成员规模变大时,陌生的关系变多,人们更容易选择沉默以寻求一种"安全感",那么当群内大多数成员选择沉默时,圈子就会越来越死气沉沉。

微信群圈子的运营维系由三个重要因素决定:

一是"主持人"(群主和活跃分子);二是"话题"筛选;三是圈子规模(成员人数),最好控制在 150 人以内。这三个因素决定着微信群的长期运营和活跃度。

(3) 公众号粉丝大社群的特征与维系

微信社群是基于微信公众号的另一种形态的圈子,一般来说,是围绕微信公众号形成的粉丝(订阅用户)大社群。这种类型的社群以微信公众号的运营者为中心和主导,粉丝成员的互动较弱,主要依托运营者的运营能力。

运营者持续不断地生产公众号内容,并定期将这些内容"输入"到社群中,以维持与社群成员的关系,并滋养社群。而社群成员也从这些内容中慢慢了解公众号所具有的气质、风格和拟人特点,从而培养和公众号的感情,一旦成员认可并认同公众号的内容理念,那么运营者就和社群成员建立了长期且稳定的关系。

同时,公众号也会通过生产的内容吸引社群成员对相关话题的讨论,引起成员对该内容的"向外"传播。此时,公众号"输入"到社群中的内容便由社群成员"输出",内容进一步被个体成员"输入"到他们的朋友圈,影响圈内朋友,之后又被朋友圈内的"朋友"转发出去(输出),以此类推。经过这几个过程的信息传递,公众号的内容产生了更广泛的影响。

利用公众号来维护由此聚集起来的社群,成为当下许多企业和自媒体都在尝试的做法。而这也正是微信社交平台诞生后的内容营销新趋势。

在微信社群中,社群成员之间的互动相对较小,运营者占主导地位。运营者自身的风格、内容定位决定了社群成员的性质,这些成员较为垂直,一般是具有某方面共性的人群,比如对公号提供的某类内容有认同感。因此,线上互动较弱的社群圈子也可以由社群运营者通过共同的兴趣、话题、讨论等聚集到线下,在线下开展更具针对性的活动。

同时,公号的内容生产和运作能力对社群成员的积极性有较大影响,公众号需要有持续不断的内容生产能力,内容生产的频率、质量、话题切入会影响社群成员的参与度和内容传播意愿。另外,运营者和成员之间互动的紧密程度也影响着社群成员的积极性,内容生产的频率、质量、话题切入等会影响社群成员的参与度和内容传播意愿(如图 2.9 所示)。

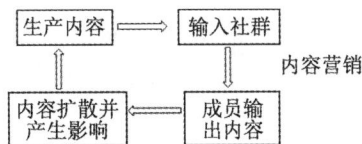

图 2.9　公众号粉丝大社群特征与运营

整体上看,以真实关系为基础或目标的微信正成为重要的圈子平台,它重新整合着现实圈子关系,并聚拢新的弱关系连接的圈子。新的弱关系连接圈子可能熟悉度和交情较浅,但却能通过不同的维系方式聚拢更多的社会资源。

3. 微信圈子信息传播特点

相比之下,微博上圈子的规模较大,圈子的凝聚力不强,成员较为分散;微信圈子则规模较小,圈子对成员的约束性较高,也较为聚集。微博蜂巢以大 V 为中心,而微信蜂巢则以普通个体为中心。这就决定了微博蜂巢和微信蜂巢在信息传播特点上的差异。

通过前面的分析我们可以看到,在微博上,普通个体在小圈子内的传播虽然起到信息导火索的作用,但大 V 在传播中起着重要作用,信息在这些大 V 核心节点上能够迅速发生二级传播和多级传播,传播速度瞬间被加快。所以从整体上看,微博蜂巢是围绕着核心传播节点进行的辐射式多级网状传播。

但是,微信蜂巢则以小圈子传播为中心,圈子连接圈子,直到连接到所有圈子,呈现出一种扁平式的信息延展。

因此,在扁平式的信息传播过程中,个体对信息的流动没有明显的觉察,信息连接到整个微信蜂巢的时间周期较长,即热点发展阶段的周期长。而在微博上,以大 V 为核心节点的多级网状传播会让信息的流动和传播加快,缩短了信息成为热点的传播周期,个体在微博上对信息的流动有较强的感知。同时,因为在微博上感知到的信息变化明显,所以,微博上对于某个热点事件的讨论周期较长,舆论角度跟随事件发展慢慢多元化,直到整个事件结束。虽然微信上的信息在成为热点之前的传播周期较长,但是,一旦成为热点之后,对该事件的后续讨论和传播便会较快结束。这主要是因为,人们在微信上对信息变化的感知不像微博那样直观和明显。

举个例子,一个热点事件从开始酝酿到整个事件的讨论结束,在微博上可能整个周期为 6 天,但这种事件在微信上的酝酿起点时间一般要晚于微博,并且结束时间也会早于微博,可能整个周期只有 3 天。

比如,我们在微博上能很快了解到最近发生了什么,微博也有热点新闻事件的排行榜,我们能知道周围的人都在谈论哪些热点。但是,微信上对热点事件的呈现则有些滞后,只有当朋友圈里的朋友都在传播某条转发内容时,才能发现这件事是最近的大新闻。换句话说,我们在微博上更容易"感觉"到新闻类事件信息。相比之下,微信较短的信息传播周期会减弱我们的这种"感觉",我们往往通过与事件有关的评论内容去"感觉"整个事件。

为了说明这一点,我们对和颐酒店女生遇袭事件的传播数据进行了更细致的分层分析,发现微信上对于该事件的传播有些滞后。在 4 月 6 日 0:00 之前,事件博物馆在微信上抓取到的关于该事件的讨论或内容为 0。4 月 6 日 0:00—6:00,只有零星的个人微信对该事件进行讨论(事件博物馆收集到的提及该事件的微信只有 18 个左右),并且这期间并没有媒体公众号发布过相关信息。4 月 6 日 6:00—8:00,少量媒体在微信上提及了该事件,比如北京新闻、安庆在线、青岛新闻广播等。

直到 4 月 6 日 9:00—17:00,更多媒体开始介入,比如《新京报》、环球旅讯、腾讯科技等有影响力的媒体传播了该事件,一些粉丝数庞大的自媒体微信公众号介入传播,关于该事件的内容和评论通过个人朋友圈不断连接到更多圈子。4 月 6 日 17:00—18:00,央视新闻在微信上报道了该事件,内容是"女子称在北京一酒店遭陌生男子拖拽 警方调查涉事酒店道歉四大疑点仍待解"。经过媒体的介入和自媒体公众号的推动,该事件在微信上达到传播高峰,许多人表示被该事件"刷屏"了。

值得注意的是,从 4 月 6 日 6:00—17:00,抓取到的微信上的话题主要集中在"女子遇袭视频",传播最多的也是该事件本身,舆论角度从中午 12 点之后开始有所扩展,有关"女生如何自救"的话题增多。直到当天18:00之后,舆论角度开始大力转向"女生如何自救""如何评论该事件""该不该做旁观者"等角度。

通过对比我们可以看到,该事件在微信上的酝酿和发酵时间相比微博较为滞后,微信上关于事件本身的热点高峰也会晚于微博上的热点高峰期。知微事见关于该事件的公开数据可说明这一点,如图 2.10 所示,曲线①为该事件在微博上的传播情况,曲线②为微信上该事件的传播情况。

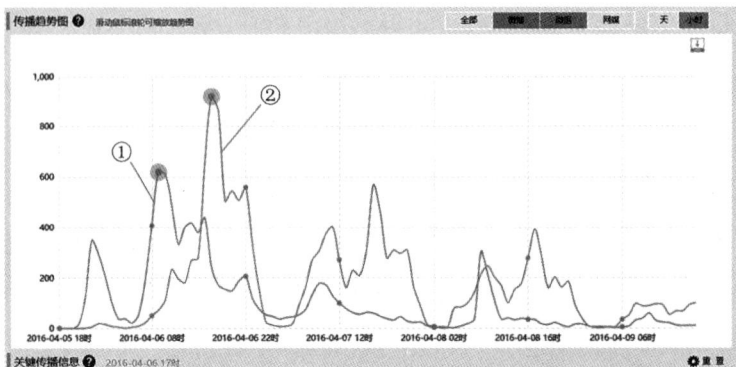

图 2.10 和颐酒店女生遇袭事件微博和微信传播对比

注：本图引自"知微事见"官网，http://ef.zhiweidata.com/#!/event/570da0e0e4b04b440d394cea/trend.

而对于许多新闻类事件性热点，话题的传播往往是先在微博上引发，当热点达到一定传播热度时，会引发微信的传播。

那么，是什么原因导致了这样的差异？

通过分析，笔者认为直接原因是"信息流"的形式。微博的信息流就是个人在微博账号上直接发布的任何信息，这些信息可以是个人动态，也可以是内容链接，也可以是长评论。这些信息流可以直接被转发，被其他用户看到并感受到。因此，当某个事件发生时，用户看到事件信息后，随手就可以转发传播，然后这条信息又直接被其他用户直观地看到。所以，信息传播过程较为流畅，对热点的感受比较直观。因此，当信息不断扩展到不同圈子时，信息流转的速度会比较快，当大 V 留意到事件信息后，他们对信息的二级分发和多级分发进一步加快了事件信息的扩散速度并扩大了影响范围，直到整个微博上的用户感知到热点事件。

但是，微信上的信息有两种：一种是个人在朋友圈里自主生产的信息，比如个人生活动态、心情、情绪等信息；另一种则是个人从别处转发之后放在朋友圈的信息。而后者才能成为信息流，转发来的信息才能在圈子之间流转，连接不同圈子，从而慢慢扩展延伸到整个微信平台。

那么,从别处转发的信息流来自何处呢？微信上的信息流传播时必须依托一个"中介",这个"中介"就是"媒体账号"(包括大众媒体公众号和自媒体公众号)生产的内容,这些可转发和流转的内容才是连接圈子的纽带。所以,小蜂巢圈子与圈子之间通过这些由"第三方媒体"生产的"内容"才能发生连接(如图 2.11 所示)。

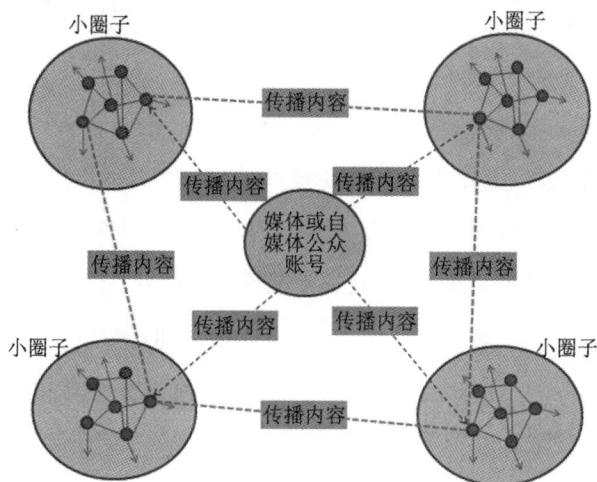

图 2.11　微信上信息传播流程

这就会导致当事件新闻发生时,微信用户对事件的感知通常是通过"媒体"生产的内容,而不是像微博那样直接通过用户自己生产的信息。所以,微信用户对热点事件的整体感受就不那么直观了。并且,"媒体"在微信上生产的内容除了事件本身的报道,往往更多的是围绕事件的其他角度的解读和评论。因此,当微博上的用户直接感受到热点事件"迎面扑来"时,微信上的用户可能要通过"媒体"内容慢慢还原事件脉络和事件发展过程,之后才能形成对该事件的整体感受。

这就是为什么微博上的热点会持续较长时间,而在微信上,热点会很快散去,并且会看到更多与该事件有关的边缘信息,比如事件评论或者围绕热点的其他引申话题。

三、共需蜂巢：精致的舞台剧

随着垂直社交媒体平台的发展和兴起，社交媒体将从微博、微信这样的综合性大众社交平台到更加多元化的小众社交平台发展。这些小众社交平台基于用户的某种需求而建立，这种需求可以是共同的志趣、共同的爱好、共同的梦想、共同的心理、共同的生活理念等。

尽管像微博、微信这样的大众社交媒体也具有根据兴趣、爱好、话题等进行圈子分类的功能，但是，庞大的平台承接了各种各样的功能，太多、太杂的圈子和功能会让社交平台显得太累赘，并且也不能满足小众化用户的真实需要。所以，那些能够专门针对用户某一方面需求和心理而设计的垂直社交产品便能够满足用户的某些需求，用户群体会根据自身需求进一步细化并分散到不同的小众社交平台上。线上"圈子"也会更加细分化。

1. 垂直社交平台类共需蜂巢的特点：自给自足

与微博和微信不同的是，像美图秀秀、秒拍、美拍、唱吧等垂直社交应用平台本身就是完整的蜂巢圈子，虽然里面的小圈子分类不那么明显。因此，这些垂直社交平台需要依靠平台的功能来设定蜂巢机制和建立蜂巢精神，它们倾向于让所有用户在平台上直接完成信息的"输入"和"输出"。

比如，在唱吧里，用户 A 可以将自己录制的作品直接传到平台上，而不是先传到自己的朋友圈子里，朋友圈子的人当然也可以跟 A 进行互动，但唱吧更明白用户的需求：希望自己的作品能够直接被更多人关注到并得到认可，从而被大家簇拥，最终成为平台上引人注目、备受好评的焦点。

所以，垂直社交平台将用户的这种"兴趣"和"心理"需求最直白地展示出来，用户对平台本身的期许要大于对平台内部其他成员的期许。因此，垂直社交平台是已经建立在用户细分化的基础上了，平台本身就成了一个大蜂巢圈子，内部更细分的社交圈子虽然也存在，但用户在这些圈子里的社交和互动意愿并不那么强烈，他们更在意的是自己的信息流向平台而不是小圈子。这样的话，大量的信息流动就会直接在这个大蜂巢平台上进行，而不像微博、微信那样信息流要先通过小圈子传播。

这样看来，垂直社交平台类共需蜂巢主要以"平台"本身为信息中心，完成信息的集合和分发；它们以满足"需求"为核心理念，平台内部的"社交"或"兴趣"小圈子主要起到辅助作用，圈子成员间的关系黏性较差；但微博、微信类大众社交平台，则先以平台上的"圈子"社交为主，信息流也经由小圈子传播到更多圈子，最后到达整个平台。

所谓的"蜂巢精神"本质上就是"分享＋传播"精神，所以垂直社交平台通常通过功能设置来确定用户该如何"分享"内容，如何"传播"内容，并且要考虑如何激励用户有意愿地主动完成更多的"分享"和"传播"。

正是因为垂直社交平台满足了用户某方面的需求，比如兴趣、爱好、心理等，所以平台会基于这些需求或心理鼓励用户持续不断地生产（分享）内容，鼓励用户将作品通过平台内部连接到更多"朋友"，鼓励"朋友"帮助用户完成内部推动，直到到达平台中心，同时也鼓励用户向外传播自己的作品。通过这样的方式，平台大蜂巢就可以完成信息在平台内部的不断流动，以保持平台的活力和持久。

所以，共需型蜂巢通过鼓励成员不断地"分享"自主生产的内容，鼓励用户间的互动，从而促进信息内部流动，完成内部给养。一方面，内部成员"分享"内容后实现了自己的需求，另一方面，这些内容又持续地滋养着蜂巢。并且这些平台会通过机制或功能的设立来最大化激励"内容分享"行为，既满足了用户的需求，也提升了平台的活力。

我们通过几个代表性的垂直社交平台的做法就可以一窥究竟。

比如，唱吧采用了"社交激励"模式激发用户自主生产内容和互动：通过送花、评论、回复等多种功能的设置，让用户与歌友互动；随着用户上传的作品越来越多，用户的等级会不断提升，还会获得各种各样的称号；用户可以通过首页达人榜随时炫耀自己的歌技，只要唱得好，喜欢自己的人和送花的人越多，就能越快登上首页。

比如秒拍短视频社区产品，它通过产品功能、风格、主题等方面的不断改进和完善，引进了几百位明星入驻，并且普通用户可以与明星互动；支持高清拍摄和新的设计风格，改善用户体验，等等，激发普通用户的参与。另外，美拍等也在激励用户生产内容上采取了措施，比如通过功能的改进满足用户当主角的心理。

垂直社交平台的这些做法都是为了鼓励用户自主生产内容。

2. 共需蜂巢的信息传播特点： 自主传播 + 向外连接大众社交媒体

共需蜂巢鼓励用户持续不断地自主生产内容，并将这些内容分享到平台上，当然，如果这些内容仅仅是放到平台上而没有任何互动，那么最终平台的活跃度会下降，时间久了，用户便会感觉无趣而选择离开。

所以，垂直社交平台在功能设计上都需要考虑如何鼓励用户将自己生产的内容分享给他人，鼓励平台内的用户互动起来，并在互动的过程中推动这条内容在平台内部的流转。比如，唱吧平台上各种互动功能的设置就是为了加强用户与歌友或"粉丝"之间的联系。通过这样的方式，用户可以积累人气，推动自己的作品时能获得更多关注。

因此，这个过程体现了一个内部自主传播的机制，而垂直社交平台这些蜂巢通过设定机制来激活成员自主传播的动力。

自主传播包括两个方面：一方面是用户生产的内容在内部的分享、互动和流通；另一方面是用户将自己生产的内容向外传播，比如有意愿主动地分享到微博、微信等大众社交媒体上，让圈子里更多的"朋友"看到和进一步传播自己的作品。

鼓励用户在平台内部的自主传播关系到平台的活跃度和生命周期，而鼓励用户向外部社交媒体的分享传播，关系到平台的扩张和影响力，也是满足用户"成就感"和"分享欲"的表现。当平台能够让用户通过自主生产内容而感觉到

"成就感"和"满足感"时,用户的"分享欲"便会被激发出来,用户向内和向外的自主传播动力就会变强。

所以,向外部社交媒体的分享传播对用户和对平台本身来说都至关重要。比如,一个人在美拍上拍的视频非常好,成了美拍达人,但他也希望自己能让更多人"关注"。因此,个人要想获得更多的影响力和知名度,就非常迫切地希望将视频分享到微博或微信上,最终成为"焦点"。

美拍产品的CEO吴欣鸿在接受媒体采访时曾明确表示,美拍在激发用户自主传播上考虑了很多。比如,他们在短视频片尾处加上了"导演"二字和MV效果,让用户在短视频拍摄的过程中体验到了成就感,这就激发了用户的分享欲,增强了用户的参与感和自主传播的动力。

因此,垂直社交平台的信息传播特点就是,用户在平台内部自主分享和传播,以达到自己在平台上的被认可度和关注度,同时也必须将内容连接到大众社交媒体上,才能获得更多的关注和影响力。

共需蜂巢和综合性大众社交平台的连接是至关重要的。在垂直社交平台这类共需蜂巢中,用户向平台"输入"自主生产的内容,内容在内部消化、互动、推荐、循环;同时,这些内容信息也会通过蜂巢设定的机制"输出"(分享到大众社交媒体)。通过这样的过程,共需蜂巢完成了平台的运转,生产出许多备受内部关注的核心人物(比如网红),这些核心人物更容易通过大众社交媒体的传播而成为更广受关注的人物,并且延伸出一系列网红产品链条。我们在后续章节会详细分析蜂巢时代的网红经济和传播。

第三章　蜂巢传播三宝：信蜂、内容和关系

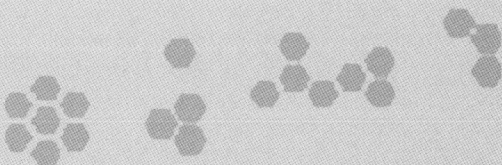

在不同的蜂巢中,群体间的连接关系和特点都有不小的差别,同时这也决定了它们各具特色的信息传播特点。

微博蜂巢基于弱关系连接,圈子规模较大,圈子较为开放、分散,对圈子成员的约束性不强。在信息传播方面,普通用户对信息传播的推动起到导火索的作用;而核心传播节点(大 V)在信息传播过程中至关重要,加强了信息扩散的力度;媒体则起到引爆信息热点、连接社交媒体和现实社会的作用。因此,微博蜂巢有助于新闻事件的快速传播。

微信蜂巢圈子以"个人朋友圈"为主要形态,圈子小而聚集,并且圈子成员多数依靠强关系连接,强关系又延伸出更多弱关系连接,圈子对成员有一定的约束力和规则。微信圈子之间的连接经过第三方"中介"——媒体生产的内容得以完成,所以人们在微信中感应到的热点传播比微博滞后,直观感受也不如微博强烈。

而垂直社交平台类共需蜂巢则是基于用户的细分需求而建立的,用户因某方面的切实需求而聚集在共需蜂巢平台上。但用户看重的是自我需求在平台上的实现,而不那么在意在这些平台上的社交圈子关系。共需蜂巢主要依托和鼓励用户在平台上自主生产内容、自主传播内容,达成信息在平台内部的良好流转、循环和传播,维持平台的活跃性。同时,共需蜂巢还要鼓励用户向外部大众社交媒体平台传播内容,完成内部和外部的信息连接,促使信息更广泛地传播。

纵观这些行色各异的蜂巢,我们会发现,即便不同蜂巢有不同的群体连接特点和信息传播特点,但它们在信息传播过程中由三个共同元素支撑:信蜂、内容和关系。

信蜂决定了信息在蜂巢平台上的"输入"和"输出"行为;由信蜂生产或搬运的"内容"或信息则成为蜂巢平台源源不断的给养;而连接关系则促使这些内容

信息完成个体与个体、圈子与圈子间的流通和互动，以促进蜂巢平台的活跃性。

一、 信蜂，蜂巢中的信息搬运工

1. "信蜂"是谁？

在这本书的开始，我们已经描述了社交媒体时代人们的生活越来越媒介化，人们对社交媒体的依赖程度超出了我们的想象。而十分讲求圈子文化的中国人，对社交媒体圈子的重视，也使中国的社交媒体有别于其他国家。

当然，许多人已经意识到社交媒体对人的"控制"，试图强迫自己不再那么频繁地打开它们，但是却往往力不从心。因为，不光是人们的生活被不同的社交媒体分割得越来越碎片化，更重要的是，人的圈子已经转移到这些社交媒体上，所以不得不定期维护和关照这些圈子。

这些人在社交媒体上的活动都有一定特点，拿微信来说，拥有微信的人在空闲时间，几乎每隔几分钟或在更短的时间内就会刷新朋友圈，许多人已经养成从朋友圈获取信息的习惯，并且为了维护圈子，他们又主动地从外界收集有趣或有价值的信息，然后将这些信息积极地分享到朋友圈。

人们通过这种方式，掌握和了解圈子内其他人的动态，以保持和圈子的同步。同时，人们也不时地收集、分享信息，以保持自身的曝光度和存在感，以此来维系圈子。而这就是在当前社交媒体时代中圈子群体的缩影。

在社交媒体平台上，这些群体的行为像极了蜜蜂采蜜，如果把信息比作"花蜜"，这群人就如同"搬运"信息的蜜蜂，不停地向圈子"输入"和"输出"信息，"争先恐后"地为获取（采集）信息和分享信息而"奔波忙碌"。

于是，这样的圈子群体便有了一个更贴切的名字——"信蜂"。

2013—2014年，中国传媒大学广告学院联合日本博报堂生活综研（上海）进行了一项大型研究，目的就是要对上述这群人进行深度调查和分析。该项目洞察了中国信息传播的新兴群体，主要对中国目前信息传播的特点、新兴传播人群的特征和欲求等一系列问题进行了较为详尽的研究。此次调查对比了中国、美国和日本的人群在信息扩散方式上的差异，调查城市包括中国的北京、上海、广州以及多个二三线城市，美国和日本的城市主要包括纽约、洛杉矶、东京和大阪，总样本量超过万人。

研究结果首次提出了"信蜂"（infoBee）的概念，并将那些在社交媒体上不知疲倦"搬运"信息的人称作"信蜂"。研究结果也让我们清晰地意识到，中国人对"圈子"的热衷和信息依赖。

该项目的调查数据显示，在中国，朋友之间对于信息（主要指新产品、新服务类信息，以下提到的信息同指这类信息）的获取和发送（分享）更多，远远超过日本和美国。进行一组数据对比便一目了然。

在信息获取方面，中国圈子内的"朋友"成为最主要的信息渠道，占比最高，达到 48％，"朋友"传播的信息的影响力甚至超过电视媒体（44％）；而在日本和美国，电视都是最主要的信息渠道。

在信息传播（发送或分享）方面，中国的信息传播更多地通过微信或 QQ 实现，通过这两种途径进行传播的比例分别达到 72％和 66％，传播对象也多限定在自己的朋友范围内。而日本和美国则主要是通过 Line、Facebook 或 Twitter 这样面向大众的社交媒体信息传播方式，并且其使用比例最高的 Facebook 也仅占 36％。[①]

也就是说，在中国，圈子中的"朋友"既是信息的入口，也是信息的出口。新产品、新服务类信息更多地是通过朋友之间的收、发而完成流动，所以"限定于朋友之间的信息收发"成为中国社交媒体时代信息传播的重要特征之一。

那么，为何在中国圈子"朋友"成为主要的信息渠道？你可能有你的答案，而

---

① 本节中有关信蜂的数据均来自中国传媒大学广告学院与日本博报堂生活综研（上海）的调查研究成果《信蜂：中国信息传播的新兴群体》一书，在文中简称《信蜂》。

研究人员认为,这跟本土文化有很深的关联。

首先,人们认为来自朋友的信息是值得信赖且有价值的;其次,中国人的"圈子"意识影响着信息的收发行为。由于社交媒体上信息的泛滥,冗余信息大量增加,人们在这种复杂的信息环境中,开始越来越重视圈子,认为圈子中的朋友能给予"可信且有价值的信息",圈子成为"信息的过滤网"。

信蜂项目在中国地区的调查中,看到了十分典型的中国特色,即基于社交媒体产生出的一类"浅交型轻圈子",他们多以弱关系连接,圈子内朋友之间的关系尚浅。这些圈子有的以微博为基础,有的以微信为基础,也有的以人人网等实名认证的社交网络为基础,还有的以其他平台为基础。当如此重视圈子文化的中国人遇到如此令人依赖的社交媒体时,圈子内的信息交流则呈现出更具活力的状态,"信蜂"人群就自然地出现了,这也把中国特有的圈子文化转化到了线上。

该项目的研究结果对于我们了解社交媒体时代信息传播人群的特点有重要作用。然而,如今的"信蜂"又有了普遍的意义。他们不单单借助"圈子"获取和传播新产品、新服务类信息,他们更加广泛地存在于微博、微信、QQ 等大众社交媒体平台上,并且也广泛分布于垂直社交媒体平台中。他们在这些平台的圈子中不间断地交换信息,维护自己在圈子中的角色和形象,确定自己的定位和风格,维持与他人之间的关系。

因此,如今活跃在各种社交媒体平台上的普通用户都是"信蜂",他们虽然分享和传播信息的目的各不相同,但造成的结果却是一样的,那就是:维持了圈子信息的顺畅流动和连接,增加了平台的活跃度和良好运转。

2. "信蜂"积极寻求信息,主动发布信息,与社交媒体相伴相生

信蜂群体往往会在社交媒体圈子中积极"发现"信息,并且对于分享和传播信息有非常主动甚至强烈的意愿,他们的行为的确与蜜蜂十分类似,而这也恰恰迎合了社交媒体的本质——分享和互动。那么,社交媒体和信蜂群体究竟存在

着怎样的关系？

　　毋庸置疑，社交媒体的发展让圈子形态发生了转移和变化，也促使大量信蜂群体的兴起；而信蜂群体的兴起和活跃同时也滋养着社交媒体平台，促进了社交媒体的发展和繁荣。可以说，未来社交媒体的发展已离不开信蜂群体了，并且社交媒体在未来垂直化发展的过程中，会更加重视如何激励信蜂群体提高活跃度，以及如何鼓励他们更积极主动地分享和传播信息。

（1）信蜂群体十分重视圈子内信息传播

　　信蜂项目研究的结果显示，对于"从朋友那里获取信息"的态度，在中国有57%的人表示，当收到朋友的信息转载/转帖时，基本都会查看。但这一比例在美国和日本却只有48%和38%。

　　而对于"把信息分享给朋友"的态度，在中国有79%的人在微信上分享新产品、新服务相关信息时，会选择"朋友圈分享"，而在日本，在社交 App Line"朋友圈分享"信息的人只占33%。

　　从数据对比可以看出，在中国，多数人会重视圈子内的信息传播。这也正是中国信息传播的独特之处。这些人正积极地从值得信赖的朋友那里获取信息，也将自己所获取的信息广泛地分享出去，以此来实现朋友之间的信息同步更新。

　　我们从圈子朋友处获取到可转载的"内容"信息，又将自己认同的信息在圈子中分享出去，这样的过程其实就实现了圈子与圈子之间的连接和互动。

（2）信蜂的筑巢行为

　　无论是哪种蜂巢圈子，用户（信蜂）在其中维护圈子或平台运转的重要行为便是"输入"和"输出"信息。他们一方面主动在蜂巢中生产信息，另一方面也会主动从蜂巢圈子外的各种媒介上搜寻有价值的信息，并将它们"输入"到圈子内，以实现"圈子内利益共享"。他们的行为恰似蜜蜂筑巢集群，而这也正是社交媒体时代新兴圈子群体的重要特点，成为中国当前信息传播的重要特征。

在中国，"每周 2 次以上接收并发送新产品、新服务信息的人"占大多数，比例达到 55％左右，这类"高频率收发者"较为频繁地接收和发送（分享）信息。但是，这类人群在美国仅占 44％，日本更低，只有 10％左右。从年龄分布来看，中国的"高频率收发者"中，20～29 岁的人占比最高，达到 32％；其次是 30～39 岁的人，占比 29％；40～49 岁的人占比 25％。

整体上看，各年龄层的占比相差不是太多，但年轻人的占比相对较大（大多为 80 后和 90 后）。从性别来看，男女占比几乎各占一半。从家庭收入来看，各收入阶层也没有明显差别。"高频率收发者"遍布于社会各阶层各角落。

所以，"信蜂"中的"高频率收发者"非常希望更早收到信息，同时又乐意尽快地、主动地把信息分享、扩散给圈子中的其他人。

2014 年年底，针对微博营销对年轻人是否会产生影响的问题，青岛理工大学新媒体传播研究所进行了一次项目研究，研究对象是 90 后大学生这一年轻群体。其研究结果发现，受访的 90 后大学生看到的微博营销信息多来自"朋友转发"，占比达 53.3％。同时，58.5％的受访者表示，会把看到的微博营销信息"专门分享给朋友"。① 这说明，在微博平台上，这些年轻人的信息接收和传播行为也十分符合"信蜂"特点，他们在自己所属的蜂巢（圈子）内搬运和分发信息，筑巢行为十分明显。

而如今，无论是对年轻人还是其他信蜂群体来说，在社交媒体圈子中获取信息、分享传播信息已经成为日常生活中的一部分。

3. "信蜂"行为背后的心理欲求

无论是在哪种类型的蜂巢平台上，都有大量的信蜂群体在搬运信息。那么，信蜂群体为什么会乐此不疲地搜寻信息，并且积极分享给自己所属的蜂巢圈子，

---

① 2014 年 12 月至 2015 年 1 月，青岛理工大学新媒体传播研究所进行了"微博营销对 90 后大学生的影响研究"项目。本次调查以青岛理工大学使用微博的 90 后大学生为例进行抽样调查，有效样本 632 个，深度访谈人数 72 人，研究数据仅供参考。

以达到与圈子的同步协调呢？这就需要我们探寻"信蜂"搬运信息行为背后的心理欲求了。

首先，他们是为了圈子内的"利益共享"。这里的利益并非指金钱等实际的东西，而是如"关系"等心理上的回报。所以，"信蜂"非常希望保持和巩固自己与圈子之间的关系，想通过与圈子内成员体验同一事物或拥有共同话题，来增进彼此之间的关系。《信蜂》一书的研究认为，他们的这种潜在意识其实是希望在所在的圈子内，建立一个适合大家共同生存的舒适空间。

其次，是为获取信赖、存在感、安全感和被认同感。"信蜂"非常希望通过分享信息来表明自己的信息所具有的价值，以期获得圈子内成员的信赖。如果人们分享的信息能得到圈子内成员的认可，则会拥有极大的成就感和满足感。而人们不断收集和分享信息，也是希望与圈子同步，保持一定曝光度，防止被圈子遗忘。所以，这从某种程度上体现的是对安全感的渴求，这会加深人们对圈子的依赖，而对圈子的依赖反过来又会促进人们的信息收集和分享。

第三，对"圈子过滤信息"的依赖，对"圈子归属感"的追求。《信蜂》的研究表明，物质的极大丰富和"信息量的激增"让人们在庞大的信息中筛选出适合自己、有助于改善生活的信息变得越来越难，因此，人们便希望借助与自己有共性的圈子来筛选信息，圈子在他们心中起到了信息过滤的作用，而他们对圈子信息的依赖也日益增加。

同时，城市间快速的人口移动以及发达的通信工具，让在社交媒体平台上的泛泛之交增多，但让现实中人与人之间的关系弱化和淡薄。然而，人际关系的淡薄又反过来加重了人们对"圈子归属感"的追求。这一点正如反思人工智能的电影《她》（Her）中所揭示的那样，我们对人工智能越依赖，其实越证明我们自身的孤独，而孤独又进一步加强我们对机器的依赖。

第四，自我身份的标榜，自我形象的塑造。人们在圈子内分享的信息，其实代表了他们所持有的态度和观点。并且，人们有选择性地分享某类信息，其实是向他人表明自己是什么样的人。因此，为了不断塑造自我的身份和形象，人们总是会积极地寻找某类信息，或创造自我状态（各种晒）信息，而后将信息发送到圈子内，在这个过程中，产生了愉悦心理。

2012 年，两名哈佛大学的学者曾对人们在社交网络上分享信息会（自我曝光）如何影响大脑进行了研究，结果表明，当人们与他人分享信息或思想时，就会产生更多让人身心愉悦和快感的多巴胺（大脑的奖励机制）。

由此看来，"信蜂"人群在分享信息、塑造自我身份和形象时，会产生更多的多巴胺，这反过来又会促进他们的分享行为。这可能是促进"信蜂"人群积极收取和发送信息的另一种重要的内在欲求。

二、 内容，蜂巢传播的重要给养品

让蜂巢圈子与圈子发生连接的关键因素是"信息流"，通俗地理解就是"能够流动的信息"。这些信息从一个蜂巢圈子"流动"到另一个蜂巢圈子，甚至最终让信息"铺满"整个社交媒体蜂巢平台，比如微博上的新闻热点信息的流动传播。

所以，"信息流"起到了"信蜂"与"信蜂"、圈子与圈子之间的连接作用，就像黏合剂一样。同时，正因为信息源源不断地在社交媒体平台上被"信蜂""搬运"和"传播"，社交媒体才能发挥其本质功能（分享和互动），才能维持社交平台的良好运转。因此，"信息流"就是蜂巢中的重要给养品，滋养着蜂巢。

1. 内容的来源和重要性

其实，这些"能够流动的信息"就是"内容"。只不过，在不同的社交媒体蜂巢平台上，内容的形式是不一样的，不同形式的内容在各自社交平台上起到的作用程度也是不一样的。

在微博蜂巢中，可以传播的内容主要由用户自己生产，比如用户发的一条微博状态、新闻、身边见闻、长微博等，这些极其碎片化的内容恰恰在新闻事件发生时便能够发挥重要的作用。因为这些内容随时可以被圈子内其他人员看到并转发出去,接着又会被另外一个圈子的成员接收到并转发,如此滚雪球式的连接,最终达到热点传播效应。

当然,微博中的内容除了用户自己生产的碎片内容外,还有大量媒体生产的内容,这些内容以链接的形式存在,用户转发时需要给链接加上推荐语,才更有可能引起其他用户的注意及传播兴趣。所以,在微博蜂巢中,信蜂用户自己生产的内容(主要指新闻事件信息类)在引发传播的过程中作用更加直接,也更具直观感受。但新闻类热点事件并不总是会发生,所以在平台日常的运转中,第三方媒体生产的内容就成为连接"信蜂"用户的主要方式,具有维持平台正常运转的作用。

在微信蜂巢中,内容的来源同样有两大类型:"信蜂"用户自己生产的内容,比如在朋友圈发动态、心情、趣闻、感受等;来自第三方媒体,这些媒体可以是官方媒体、组织机构的媒体,也可以是自媒体。

然而,在微信蜂巢中,"信蜂"自己生产的内容在很大程度上不具有"流动性",这些内容并不具有连接作用,也不能引发整个平台的传播。它们的作用只是帮助"信蜂"稳固自己在圈子中的地位和角色,以维护圈子利益。但是,第三方媒体产生的内容才是真正"能流动的信息",这些内容能够支持蜂巢内部的流通传播,并将蜂巢中的圈子连接起来。所以,对于微信蜂巢而言,第三方媒体内容在维持平台运转和信息传播上起到更重要的作用。

对于垂直社交平台类共需蜂巢来说,它们的内容更加依赖"信蜂"用户的自主生产。因为垂直社交平台更加小众化,用户更加细分,往往是为了满足用户某方面的需求。所以,这些小众化的垂直社交平台较为封闭,只在某个领域吸引有相关需求的用户,而用户在这些平台上的目的也较为明确,就是为了满足某些需求,因此他们有较为强烈的意愿制造内容(作品)并"输入"到平台上,以获取他人或平台的认可,吸引关注,获得满足感。

因此,在共需蜂巢中,用户沉浸在平台营造的情景中,很少将外界如微博、微信上流通的新闻类内容引入共需蜂巢中。所以,垂直社交类共需蜂巢平台会通过产品功能的设置来鼓励"信蜂"用户持续不断地自主生产内容(作品),鼓励他们在平台内部以及向外部社交媒体自主传播自己生产的内容,以维护平台自身的运营。

无论是哪种蜂巢类型,"信蜂"在生产内容或寻求内容方面比较积极主动,他们自身的意愿和欲求比较强烈,因为他们需要通过"搬运"信息并在圈子内分享的行为来维护所在的圈子,以保持自己和圈子的协调、同步或利益共享。所以,"内容"是蜂巢中基本的必需品。

2. 内容爆发期形成

正是因为"信蜂"用户不停地向社交媒体蜂巢平台圈子里"输入"信息,才让网络信息量达到了前所未有的爆发状态,那些"碎碎念"的个人信息极度冗余,但这却成为平台内部互动、维持和运转的给养品。

与此同时,除了这些碎碎念的个人冗余信息之外,还有大量来自第三方媒体生产的各类信息内容。而"信蜂"群体为了维护圈子,要不停地从第三方处寻求和发现有价值的内容信息,然后将这些内容"输入"圈子中。

这些信息内容经过"信蜂"的传播起到了三个方面的效果:

第一,让圈子与圈子发生连接,最终达到蜂巢平台信息的一致性和同步。

第二,满足了"信蜂"个体的需要,"信蜂"有目的地"筛选"出符合自己个人风格、职业范畴等方面的内容。更重要的是,这些内容要符合信蜂所在圈子的定位,这样才能维护圈子的共同利益和价值观,以便达到个人与圈子的协调性。

第三,"信蜂"将"筛选"出的第三方内容"输入"到圈子后,便会引发联动式的传播。当信息更大范围扩散时,便会给第三方媒体(官方媒体和自媒体)带来巨大利益和价值,比如流量、权威性、注意力经济,还有影响力,而这些也正是第三方媒体所渴求的。

因为,传统媒体在社交媒体时代的内容分发受到了较大的冲击,失去了以往的优势分发能力,所以在用户转移至社交媒体后,传统媒体必须借助社交媒体平台分发内容,以继续维持自身的影响力。所以,媒体在社交媒体平台上希望能够吸引"信蜂"群体的关注,更加希望"信蜂"群体能够传播自己的内容。

另一方面，社交媒体平台的发展，尤其是微信平台的出现，给自媒体带来了巨大的升值空间，也让自媒体开始强势发展。在社交媒体平台上，不光有官方媒体，还有大量自媒体存在，这些自媒体凭借源源不断的内容生产来吸引"信蜂"群体，并且也更加希望"信蜂"群体"选择"自己的内容进行传播，以此提高自身在某个领域的知名度、影响力，从而提升自身价值。

所以，虽然多平台分发和多渠道传播很重要，但"内容"的重要性在今天有增无减，成为媒体和自媒体生存和竞争的法宝。就连传统的四大门户网站，它们以往在信息内容上的优势也受到了自媒体的冲击。数以万计的自媒体都可以生产内容，都可以吸引"信蜂"用户，都可以建立自己的影响力，门户网站感到了十足的压力。因此它们必须持续不断地生产原创内容和资讯，以吸引流量和建立权威，但是，面对自媒体强大的内容生产能力，传统媒体或者传统门户网站的内容生产就显得捉襟见肘了，除非它们继续投入更大的成本和人力，但显然这方面压力较大。

同时，面对传统媒体僵化的体制和内容生产方面的限制，许多媒体人纷纷出走，加入自媒体内容创作的大军。这些人拥有内容写作的能力，又懂得内容的传播，因此，有不少人在自媒体创作领域做得风生水起，在微信等平台上建立自己的账号，聚集了大量粉丝。而业余自媒体人也在不同领域不断崛起进行内容创作，建立自身在某些领域的影响力。

于是，我们到了一个"内容创作"爆发期，也到了内容创业的繁荣期。

因此，那些看似无关的因素，其实都存在千丝万缕的关系。"信蜂"在社交媒体平台上为了维护圈子，有较强的意愿去不断寻求和筛选"内容"；而媒体和自媒体则会在这样的社交媒体形势下有强烈意愿去提供内容，以扩张自己的"势力"范围；同时，内容的传播又让"信蜂"之间、平台内部圈子之间产生紧密的连接；"内容"的繁荣、流转、分享和互动又是促进社交媒体平台活力的重要因素。

3. 内容创业风生水起

当内容生产结构发生变化，用户分化并大规模转移至网络新媒体时，传统媒体内容分发渠道优势不再，它们需要依赖社交媒体平台建立新的内容分发渠道，以满足传播的需求，并且他们也通过这样的方式，持续不断地将内容通过"信蜂"群体输入到社交媒体平台中。

除了传统媒体，几大门户网站这两年也发生了不小的变化。以科技媒体为例，几年之前，这些网络媒体靠资讯报道和翻译国外新闻资讯就可以满足用户的信息需求，另外他们还会供养一批专栏作者提供新闻评论，作为信息资讯的补充。

但随着互联网技术的发展以及国内创业环境的变化，用户接收的相关信息越来越多，他们从对新知识、新技术一无所知，到慢慢了解了许多新知识、新技术方面的信息。因此，单单的输出资讯类信息已经不能满足用户更深层的和多元化的信息需求。整个信息市场需要不同领域的更为专业的分析和见解。此时，传统媒体在这方面就显得力不从心了。

社交媒体的发展，尤其是微信社交平台的出现，快速地促进了自媒体的繁荣和发展，并且让自媒体模式从不明朗到慢慢清晰确定，这一发展仅用了两三年的时间。这带来的结果是：越来越多的人加入到自媒体大军中，以生产内容为生，其中就包括大量媒体从业者，还包括各个领域的专业人士，甚至是普通人。他们起初在微信平台上拥有自己的内容账号，通过不断地生产内容，建立起自身在某个领域的地位和影响力，赢得了大批粉丝用户。

自媒体人不再过度依赖媒体平台来建立自己的影响力，绕开媒体，仅通过自己在内容生产方面的能力也可能成为一个有影响力的信息源。这些自媒体从媒体那里分割了大量的流量和注意力，有许多自媒体单凭优质内容的输出便建立起了稳固的目标用户群（订阅用户），它们的用户量和信息传播量甚至超越了很多大型媒体。另外，它们通过内容的输出维护这些用户群，进而通过内容找到了商业模式，或者以内容为基础进行有针对性的营销。

此时，在内容生产上已经力不从心的媒体开始转变姿态，它们以往处于强势地位，与专栏作者也是雇佣关系。而现在专栏作者也去做自媒体了，自媒体生产出的内容可以不经过这些媒体平台了。在这种情势下，媒体开始主动与自媒体人建立良好关系，并且希望自媒体人向媒体提供大量内容，这些内容并非媒体无法自己完成，但需要它们投入大量的人力和财力，比如要招揽更多有经验的不同领域的编辑、记者人才，要培养他们新闻报道的专业能力，但媒体似乎不愿意这样做。因为，相比笼络自媒体人，获取他们生产的不同领域的专业分析内容，媒体自己投入大量人力物力财力去补充内容并不划算。

所以，各家门户类网络媒体纷纷建立自己的自媒体平台，邀请自媒体人入驻，并且设置各类奖励措施吸引他们过来，比如，提供广告分成计划，承诺给自媒体人分摊更多流量（放首页或重点推荐）以建立自媒体的影响力和传播力。

当各家媒体都在争夺有限的自媒体资源时，就会发生一件对新闻媒体发展不利的事情，那就是内容的同质化，目前这种情况已经十分严重了。因为自媒体生产内容的精力有限，不可能同时生产许多内容分发给各媒体，所以他们往往会将一篇文章同时发给各家媒体；另外，媒体以广告分成、分摊流量、建立影响力为筹码，不会给自媒体生产的内容付费，所以，自媒体没有动力和意愿生产不同的原创内容给媒体。

这样的情况媒体、自媒体似乎是心知肚明的，但没有人愿意打破这种状态。因为，媒体通过这种低成本方式获得了流量，而自媒体也获得了关注度、知名度和影响力。所以，我们在媒体上看到的内容越来越雷同，不同媒体的内容渐渐丧失了差异，这对整个媒体行业的长期发展来说，不是一件好事。

随着自媒体的大军越来越多，内容创业也在 2015—2016 年风生水起。各媒体平台也展开了争夺内容生产者之战，并且提出了各种针对内容生产者的扶持计划，内容生产者和各平台的关系也变得微妙起来。

头条号、微博、微信、企鹅号、网易新闻、搜狐新闻等都开始发力支持内容生产者，它们的扶持方法主要包括：位置推荐、原创标识、打赏、广告分成、资金补贴、孵化空间、内容投资基金等。但不是每个平台都有能力提供如此全面的支持。今日头条的头条号和腾讯的企鹅号对内容生产者的支持力度最大。

比如，头条号推出"千人万元"计划，今日头条同时成立规模为 2 亿元人民币的内容创业投资基金，并推出"头条号创作空间"扶持内容创业者，以此吸引众多内容生产者入驻头条号平台，并重点投资优秀的新媒体内容创业项目。今日头条要在内容领域扩张的野心是显而易见的，据称，张一鸣在今日头条的年会上表示，2016年的目标是抢占国内内容源第一。张一鸣这位技术出身、决断力很强的80后，在"以算法改变新闻生产和分配"的目标下，正稳步地从"技术"踏入"内容"领域。对于一向在新闻内容领域拥有主导权的腾讯来说，今日头条的强悍举动明显是在争夺由微信建立起来的自媒体内容资源。于是，腾讯随后便推出了扶持内容生产者的"芒种计划"。

除了头条号和企鹅号之外，其他媒体平台的投入力度相对较小，主要是因为其他媒体平台在这方面虽有向内容生产者示好的意图，但自身资金、人力物力有限或缺乏动力。不过，它们也确实在努力建立与自媒体内容生产者的关系，希望能引来更多内容。

其实这些举动背后的事实是：各媒体平台需要"内容"，为了吸引和引进内容而采取了各种措施。他们需要更多、更好、更优质的"内容"来滋养活跃在它们平台上的用户群体，并且要通过"内容"圈住用户群，它们的"内容"成为"信蜂"传播的给养品，成为信息源头，进而带来流量和收益，所以吸引更多的"内容"就能让它们的平台保持平衡、稳定地持续运转。

内容是各个媒体平台的必需品，如今也成了稀缺品。不断有优秀的内容创业者脱颖而出，当内容生产达到一定影响力时，便会引来投资，进一步寻求商业模式。内容创业者与资本的结合更加紧密，在2015—2016年，大量的内容创业者获得融资，他们分属于媒体、汽车、文化、餐饮、移动互联、视频、娱乐等领域，并在这些领域的内容生产和运作中表现优异，这两年也成为头部内容创业者变现的最好时机。

4. 内容营造"场景消费"

这些获得融资的内容创业者多是因为他们生产的内容能引起所在领域的较

多关注，内容质量优质，并且比粉丝数更重要的是，他们有商业化变现的构想或优势。

另外，如果仔细观察一些做得成功的内容大号便会发现，内容即产品的趋势越来越明显。这些大号存在于各个行业，所涉及的内容多针对某一垂直领域。

比较典型的有我们都熟悉的"一条"视频，它的每一条内容都是一个产品或者说是一个会讲故事的广告；还有稳扎稳打的"少年商学院"，它通过创新教育理念内容的输出，吸引了大量的目标用户群（有能力、有知识和文化的家长群体，这部分群体十分认同它的理念），当用户量积累到一定程度时，它便顺理成章地推出系列教育产品，而这些目标用户群也乐意分享和传播它的内容，并且愿意积极参与它所推出的活动；而在时尚八卦领域异军突起的自媒体"石榴婆报告"，它以八卦的视角解读欧美明星街拍、好莱坞娱乐新闻、影视消息、穿衣搭配。每期一篇主题文章，还有一篇明确标有"推广"的广告文章，但是它却将广告文章做成了好看的内容，让用户十分期待，每篇文章的阅读量都在10万次以上。

在一次采访中，"石榴婆报告"的创办者之一馒头大师表示，内容是他们十分在意的东西，他们暂时不打算融资，只希望将优质的内容生产出来给用户看，和用户积极地互动，站在用户的角度去写"推广"文章，用户不但不会反感，反而很期待看"婆婆"的八卦，而广告最终的转化效果也是十分明显的。

虽然这些内容生产者属于不同的领域，关注不同的话题，但他们之间的共通点在于：他们持续不断地输出优质内容，这个过程的连续性奠定了后面的效果。然而，输出内容并不是目的，而是一种手段。内容生产者以粉丝用户的视角考虑问题，与用户感同身受，并将这份体会转换成具有某种价值观、理念、态度的内容。用户通过这些内容慢慢与内容生产者建立感情和信任关系，融入内容生产者所创造的内容情景中，愿意体验内容生产者提倡的服务、产品。所以，内容生产者与粉丝用户最终成为"朋友"关系，而不是简单的"传者"与"受者"的关系。

自媒体的兴起和发展正在慢慢改变广告营销的方式，即通过内容达到营销的目的。

广告仍然是广告，只不过广告的表达方式在社交媒体上发生了变化。比如，我们在微信上看到的硬广，主要方式就是先制作广告图片、视频等，然后由平台方分别嵌入在不同的微信公号文章内容的下方，期待着用户的点击。但是，这种生硬的形式是用户比较反感的。用户在读完文章后，很可能会忽略这些广告的存在。因为用户在阅读的过程中并没有理由马上转换到"消费模式"，这些文章内容多数不会激发用户点击下方与自身阅读需求"不搭边"的广告的欲望。因此，这些内容与广告本身就是脱离的，没有引起用户的"场景消费"。比如，一篇军事领域的深度分析文章，但文章下方被随机分配的鞋子广告会引起读者的兴趣吗？显然不太可能，除非读者正好想买鞋了，才有可能打开看。所以，这些硬生生的、填鸭式的广告信息会让用户本能地产生排斥。

然而，社交媒体上的内容生产者正在营造一种新的广告营销方式，那就是让自己生产的内容具有引发"场景消费"的能力。上面提到的"石榴婆报告"就是非常具有代表性的例子，"一条"同样也是。这些内容本身的设计便是用心的，是用户喜爱看并且愿意向自己的圈子传播扩散的，所以这些内容还达到了将用户圈子与圈子"连接"起来的作用。

内容生产者达到了营销的目的，扩大了影响力，提升了自身的价值；用户愉悦了身心，增长了见闻，并"寻求"到了好内容以滋养自己所在的圈子；而在这种能引发"场景消费"的内容中，品牌广告所引起的消费转化率、品牌认知度等效果也较好。

这些内容生产者如今不光是自媒体人，许多企业也加入内容生产的大军中，开设自媒体公众账号，通过有"定位"的好内容持续地输出，聚拢自己的目标用户群。广告不再是赤裸裸地抛售产品，而是先让目标用户通过所输出的内容慢慢了解你，认同你的价值观、理念和你宣扬的态度，从而信任你。

图 3.1 更能清晰地描述上述问题，我们从中可以看出，社交媒体上的内容生产者如何通过内容维护粉丝用户群，以及引起的营销传播链条反应。

另外，图 3.1 其实体现了当前许多微信公号粉丝社群的运转机制，并且我们可以看到，内容在粉丝社群圈子内部不仅起到了维护内容生产者和用户关系的作用，而且还起到连接各个环节并让各环节顺畅进行的作用。内容的确是滋养公号粉丝社群蜂巢运转的重要给养品。

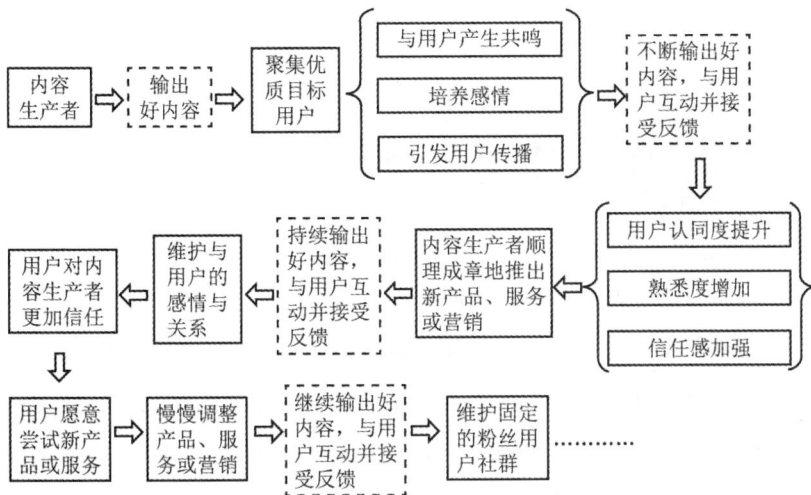

图 3.1 内容生产者通过生产内容在内部引起的反应

当然，这是内容在内部发生的作用。而这些内容也正是连接外部圈子的重要链条，以引起图 3.2 所示的信息传播过程。

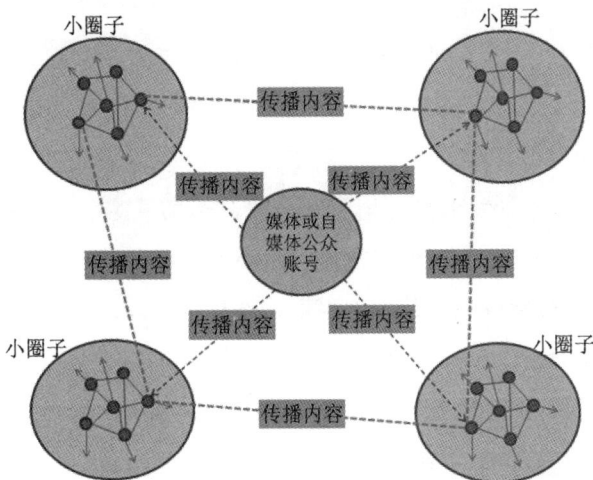

图 3.2 微信蜂巢信息传播过程

三、 关系，蜂巢信息流动的连接线

在蜂巢信息传播过程中有三个重要元素，那就是信蜂、内容和关系。对于信蜂和内容，我们比较容易有感性的认识，比如"信蜂"就是社交媒体上传播信息的人，"内容"就是实实在在可以看到的文字、图片、视频等信息。然而，对于关系，我们似乎并不能很清晰地描述出它究竟是什么样子。

关系是一种我们看不见但却紧紧依附于人的文化现象，虽然无法触摸，但却挣不脱也甩不掉。就连许多人际关系专家学者也都十分痴迷于对"关系"的研究和探索。在过去的十几年时间，哈佛大学社会学教授尼古拉斯·克里斯塔基斯都在苦苦地思索"由关系组成的社会网络"是怎样形成的、如何运转的，又是如何影响我们的。尼古拉斯与加利福尼亚的一位教授詹姆斯·富勒经过多年的调查和实验后，完成了一本影响力甚广的著作——《大连接》，主要讲述了关系连接在信息流动中的作用。

尼古拉斯认为，我们的相互连接关系不仅是我们生命中与生俱来的、必不可少的一个组成部分，更是一种永恒的力量。连接关系并不局限于我们认识的人，朋友的朋友的朋友也可以启动链式反应，并最终连接到我们，就像远方的波浪最终冲击到我们的海岸一样。

尼古拉斯的阐述让我们更加清楚地感受到微博蜂巢、微信蜂巢上的热点事件的传播特点。那些起源于社交媒体上某一个点的热点信息，就像波浪一样一波波地辐射开来，传播到整个蜂巢网络上。而在这一过程中，信息是如何流动和互通的？那就是通过"信蜂"与"信蜂"之间、圈子与圈子之间的弱关系和强关系连接进行流动延展，而这也最终促成了蜂巢平台的活跃度。

1973 年，美国经济社会学家马克·格兰诺维特（Mark Granovetter）在论文《弱关系的力量》中提出了"弱连接理论"，他发现，相对于密友而言，人们更有可能从联系不频繁的人那里获取求职信息并找到工作。他认为，像亲人、同学、朋友、同事这类关系是十分稳定的，属于"强连接"，这种连接虽然十分稳定，但信息的传播范围也受到这种关系的限制。而与此对应的另一种关系就是"弱连接"，主要是指人们和联系不频繁的人之间的关系，或者说是不太熟悉的关系。

格兰诺维特有关"弱关系的力量"的假设是：弱关系促成了不同群之间的信息流动。这种"弱关系的力量"往往在社会网络中起到了很大的作用。

"弱关系理论"起初并没有受到重视，多年后才得到认可，并被认为是当代社会学最有影响力的论文之一。"弱关系"本是格兰诺维特针对传统社会的人际关系进行的研究，比如碰到一个不认识的人或在收音机里偶然听到的一个人这类的关系。随着互联网和社交媒体的发展，"弱关系"已成为我们研究社交媒体网络关系的一种重要指向，而"弱关系"也确实在社交媒体网络群体的传播中发挥重要作用。

2010年，Facebook核心数据科学组的首席科学家艾唐·巴克什（Eytan Bakshy）和他的同事们针对Facebook开展了一项量化研究，希望理解信息在社交网络上的传播特性。他们在研究中对格兰诺维特提出的假设进行了某种程度的检验，研究结果的确证实了格兰诺维特的假设：弱关系促成了不同群之间的信息流动。

他们发现，弱关系传播了人们原本不太可能看到或难以获取的信息，扩大了信息传播面。由一个人的弱关系分享的信息此后不太可能被局限于小范围内。一个人看到弱关系分享的内容后，其分享该信息的可能性增加了近10倍，而由强关系分享的内容则只会增加6倍。所以，这说明，信息在弱关系之间的流动性较强。

该研究报告于2012年由Facebook在其官方博客中发布，它加强了我们对社交媒体信息传播的理解，从量化的角度确定了弱关系在社交媒体上扩散新信息的作用。

说到此，我们再重新梳理下不同类型的蜂巢平台上，圈子里个体之间的连接方式。

微博蜂巢中的圈子多为弱关系连接，圈子范围较大，较为开放，但约束力弱。这种弱关系并不是格兰诺维特所说的"偶然"听到或碰到的一个"不熟悉"的人，而是由共同兴趣、共同爱好、共同标签、共同话题等连接方式偶然聚集在某个讨论圈中,这种"偶然"大多数情况下并非随机发生,而是由微博的算法根据这些共同的标签而"安排"在一起,制造出一种"偶遇"的情境。但无论如何,这些人原本都是不熟悉的,他们是典型的"弱关系",他们虽然因为共同的标签聚集在某个圈子中,但同时,他们也各自属于其他不同的圈子。

按照格兰诺维特的假设以及 Facebook 科学家艾唐·巴克什的最新研究,正是微博蜂巢的这种弱关系连接方式,才会让信息在不同的圈子与圈子之间迅速地流动、传播和扩散。所以,正如我们前面说的那样,微博上的热点信息传播较快,并且会在较短的时间内扩散到整个微博蜂巢平台。

而微信蜂巢圈子的连接方式与微博有所不同,微信主要是基于亲情、友情等较为熟悉的强关系连接,但强关系连接的圈子对信息的性质和话题有较高要求,并且一般在小圈子内部讨论和流转,不大可能向外部更大范围延伸传播。

随着微信越来越多地用于职业交流,人们在微信蜂巢中扩展出来的弱关系越来越多,不过这些弱关系经过人与人之间不间断的沟通,也有可能慢慢转变成较为熟悉的强关系。但是,微信朋友圈这种主要的圈子形态在范围上是比较小的,相比微博圈子来说也比较私密,约束力强,圈子成员传播信息时对信息和话题的性质有较高要求。可能也正因为如此,才会出现第二章中分析的情况:微信蜂巢中热点信息传播的速度相对微博来说较慢,信息发展较微博有延迟,并且成员感受到的热点信息流动性也较差。

对于一般用于职业交流的微信群圈子来说,圈内成员之间多数为弱关系,所以不同的弱关系不定时地向圈子内"输入"各自领域的信息,便会让一个人接触到的信息来源变多,这些信息被分享的可能性也会变大。但是,微信群仍是相对封闭的圈子,圈子内信息的分享和讨论主要受到群主和群规的限制。

而对于微信中由公众号组成的粉丝大社群圈子,社群内个人之间较少发生连接,但个人与内容生产者之间是基于"弱关系"存在的,这种弱关系通过"内容"来维护。而内容生产者不断输出"内容"的目的就是,让个体与自身的关系越来越紧密,越来越被个体信任。对于社群内的个体来说,这种"弱关系"扩大了信息来源和信息类型,他们通过对这些信息的"筛选",将信息"输入"到"个人朋友圈"，从而扩充了朋友圈内其他人（有强关系和弱关系）的信息源。那么，接下来会发生什么呢？

比如，你的亲朋好友（这些强关系）的生活圈子可能和你差不多，你们在圈子内讨论和关注的事情也多为身边生活的事情，所以当这些强关系接收到你在朋友圈分享的来自微信公众号的内容后，可能并不关心这个话题是什么，分享的内容也不在他们的视野范围内，他们也不会去传播，因此你提供的信息就是冗余的。但是，你朋友圈中的弱关系（比如属于同一领域，但并不熟知，沟通也较少）接收到你在朋友圈分享的公号内容后，更有可能引起他们的注意和兴趣，他们便会比你的强关系更有可能向外传播这条内容。最终便会引起微信蜂巢中的信息传播过程，如前文图 3.2 所示。

这样看来，这些弱关系连接在信息的扩散传播上确实有着不可忽视的作用。这一点在艾唐·巴克什和同事们对 Facebook 的研究中也有所体现。如图 3.3 所示。[1]

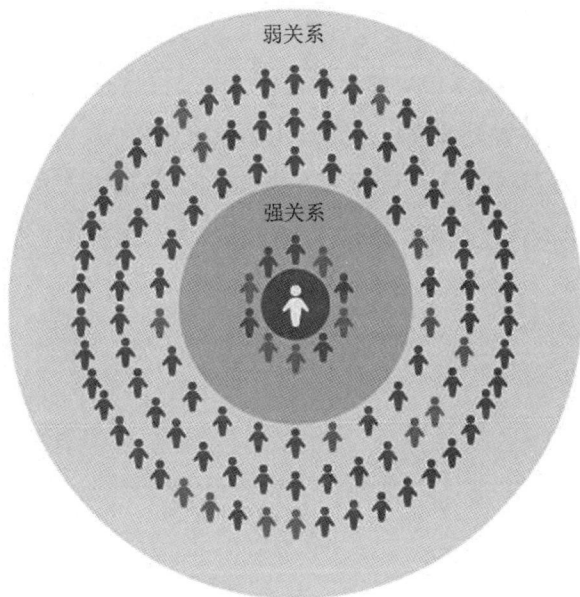

图 3.3　Facebook 中的强关系和弱关系

---

① 该图引自新浪科技：http://tech.sina.com.cn/i/2012-01-18/13286651169.shtml.

　　他们的研究表明,尽管强关系对个体的影响力(中心点)较大,但由于弱关系的基数更大,所以 Facebook 中的多数信息传播仍然来自弱关系。当然,Facebook 跟国内的微博和微信在网络结构上还是有不小的差异,所以不同平台的信息传播特点也应该是有差别的。但是,我们已经无法忽视"关系"尤其是"弱关系"连接在信息扩散上的作用。

　　弱关系将更多的"信蜂"个体连接起来,并且让"内容"沿着这些"弱关系"向更宽更广的范围传播,它在信息传播扩散方面的作用毋庸置疑。然而,"弱关系"这种连接方式的大量存在,对于蜂巢圈子内部的活跃和圈子的长期发展来说并不一定是好事。

　　以微信朋友圈为例,朋友圈内成员之间的连接方式主要包括家庭、好友、同事、职业交流等。家庭、好友及同事,主要是强关系,一般凭借亲情、友情和频繁接触来维系。但随着微信越来越多地用于工作、职业交流和个人发展,与工作和职业有关但又不熟悉的弱关系便会越来越多,越来越占主导地位。而这种弱关系主要靠"利益驱动",关系之间的维系直接反映出较强的"目的性"。

　　这就会让微信这种社交媒体平台产生大量沉默的"僵尸关系",大量僵尸关系的长期存在会破坏个人在微信圈子中的活跃性,降低个人在平台上得到的体验,慢慢使他们减少或放弃使用这种平台。僵尸关系虽然多数情况处于沉默状态,但它们会在有"利益交换"需求时被重新激活。

第四章　蜂巢传播红利

蜂巢传播中离不开"信蜂"，离不开"内容"，更离不开"关系"。"信蜂"是主体，从"筛选"信息、生产信息到四处"搬运"信息，正是它们的这种乐此不疲的精神才促进了蜂巢的活力，而他们背后种种传播心理使得他们不停地重复这种"搬运"信息的行为。"内容"是滋养品，信蜂搬运的信息便是"内容"，"内容"的不断流通和传播，才连接了蜂巢中的不同圈子。而"关系"则像是沟渠或连接线，"信蜂"搬运的"内容"只有沿着这些看不见、摸不着但确实存在的"沟渠"才能到达蜂巢中的不同节点。

每个环节都带来了值得我们思考的传播现象，而当我们了解了不同蜂巢的传播特点时，又能给营销传播带来哪些有启发的关键点？比如，"信蜂"群体重视圈子传播的行为特征对"圈子营销"有何启发？比如，微博蜂巢中的年轻"信蜂"群体对微博营销态度如何以及微博营销对年轻信蜂群体有没有产生影响？如果有的话，产生了哪些影响？微信蜂巢中的内容营销未来的趋势是什么？垂直社交平台蜂巢传播带来了哪些现象和红利？

为了探讨上述问题，我们更多以实际的调查研究数据和案例剖析来进行细致梳理。

一、"信蜂"无意，营销有心

信蜂项目不是绝对的学术研究，研究人员对新兴群体信息传播行为进行研究的实际意义在于，他们希望通过"信蜂"群体身上体现出的行为而得到"群体营销"或"圈子营销"的启发，从而令他们在进行新产品、新服务信息的推广时能够有迹可循，能够有针对性地采取切实可行的策略。研究人员通过对"信蜂"效应的研究，提出了一些针对这类"信蜂"群体进行营销时可参考的方法。

1. "群体同步行为"的启发：两种战术性方法

"信蜂"群体表现出了较强的信息收集和信息分享行为，他们往往先于别人接收到信息，并且会筛选优质信息输入自己所在的圈子，希望通过这种行为在圈子中得到认同，以此达到与圈子的同步性。因此，根据"信蜂"这样的行为和心理，研究人员提供了两种圈子营销的战术性方法。

第一，制定"圈子整体参与就能带来利益"或"易于带动其他朋友参与协作"的活动规则。比如设置"团体优惠"，让圈子内成员互相鼓励或互相带动去参与某一件事情（如一次营销活动），大家一起参与进来就会给所有圈子成员带来利益。[①]

成功的案例便是，一些运动软件不仅可以记录每个人的运动数据，还可以与朋友互动和分享数据，这样大家就会在互相鼓励中保持运动。这会保证圈子内信息的自发交流互动以及圈子的活跃状态。另外，这种方法目前在某些金融理财产品上也运用得炉火纯青。比如，当你投资一定金额的理财产品时，理财平台会提供额外的福利（比如给你一周的虚拟本金），如果你把该理财产品推荐给好友，并被好友采纳注册，那么你和好友都将获得更多的奖励，以此类推。其实，这种方法是典型的基于"群体同步行为"带来的利益。

第二，在活动规则设计上避免个人参与，让"以圈子为单元参与"成为必要条件。这有助于个人联合朋友，再联合朋友的朋友，共同参与到某个活动中去。在这个过程中，圈子内成员之间共享欢乐，而有限范围的共同体验也加强了圈子内成员的共鸣和信息交流。[②]

---

① 博报堂生活综研（上海）. 信蜂：中国信息传播的新兴群体［M］. 上海：文汇出版社，2014.

② 博报堂生活综研（上海）. 信蜂：中国信息传播的新兴群体［M］. 上海：文汇出版社，2014.

比如，规定一个活动 10 人以上参与才能进行。这种方法在某些美食类 O2O 产品中经常使用，比如募集线下"体验美食"和"社交互动"的活动，需达到一定人数才能开展。这样的规定和限制会让一些积极分子分享给身边朋友并鼓动好友一起参加，朋友的朋友可能也会受到激励而加入进来。

基于"群体同步行为"的构思正是利用了"信蜂"人群的特点，如今微信上的一些营销传播活动已经用到了这些方法，并且取得了不错的效果。

2. 找到传播点，激发"圈子活力"

其实，传播点在社交媒体上并不容易一下子就被找到，因为人们共同的兴奋点往往会受到多种因素的影响，比如社交媒体舆论环境，比如能否产生共鸣和相似的情绪。所以，找到在圈子内能共同传播的"兴奋点"的确存在很多偶然性和不确定性。不过，我们可以根据"信蜂"的特点提供一些可参考的想法或思路。

研究人员认为，提供容易诱发共享行为的体验机会，可以激发圈子成员的活力。比如，人们喜欢分享图片，但如果自己也出现在图片当中，那么分享的欲望将更加强烈。因此，如果企业能够在活动内容设计上提供一些新颖别致的体验机会，人们便容易产生"分享"的兴奋情绪。

此外，还可以提供便于圈子朋友间互相传递感情的机会或内容。人们往往会忽略在特殊日子里的情感表达，如果企业可以提供便于互相表达情感的方案，比如向社交媒体上的圈子内朋友派送礼物，就会吸引许多人一起参与，信息会进一步在圈子间扩散。

另外，可以提供能以自己或朋友为创作素材的创意机会。比如，曾有一款能将自己和朋友的真人肖像画转变成幽默漫画的应用软件在微信上红极一时，因为它迎合了人们对那些与自身或朋友有关话题的关注，并且人们也愿意分享这类话题。这款软件虽然最后无疾而终，但它在微信上引发了传播热点，成为成功的营销案例。如果企业能提供以用户自己或朋友为创作素材的创意机会，会让自己的产品信息在短时间内迅速扩散。

这些建议都来自研究人员对中国"信蜂"人群信息传播特点的深刻理解和把握。"信蜂"的欲求在得到有效刺激后，就会促进圈子内信息收发的活跃性。

"信蜂"所带来的影响不止于此。比如，"信蜂"多人同步收发信息到圈子的行为，可以让信息在同一时间呈爆发式扩散；"信蜂"倾向于收集和传播其所在圈子可能关注的信息，因此造成同一话题跨区域同时出现的现象；"信蜂"争先恐后传播信息的结果就是，信息高速、大面积扩散以及信息的同质化。

而从商业角度来说，"信蜂"的存在或许会让品牌的存在方式以及其他商业形态受到影响，也会让其不断进化。

二、 微博营销对年轻信蜂群体的影响

无论是微博蜂巢、微信蜂巢还是垂直社交平台类蜂巢，年轻用户群体对它们来说都是至关重要的。互联网和移动互联网正进入年轻人掌权时期，他们在社交平台上的活跃度直接影响着平台的活力。于是，许多公司开始研究年轻人圈子、年轻人社群和年轻人在圈内的状态和传播行为，希望为新产品研发、营销带来指导。因此，研究年轻人的需求以及年轻人在社交平台上的行为和反应变得非常重要。

任何一种媒介问世后，除了提供信息的功能之外，还承担着另外一种角色：广告载体。这对于重视关系连接和社交互动的社交媒体来说也不例外，并且社交媒体超越了只能提供"广告展示"的功能，它为"广告"赋予了更丰富的内涵。于是，在微博问世后，人们似乎发现了"广告"新大陆，一种能通过社交媒体上人们对某类信息自发的互动、传播而达到"营销"或"宣传"目的的概念迅速火热起来，这个概念便是"社会化营销"。

它将人、营销信息和传播紧密地联系在一起，而如何通过营销信息将相似的某类人连接起来，让信息进入这些圈子，并且能够在这些圈子里引起认知、情感甚至行为反应，是目前"社会化营销"一直努力解决的问题。

前几年,以微博营销为代表的"社会化营销"引起了铺天盖地的讨论,而随着微信的出现,各种基于微信的营销形式接踵而来。人们对微博营销的讨论渐渐淡出公众视线,一些人也开始唱衰微博,并将讨论焦点转向微信营销。微博受到微信的冲击已经是不争的事实,但其并未一蹶不振,经过几年的积累,微博营销模式已慢慢趋于成熟和稳定,许多个人和企业利用微博进行营销传播的手段也越来越娴熟。微博这种具有新闻和话题性质的蜂巢平台,在信息传播特点上有其独到之处,并与微信有较大差异,最终与微信形成大众社交媒体的两大阵营。

新浪在 2016 年 3 月公布的 2015 年第四季度财报显示,新浪微博的月活跃用户达到 2.36 亿,净营业收入 4.779 亿美元,较上年度增长了 43%,其中广告和营销营收入较上年度增长 52%,达到 4.024 亿美元。[①] 然而新浪随后在 5 月份公布的 2016 年第一季度财报显示,截至 2016 年第一季度末,新浪微博月活跃用户达到 2.61 亿,第一季度总营收达到 7.77 亿元,并且已经连续 6 个季度盈利。其中,微博广告营销收入就贡献了一大部分,达到 6.47 亿元。这大部分得益于中小企业和品牌客户在微博上的广告收入,来自这两者的广告收入较之前不断提升和增长。[②]

可以说,微博营销的确给新浪贡献了不少收入,也带来了新气象。而在这个过程中,年轻人的力量不可小觑。据中国传媒大学广告学院和国家广告研究院在 2014 年发布的《媒介·消费:2014 中国大学生调研报告》[③]的数据显示,有71.1%的大学生在使用微博。新浪微博数据中心也曾发布数据显示,大学生用户在微博平台上的活跃程度较高,平均年龄为 20.84 岁,青年学生群体已成为新媒体应用与发展的主力军。

所以,了解和研究年轻人的行为已是大势所趋。随之,我们便提出了一些疑问:微博营销是如何在微博蜂巢上产生作用的?对于年轻"信蜂"群体来说,他

---

① 来自新浪 2016 年 3 月份公布的 2015 年第四季度财报数据。

② 来自新浪 2016 年 5 月份公布的 2016 年第一季度财报数据。

③ 黄升民.媒介·消费:2014 中国大学生调研报告[M].北京:中国广播电视出版社,2014.

们面对微博营销信息时有哪些行为？ 年轻"信蜂"群体对这些信息如何处理、如何传播？ 年轻"信蜂"群体如何利用这些信息与圈子互动？ 年轻人的反应对于企业进行微博营销有什么样的启示？

我们之所以如此在意年轻群体对营销信息的反应，是因为年轻人不仅是社交媒体上的主要"信蜂"人群，而且许多企业也将产品的目标用户集中于年轻人。

于是，在 2014 年年底至 2015 年年初，我们围绕微博营销问题，对使用微博的 90 后大学生展开了一项调查研究，①主要围绕几个关键问题进行：年轻人对微博营销的认知、看法和态度情况；微博营销信息对他们的实际消费行为有何影响；他们对微博营销信息的二次传播或多次传播情况；等等。通过这次研究，我们得到了一些有趣的发现。

1. 微博营销参与比例较高，主动关注与参与度之间关联度较强

在我们的调查中，有接近一半（49.2%）的受访 90 后大学生表示，他们会主动关注微博营销信息。不过也有一半的受访者表示，他们从不主动关注微博营销信息。不过，受访者参与过微博营销活动的比例较高，达到了 54.6%。

于是，我们想了解，那些主动关注微博营销信息的年轻人与他们参与微博营销活动之间是否有某种关系。我们的假设是，主动关注某种信息的人更容易参与到这种信息活动中。数据结果显示，主动关注微博营销与参与微博营销活动之间存在较强的相关关系，也就是说，主动关注微博营销信息的人更倾向于参与微博营销活动。

在经常主动关注微博营销信息的人中，有 76.1% 的人参与过微博营销活动；而偶尔主动关注微博营销信息的人中，参与过相关微博营销活动的比例也达到60.2%。

---

① 2014 年 12 月至 2015 年 1 月，青岛理工大学新媒体传播研究所进行了"微博营销对90 后大学生的影响研究"项目。本次调查以青岛理工大学使用微博的 90 后大学生为例进行抽样调查，有效样本 632 个，深度访谈人数 72 人，研究数据仅供参考。

这一发现带给微博营销的启示是：企业应该在提高微博营销信息的关注度上下功夫，比如，在设计上更具创意，在表现手法上更符合年轻人的心理和审美习惯等。只有将微博营销信息本身的关注度提升，才可能进一步引来年轻人的参与。当然，提升关注度需要张弛有度，讲究创意技巧，哗众取宠或一味博眼球未必是好方法。

2. 促销类微博营销参与度和吸引力较高，深度互动类和推送类则相反

我们在这次调查中发现，受访者看到过最多的微博营销信息是促销类活动，其中"转发送礼品/积分"和"团购/优惠券活动"的占比都超过 1/2，"促销活动"的比例也接近一半。相对来说，受访者看到过的深度互动类营销活动和推送类广告信息占比较小，比如"企业/公司发起的主题活动"类营销信息约占 2/5，而"某产品的推送广告/产品信息"类营销信息的比例只有约 1/3（见图 4.1）。

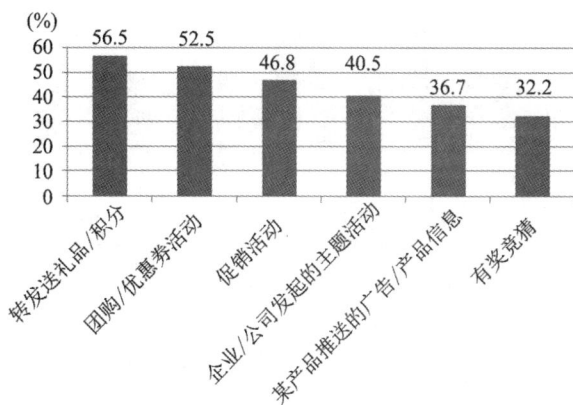

图 4.1 受访者看到过的微博营销活动

在参与过微博营销活动的人中，受访者参与最多的活动依然是促销类微博营销，其中团购/优惠券活动占比最高，占到 62.8%，其次分别是转发送礼品/积分、有奖竞猜和促销活动，占比都超过 1/2。类似公司发起的主题互动活动和推

送类广告活动的参与度仍然较低(如图 4.2 所示)。

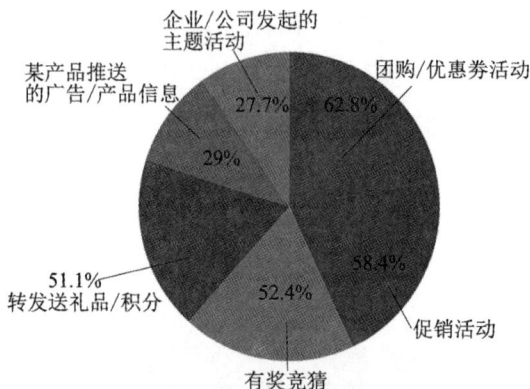

图 4.2　参与过的微博营销活动

此次调查也了解了受访大学生对微博营销的看法,他们认为影响力最大的三种微博营销是:"团购/优惠券活动""促销活动"和"转发送礼品/积分"。而对他们吸引力最大的三种微博营销方式也仍然是这三种(如图 4.3 所示)。

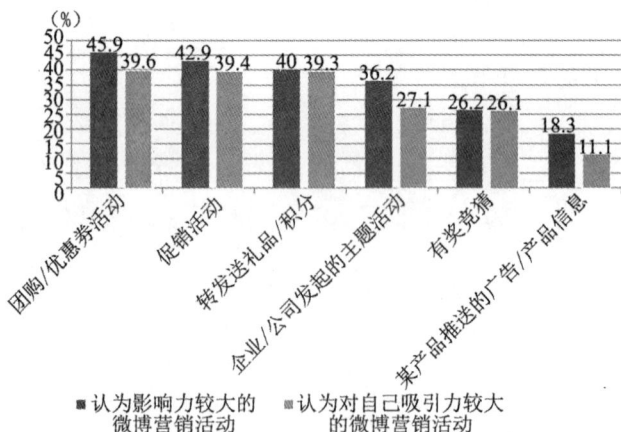

图 4.3　影响力和吸引力最大的微博营销活动

这说明,促销类微博营销活动对 90 后大学生有较大的影响,并且也更能吸引他们。我们在深度访谈中进一步证实了这一点。许多受访者表示,一般有"利好"的营销活动会吸引他们注意,并且他们也愿意将这种"利好"信息分享给圈子内的朋友。

3. 营销信息的"体验—分享—传播"过程

在调查中,我们专门了解了这些年轻人获取微博营销信息的来源以及他们获取到这些信息后如何处理,比如会不会分享给朋友。我们想看看,微博营销信息在这些年轻人圈子中是如何流转的。

研究结果发现,受访者看到的微博营销信息多来自于"朋友转发",占比达53.3%。同时,58.5%的受访者表示,会把看到的微博营销信息"专门分享给朋友"。这说明,有超过一半的受访者通过"朋友"获取到微博营销信息,并且他们会把这些信息再"输送"到自己的朋友圈子内。对于这一情况,我们在深度访谈中做了详细的考察,许多受访者表示,如果他们看到很不错的营销活动,认为这种"有利"的营销活动可能对朋友有所帮助,就愿意专门将"自己认为不错"的营销活动信息转发给朋友;或者他们会自己先"体验",如果确定不错,再"分享"给朋友。

因此,这部分人身上体现出了明显的"信蜂"筑巢的特点:他们积极地寻求信息,并且会将信息搬运到自己的巢穴(圈子)内进行分发,以此维护圈子利益。他们愿意在自己所属圈子内传播他们认为有价值的信息,并与朋友"共享"利好。

这样的发现并非偶然,我们之后在对 90 后年轻人进行的微信广告效果调查研究中,同样发现了这种行为。他们从重视营销的体验开始,如果达到了自己的预期或有好的体验效果,那么他们就愿意分享给他人,最终他们自己可能会产生购买行动,并且他们的分享也成为朋友决策的重要参考。这个过程便是"体验—分享—传播……体验—分享—传播……"其中,"体验"是寻求信息的过程,"分享"则是将自己"筛选"确定后的信息进行分发,而"传播"则是分发信息连接到朋友或朋友的朋友的过程。当这样一个过程完成后,"传播"出去的信息则会在其他圈子引起"体验—分享—传播"的过程,以至再扩大到更远的圈子。图 4.4 可以形象地体现出这个过程。

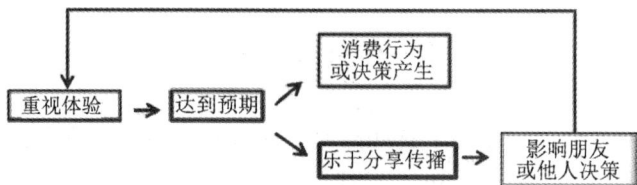

图 4.4　微信用户对广告的传播过程

其中,如何激发年轻人"乐于分享传播"是关键所在,也是发生更大连锁作用的节点。我们从中可以得到这样的营销启示:企业在针对年轻人的营销活动中,可以募集那些年轻人中的积极分子进行产品或服务的"体验",并实实在在地给他们提供"利好"因素,这将会引发他们在线上朋友圈子里进行自发传播,而"利好"因素或"好体验"又会进一步引来朋友的分享以及朋友的朋友的分享,这种"共利"或"共情"心理会带动更多年轻人参与其中。

4. 信息传播效果的三个层面

从传播学的角度来看,信息的传播效果分为三个层面:认知、情感、行动。为了理解传播效果,我们可以这样来简单解释。首先,所谓的"传播"就是信息从传者到受者的过程。其次,如果我们再进一步简单理解"广告传播"的话,那就是具有某种"说服"目的的信息到达受者的过程。那么,在这样的传播过程中,我们如何知道信息是否产生了效果?我们用什么来测量呢?

此时,我们通过检验受者是否产生了"反应"来判断信息的效果。然而,"反应"不是一蹴而就的,行为的发生会有一系列过程做铺垫,即便有时这个过程很短。那么,究竟是什么样的"反应"发生时,我们就可以认为有效果产生了?

这就是我们要说的第三个层次。当受者接触到信息后,引起了认知上、情感上的变化,或者引发了某种行动,我们就认为信息产生了传播效果,"反应"的程度也体现了效果的好坏。

认知主要指人们接触到外界信息,并由此对信息有一定的了解和认识。而情感主要是指人们接触到信息后引起的情感、态度或心理上的变化。行动主要是指人们产生的实际行为。需要注意的是,"行动"不一定是购买行为,像参与、传播甚至是购买意愿等,都属于"行动"的一种。从认知到情感再到行动体现了受者对信息产生的阶段性反应过程。

于是,我们回到了最初的疑问,希望了解微博营销信息对年轻人的认知、态度、行为三个层面是否产生了一定影响。研究结果显示,受访的 90 后大学生在接触微博营销信息后,在这三个层面有不同程度的反应。

(1)有助于提升年轻群体对品牌/产品的认知

我们首先考察了受访者"看到"微博营销信息的情况,结果如图 4.1 所示,受访者均接触过微博营销,只不过与不同类型的微博营销的接触程度不同。

其次,我们考察了受访者看到营销信息后对品牌/产品的理解和认识情况,希望以此发现微博营销信息是否可以提升受访者的认知。在"认知"情况的考察中,我们采用了 5 分量表式问题,从 1~5 分别代表从"非常不同意"到"非常同意",主要从 3 个层面测量:提供品牌/产品信息的丰富程度;是否有助于加深对品牌/产品的了解;是否加深了对品牌/产品的印象。

我们通过数据分析发现,受访者对"微博营销活动给自己提供了丰富的品牌/产品信息"的同意程度较高,态度均值为 3.37;整体上,他们认为,"微博营销活动加深了自己对其中出现的品牌/产品的了解",态度均值为 3.35;并且,通过微博营销活动信息,他们对其中出现的品牌/产品的印象更加深刻了,态度均值为 3.34。

整体上看,接触微博营销信息后,受访 90 后大学生对信息中出现的产品或品牌的认识和了解方面有一定提升。

(2)对微博营销信息本身的态度一般,但不否认其吸引力

同时,我们还从几个方面测量了受访者对微博营销信息的态度和反应。研究结果显示,虽然微博营销信息有助于提升受访者的认知,但他们对微博营销的态度整体上一般。当被问到"在微博上看到营销活动信息后的心理反应"时,有

70.9％的受访者表示"一般"，也就是说，他们既不讨厌也不喜欢。

另外，我们也通过态度量表测量了受访者对微博营销信息本身的态度和感受。均值分析结果也发现，受访者整体上认为，"微博营销活动信息没有干扰自己的网络生活"，整体上也没有对"微博营销活动信息感到厌烦"。

受访者虽然对微博营销信息的态度处于中立状态，不过他们并没有否定微博营销活动信息对他们的吸引力。如图 4.3 所示，不同类型的微博营销对他们有不同程度的吸引力，其中吸引力最大的是团购优惠、促销等具有"利好"的营销活动。并且，这类营销信息的影响力也最大。

（3）对微博营销的参与行为较积极

对于传播效果的行动层面，我们主要考察了受访者参与微博营销活动的情况，主要指受访者看到微博营销信息后参与到活动当中来的行为，包括转发、互动、点赞等行为。

对于 6 种类型的微博营销活动，整体上受访者的参与程度都比较高，如图 4.2 所示。其中，受访者对 4 种促销类营销活动的参与热情最高，参与比例均超过了 50％。也就是说，他们在微博上会比较积极地参与这些类型营销活动的转发、互动等。

（4）微博营销信息传播效果明显

对认知、情感、行动三个层面进行不同程度的考察后，我们对数据进行了进一步处理，希望发现受访者在认知、情感和行动三个层面的反应情况是否存在一定的递进关系。

结果发现一个有意思的现象（见图 4.5），在受访者"看到过的微博营销信息""认为影响力较大的微博营销""对自己吸引力较大的微博营销"以及"参与过的微博营销"之间有比较明显的对应关系。其中，前四种促销类微博营销在这几个方面的对应关系尤为明显。

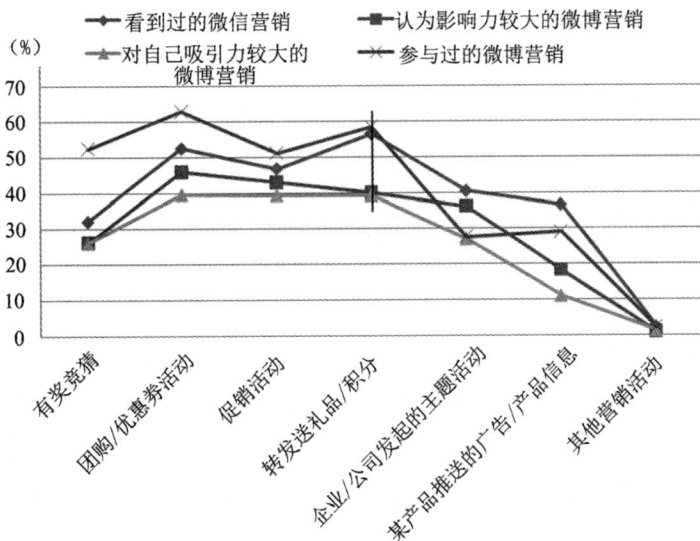

图 4.5　受访者对微博营销信息的认知、情感和行为上的反应

　　我们可以这样理解这种对应关系：这些微博营销信息在引起受访者的注意（看到）之后，会进一步影响他们对这些信息的看法（认为有影响力）以及他们对这些信息的信任（对自己产生了吸引力），最后会促成受访者参与行为（转发、互动、点赞等行为）的发生。

　　而这几个阶段也体现了传播效果三个层次的反应过程，微博营销信息在不同层次上的确引起了受访者对信息的回馈和反应，并且也反映出从认知到行为的递进过程。我们可以认为，微博营销信息在传播效果上较为明显，尤其是促销类微博营销。

　　从某种程度上，我们可以这样理解，他们认为影响力较大以及对自己有较大吸引力的微博营销信息也是他们最常看到的微博营销信息，那么最终参与到这些微博营销活动中的可能性也较大。

5. 微博营销对信息搜集和二次传播行为的影响

　　除了考察微博营销在引起年轻人消费行为的影响之外，我们对于微博营销可能引发的其他行为也进行了研究，比如当受访者在微博上接触到营销活动信息后，他们进一步了解更多相关信息的意愿如何，以及他们在微博上接收到这些信息之后，他们再次向圈子内和圈子外传播这些信息的可能性又如何。研究结果令我们感到意外，也值得琢磨。

（1）引发二次信息搜集行为的作用明显

这里的二次信息搜集主要指，受访者初次看到微博营销活动中的产品或品牌信息后，进一步在网络上查找、搜索该产品或品牌信息的行为。虽然这一阶段的行动并不一定会直接引发消费行为，但是二次信息搜集行为却体现了他们看到微博营销信息后产生的兴趣和意愿，以及由此做出的直接反应。这种行为通常会在信息的效果测量中被忽略，但在移动互联网时代，对初次看到某信息后的二次信息搜集行为已成为用户做出消费决策之前的重要参考。

此次调查数据显示，有11％的受访者表示，如果对看到的微博营销活动信息感兴趣，他们经常会进一步搜索活动中产品/品牌/服务的更多信息；有70.7％的受访者表示，他们偶尔会进一步搜集相关信息；仅有18.3％的受访者表示他们不会进一步搜集信息。所以，整体上看，微博营销能够引起大多数受访者对产品/服务信息的更多搜集行为，这将会对他们进一步决策产生作用。

（2）在"圈子"内二次传播信息较积极，向"圈子"外二次传播并不积极

这里的二次传播主要指，当受访者看到或收到微博营销信息后，再次把这些信息传播出去的行为，主要是指分享或转发。

前面已经提到，受访者在微博上看到的微博营销信息超过1/2是来自于"朋友"，并且接近60％的受访者会把微博营销信息"专门分享给朋友"。但是，他们在自己的微博上分享和转发微博营销信息的行为并不积极。此次调查显示，当在微博上看到微博营销活动信息时，"点开查看微博营销信息，但不分享和转发"的比例最高，达到63％；"查看并分享转发"的比例只有13.3％；"忽略不看"的比例有23.7％。

这些结果表明,90后大学生接触到的微博营销信息多来自于"圈子"内,并且他们更多地在"圈子"内再次分享传播这些信息,但他们并不积极向"圈子"外主动传播信息。这些行为再次体现了他们身上的信蜂特点。

我们在后期的深度访谈中也试图去了解,为什么他们愿意将看到的营销信息"专门分享"给圈子内的朋友。

我们发现的一个主要原因是,他们看到自己感兴趣或者认为有意义、有价值、有利的营销信息时,往往会想到,这条信息可能会对自己的朋友有所帮助,会给处于纠结或决策阶段的朋友提供参考建议。比如,朋友特别喜欢手机电子产品、化妆品或者服装之类的东西,那么当他们看到相关营销信息时,就会专门分享转发给朋友。如果碰到有优惠活动的营销,他们也本着共享的精神而选择首先与朋友分享。

有时,他们甚至需要先体验再专门分享给朋友,这样便会在分享利好的同时也维护了圈子的利益,不会让朋友"上当受骗",而朋友也更信任他们。但在一般情况下,他们不愿意将看到的营销信息公布在"大庭广众"之下,因为圈子外的人似乎与他们无关,而他们在圈子内分享的目的主要是通过自己"筛选"的"有利"信息维护圈子内朋友共同的利益。

于是我们发现,这部分年轻人较为关注朋友的分享信息,经常从朋友那里获取信息,同时他们又十分愿意根据朋友的喜好和兴趣将"有用"信息推荐给朋友。他们在所属圈子里沟通和传播信息较为活跃,在圈子内的信息传播甚至购买决策受到朋友的影响较大。这种强关系对他们来说较为稳固可信,所以为了维护圈子内这种关系,他们理性地看待营销信息,乐意亲身体验,然后才会将"经过证实"的信息传递给朋友,正因如此,这种经过"过滤"的信息更能赢得朋友的采纳和参考。

这带给我们的营销启示或许是,营销者可以提供让年轻人愿意在圈子内分享传播的活动,或者设置某些环节,让他们主动在圈子内传播分享,产生联动效果。

6. 微博营销对年轻人消费行为产生不同程度的影响

除了传播效果的衡量外,我们此次调查研究有意识地考察了各种微博营销活动对受访90后大学生实际消费行为的影响情况。调查主要从两个层面入手:看到微博营销信息后,购买活动中相关产品或服务的行为;参与过微博营销活动后,购买活动中相关产品或服务的行为。结果发现,参与过某些微博营销活动之后发生的购买行为明显高于看到这些营销活动后的购买行为,如图4.6所示。

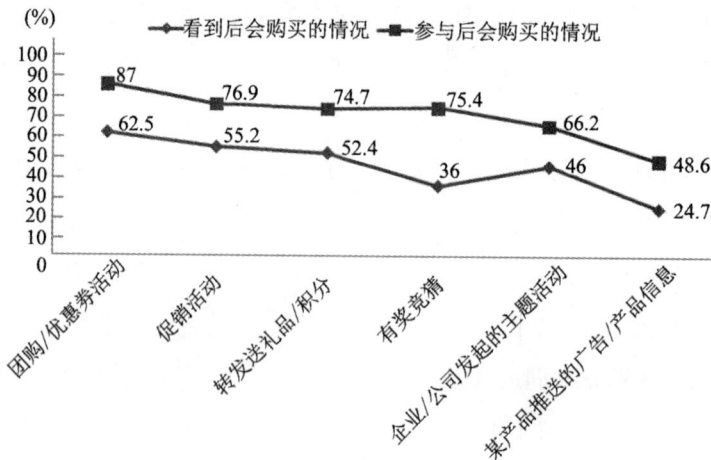

图 4.6　看到后和参与后购买相关产品/服务的情况对比

整体上看,看到微博营销活动后,这些活动在不同程度上都会引起受访者的购买行为。看到后,最能引起受访者购买的3种微博营销活动是"团购/优惠券活动""促销活动"和"转发送礼品/积分";最不能引起受访者购买行为的微博营销活动是"某产品推送的广告/产品信息"和"有奖竞猜",受访者明确表示不会购买的比例高达75.3%和64%。

前面已经提到,参与过微博营销活动的受访者比例达到54.8%。那么,参与过活动后,转化成实际的消费行为的情况又怎样呢?调查结果显示,参与微博营销活动后,受访者会购买相关产品/服务的比例相比看到后购买的比例都有较大程度上的提高。

这说明,微博营销活动在引起受访 90 后大学生最终购买行为上的确有一定效果,促销类微博营销活动的效果更大,相比之下,推送类广告信息在引起受访者注意、兴趣方面作用较小,并且在引起购买行为上效果也明显不如前者。

这给我们带来的营销启示是:针对年轻人的微博营销应具吸引力,设置可以激发其"关注兴趣"和"参与兴趣"的"利好"因素或活动环节,在提高关注度的基础上进一步提升参与度,最终增加消费行为的产生概率。

7. 四大特性吸引年轻人关注

那么,什么样的微博营销信息会引起这些年轻"信蜂"群体的关注和兴趣呢?这就涉及微博营销信息的特性。受访者认为,最能吸引他们关注微博营销信息的 3 个特性是:"奖品丰富,奖励吸引人"(52.7%)、"活动有趣,有吸引力"(50.2%)、"活动形式新颖"(46.3%),如图 4.7 所示。

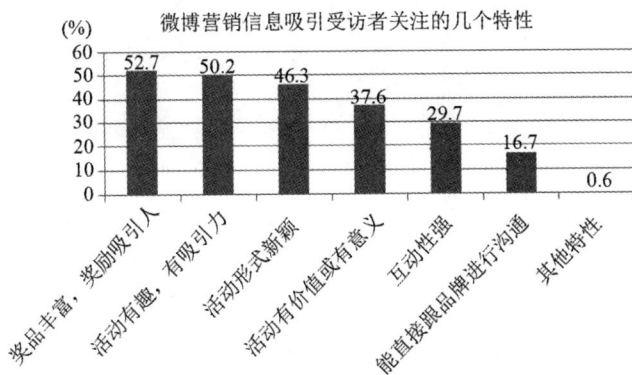

图 4.7　微博营销信息吸引受访者关注的几个特性

这样的结果说明,受访 90 后大学生除了重视微博营销的实质性奖励外,也非常在意微博营销活动的趣味性,新颖的微博营销形式更能吸引他们。另外,"活动有价值或有意义"(37.6%)也比较能吸引他们关注。

因此,如果微博营销活动能够加强上述 4 个方面的特性,那么就更能吸引

90后大学生这些年轻群体的关注。

我们通常认为微博营销最应该在意互动性，而调查结果却显示，"互动性强"这一特性占比并不高，仅有 29.7％。也就是说，受访者并不认为"互动性强"最能引起他们关注微博营销信息。

8. 参与微博营销的原因分析

在引起受访90后大学生参与微博营销活动的原因中，"自己感兴趣"是他们选择最多的，比例达到57％。其次是"活动形式新颖"，占比 40.9％。而此时，"互动性强"是他们参与微博营销的第三大原因。其他原因还包括："为了获得奖励""活动有价值或有意义""企业表现出的形象让人觉得很亲切"等，如图 4.8 所示。

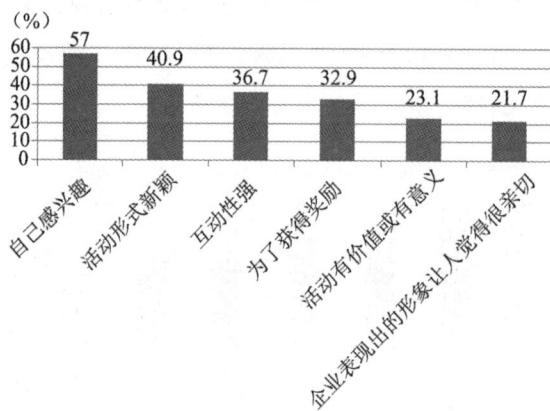

图 4.8　参与微博营销活动的原因

从引起关注和参与原因的数据对比可以看出，虽然"奖品丰富，奖励吸引人"最能吸引受访 90 后大学生关注微博营销信息，但是，最能让他们参与其中的仍然是他们"自己感兴趣"以及新颖的活动形式等。

我们又通过深度访谈细致了解了，为什么受访者会参与某些微博营销活动，他们参与行为背后的心理是什么。

（1）参与起来简单且有利可图

对于许多受访者来说，参与某些微博营销活动是因为这种营销活动设置的环节非常简单方便，他们通过微博营销信息就可以快速了解到活动内容，并且参与的环节也简单。如果给他们设置重重障碍，让他们觉得精力投入过多，可能就会放弃参与。但很重要的一点是，分享方便、不复杂是他们会参与转发和分享的一个重要原因。比如，有受访者说，"只要轻轻动动手就能看到信息内容""只要转发就可以了"，那么他们就愿意参与到这个过程当中。

当然，转发背后是存在激励的，这种激励在受访90后大学生看来是需要具有"切实的好处"的。他们比较看重直截了当的利益刺激，比如，转发就能马上得到他们想要的奖励（电影票、可消费的优惠券、抽中奖品等），或者让他们"感到获利的机会和可能性较大""自己可以得到好处"，他们"就会特别愿意参与"。如果环节复杂、噱头太多或华而不实，那么他们便会放弃参与。

（2）向朋友炫成就感，寻找价值认同

在以往针对90后的系列研究中，我们多次发现他们有一个共同的心理：十分重视成就感和存在感。而在参与微博营销活动这件事背后依然体现出较为明显的成就感心理。不少参与过微博营销活动的受访者表示，他们希望将获得的奖励"向朋友炫一下"，并且希望自己的这种"炫"能带动朋友也参与其中。因为如果自己分享的东西能获得朋友的认可，并且能吸引朋友一起加入的话，便能跟朋友达到某种价值认同，在这个过程中，他们就会获得某种意义上的成就感。

虽然由于这次研究的范围受到限制，数据分析的结果并不能代表所有90后大学生，但研究结果仍会反映出一些趋势、现象和规律，给微博上如何针对年轻人做营销带来启示。

三、 垂直社交蜂巢传播带来的网红经济

自 2016 年年初开始,媒体对于"网红"话题的讨论开始变得火热起来,相比一般的热点事件,这件事持续的时间比较长。之所以讨论得多,是因为业界从"网红"中看到了利好因素,希望通过有效的讨论找到一条"网红经济"链条。就像前些年,媒体乐此不疲地讨论"自媒体"生存之道那样。

而这一切都源于 2016 年年初突然红得发紫的 Papi 酱。这位"网红"最终获得了自媒体"罗辑思维"的投资,大家对于"网红"未来发展的更多幻想都被最大限度地激发出来了。除了 Papi 酱之外,2015 年进入公众视野的年轻网红层出不穷,他们在各个领域出现,并且这些新生代网红不仅吸引了众多注意力,而且有的还会从网红身份中获益。

为什么这一阶段成为网红爆发期?为什么网红出现的频率较之以往在加快?是谁在支持他们?网红经济链条有无章法可循?我们将从传播学角度分析网红爆发的原因和网红传播现象。

1. 传播环境变化加快"网红"生产周期和频率

土壤：垂直社交平台不断兴起,社交媒体环境迭代加快

尽管我们已经对垂直社交平台的发展、特点以及信息传播方式都做了较为详细的分析,但为了重新理解垂直社交平台的发展与网红现象的关系,我们需要再次梳理下这个过程。

自 2009 年新浪微博出现,国内才真正拉开大众社交媒体时代的序幕。2009—2012 年间,微博仍然是主流的社交媒体。但 2011 年年初微信的出现,让社交媒体环境又发生了一次大的变化,微信开创了移动端社交圈子的新阶段,到 2013 年,微信用户迅速达到 6 亿以上。自此,国内两大社交媒体平台的地位最

终确定下来：微博走新闻路线，微信走社交路线。

但从 2014 年开始，垂直领域的社交产品开始发力，出现了许多小众化的社交产品，比如唱吧、秒拍、美拍、B 站等。而垂直社交产品的方向也更加细分，有兴趣社交产品、短视频社区产品、二次元社交产品、弹幕社交产品等。越来越多的创业人士想进入垂直社交产品领域。就在 2015 年，"网红"进入爆发期。

虽然垂直社交产品正在兴起，但国内用户对社交应用的使用深度还不够。随着电商、游戏、视频甚至在线教育、互联网金融领域也都纷纷引入社交元素，它们不断带动用户规模和提升用户黏性，国内垂直社交产品应用即将迎来爆发期，也会有较大市场空间。

虽然像微博、微信这样的大众社交媒体仍旧一统天下，但社交媒体正在从大众社交媒体或者说综合性社交媒体进入小众化社交产品时期，用户群也正从普通大众向年轻群体倾斜。这些丰富的垂直社交产品大多基于人的不同兴趣、爱好、需求而设计，这意味着，未来人们的线上圈子生活会更加细分化。我们不只是在微信上刷朋友圈，我们还可以去唱吧唱歌，可以去美拍里玩自拍，可以用秒拍制作短视频，可以去 B 站使劲儿吐槽……

发酵：当社交媒体越来越朝需求、兴趣、爱好、个人追求等方向细分和延伸的时候，在这些小众化的垂直社交平台蜂巢里会发生什么？

首先，在这些小众化的垂直社交平台上，个人的兴趣、需求会更大化地被满足；其次，垂直社交平台去中心化明显，它们在产品设计上更加考虑到每位用户的展示机会，强调平等，容易让普通个体找到成就感和存在感。不像微博这样的大众社交媒体，即便个人在某些较大的基于兴趣、爱好的圈子里，但可能在这些圈子里找不到存在感、归属感甚至话语权。

最后，在垂直社交平台小蜂巢里，个人"成名"或"被突出"的权力被更大化地尊重。你会给唱吧圈子里的朋友或者美拍社区里的人点赞，但你更加确信，"我的作品"也不差，既然都是普通人，"我们之间没有太大差别"。除去幕后运作公司的因素，再除去个人创作手法、创意等因素，这些平台的产品设计理念是：让每个人"被突出显示"的机会是平等的。这会激发用户不停地在这个圈子平台上生产"新作品"。

因此,垂直社交平台通过功能的设计对个人行为进行激励,会激发普通人"分享"信息的欲望,更确切地说,是"分享"自己的作品、观点和看法的欲望。当走精英化"名人"路线时,小众化垂直社交平台无疑给了他们最大的动机,也让他们十分愿意参与进来。因为这种努力参与对他们来说是有方向感的,有可能性和确定感。因此,那些别出心裁、标新立异的人,比如Papi酱、艾里克克等网红,他们都是反常规的有趣、搞笑和幽默,或者那些不甘平庸又自认为比别人优秀的人,又或者那些"不得志"的普通人,他们更具"努力"的动机。

垂直社交平台的兴起,给普通用户提供了空间和环境,同时,也给那些"制造网红"的公司提供了最大的便利,给它们提供了一条低成本培养明星的渠道。于是,生产"网红"、运营"网红"成为热点、"网红"后期推出IP衍生产品、甚至盈利等一系列链条式"网红经济"便形成了。

但是我们并不确定,究竟有多少"网红"真的是"普通人"意外蹿红,还是经过了系统的"包装"和策划。但无论是哪种情况,垂直社交产品的确给普通用户提供了满足自己兴趣、爱好、实际需求甚至欲望的最便利条件,也满足了他们的心理需求。

当然,有一个逻辑不能颠倒:并不是每个人都是冲着成为网红才活跃在这些平台上的,而是他们根据自己的兴趣、爱好、个人不同层次的需求才分流在不同的平台上。但在这些平台上,他们发现自己拥有这些"平等"权力,从而激发他们的信息生产,他们也在这些平台上不断自我塑造。

从2014年垂直社交产品的兴起,到2015年"网红"进入爆发期,这一切并非偶然。社交媒体环境迅速变化,社交媒体产品迭代加速,这个过程中就会产生我们意想不到的现象,而"网红"现象是最直接的体现,"网红"们也成了这个特定阶段最大的受益者。

2. 网红"蹿红"的法宝是什么?

"网红"要成为一种传播现象,必然离不开三个法宝:所生产的传播内容;所吸引到的用户；抓住了哪些渠道分发内容，其内容通过怎样的传播路径而达到量级传播，也就是传播工具和传播路径的问题。

(1) "网红"传播的内容多属于"治愈系"网络文化产品

为了分析这个问题，我们对"网红"生产的作品进行了归类和剖析，发现他们生产的内容大致有几种风格：狂妄不羁；我行我素；奇葩怪异；搞笑风趣；火辣劲爆；无厘头；美色搏出位；等等。内容类型多为轻松类、搞笑类、娱乐类、社会热点类。

为什么这样的网红作品会快速"脱颖而出"？

我们首先单从内容本身来看，如今社会发展已经到了一个物质极大丰富、信息极大饱和、生活节奏急剧加快、技术更新迅速的阶段，今天的技术或产品到明天就可能会过时，焦虑感爆棚，知识迭代超级迅速……在这样的时代中，这些变化让人们一边享受着舒适的物质生活，一边却对社会、生活和大环境充满了不确定感。因此，在这样的时代转型期或过渡期，人们需要有一些情绪出口，能够释放和缓解在这种环境中的压力。所以，那些能够让大众在某个时间段共同爆发的"释放式"或"治愈系"文化产品，便极有可能成为"热点"现象，并备受人们的关注。

这些网红的作品（内容）大多数都属于"治愈系"网络文化产品。他们的作品轻松、幽默、奇葩、猎奇、猎艳，是能成为"热点"的潜力股，并且在某一时间点就有可能引发大量传播。

比如，微博和微信蜂巢中热点出现的频率很高，两三天就会有一次热点爆发。如果观察这些此起彼伏的热点就会发现，每一个热点都有"全民娱乐"的潜质，并且也有极强的"治愈"效果。当人们集中消费一个共同的热点时，就会达到一种集体兴奋的状态，直到下一个热点到来。这种热点波浪现象已经成为当前社交媒体环境中的一大现象。

如今，社交媒体上的信息阅读已经明显发生了分层。这些分层并不是按照社会地位的分层，而是根据"信息需求口味"所产生的分层。比如，微信蜂巢中那些搞笑、情感、轻松、娱乐的内容拥有非常多的粉丝，而这个层次的用户数量非常大，他们不喜欢严肃话题，对互联网上传播的内容也不会深思。他们只是通过这些内容得到了精神的释放，找到快乐或者引发共鸣。而这些内容也很容易引起他们的分享和传播欲。当这些内容通过圈子的连接向外辐射式传播时，就会慢慢火热起来，而形成滚雪球效应，直到"全民狂欢"达到共同的精神释放。在社会转型期，这的确会缓解社会压力，让网民找到情绪出口。

因此，轻松娱乐的热点对大多数用户来说更具传播动力，并且，通过这些"大多数人"的传播，信息链条会很快打开，并迅速向周围网状式扩展。所以，轻松娱乐型信息或内容会更容易"走红"，传播量通常也会暴增。而那些深度内容或严肃话题，虽然在内容本身上来说有较高价值，但并不会引起大多数人的共鸣，而是在小众范围内达到一定传播量后就会封顶。所以，我们不能靠阅读量或传播的火热程度来判断内容的价值。

（2）更多网红将生根于垂直社交产品

虽然这些"网红"的作品能吸引大多数人的眼球，也能在社交媒体上广泛传播，但他们其实有较为明确的忠实粉丝群体，那就是 90 后和 00 后年轻人。

2015 年出现的大批网红，多数是 90 后，他们活跃在各种垂直类社交媒体平台或者二次元社交产品平台上，他们生产的信息或传递的符号能够被年轻人群体所理解。所以，当这些网红们用一种"傲娇""无厘头""呆萌""我就是我"的表达方式来展现自己时，便获得了这些年轻人的追捧。并且年轻人也能解读他们在作品中所表达的想法，能理解和接受他们奇异独特的方式。这些内容也最能引起年轻人的兴趣。

这些网红作品在最初阶段能累积大批年轻用户群体的支持，从而提升了曝光和传播力度，随着曝光和传播的进一步加大，再扩展到其他人群，引起更大范围的网络传播。

许多垂直社交产品的目标用户定位在年轻人群身上，这些产品成为年轻人专属的二次元社交圈子，每个圈子里都聚集着类似兴趣、爱好、需求的年轻人。这些垂直社交平台鼓励年轻人不停地把信息、作品、观点、想法等"输入"进来，又会把内部优秀的作品或信息"分享"出去。信息"输入"和"输出"的流动性越高，就意味着这个社交媒体平台的"分享频率"和"分享欲望"越高,那么这个平台对年轻人的黏性就越大。

所以,有些娱乐类垂直社交产品通过功能设计或制定规则,激励年轻人踊跃"展现自己",并让勇于"展示自我"的人受到更多关注,那些表现优异者更能够脱颖而出,成为平台"网红"。平台的这些做法提高了年轻人的参与度,也加快了网红的产出频率。

定位于年轻人的垂直社交平台也将会萌生更多的新生代网红,他们在平台上萌芽、成长、包装,在平台上崭露头角甚至走出平台、进入 IP(Intellectual Property,知识财产)衍生阶段,网红经济链条也会更加成熟化。

这些网红被垂直平台孵化后,最直接的方式就是进入娱乐业,进一步打造明星效应,比如为网剧产业源源不断地输送新人;也有的网红会凭借自身强大的个人影响力而拓展自己的品牌和内容产品,比如在唱吧走红的 Rita 通过自己的影响力来运营粉丝团。这些可能会改变未来娱乐业的商业模式。在这个过程中,这些垂直领域的社交平台在培育、输送人才上发挥了不小的作用,这降低了成本,并且成为产业链条上不可缺少的一个环节。

以垂直音乐社交平台唱吧为例,该平台聚集了大量音乐爱好者,以兴趣这样的弱连接方式组建圈子。通过"送花""拉票"等一系列互动功能的设置,唱吧从最初的工具产品向社交平台转变,并且也完善了平台圈子中"乐友"之间的互动关系,试图让每个人都可以在这样的机制中有平等胜出和充分展示自我的机会。这一方面保证了唱吧的活跃性,另一方面也会拓展唱吧的商业想象空间。

比如 2016 年 3 月,湖南卫视《我是歌手》节目总导演洪涛加入唱吧,就让这种商业想象切实落地,也为一直悬而未定的"网红经济"树立了一个模板。从唱吧平台培育和孵化出来的优质网红直接成为湖南卫视娱乐节目的人才资源,而湖南卫视也为网红提供了这样一辆直通车。我们从这样的合作中可以看到,类似唱吧这样的垂直社交平台的"网红经济"产业链已经初具形态了,也给其他平台带来启示和参考。

不过,不可忽略的一个事实是,这一系列过程和环节越来越需要依托网红所生产的内容，"优质的内容"才能成就"优质"的网红。对于有想法、个性的年轻人群体来说，他们对网红作品（内容）也将更加挑剔，单纯靠炒作并不一定能赢得他们的认可，网红门槛也会变高。

（3） 传播渠道"全覆盖"，"好内容"多平台分发，刺激大范围传播

如上面所说，网红在某一个垂直社交平台上生产了好内容，也在这个平台所属的圈子里圈住了一定量的粉丝，但这只能说明，他走出了第一步，从这个平台的众多用户中脱颖而出，但这不足以红遍大江南北。所以，这个时候传播渠道、路径就显得十分重要了。

在今天的社交媒体时代，内容仍然越来越重要，但是内容要想形成影响力，渠道分发能力就显得更加重要，渠道分发能力越强，引起整个网络大范围传播的几率就越高。

以前，一条新闻内容经过几大门户的报道和互相转载，就能够在整个网民群体中掀起波浪——就像曾经的电视媒体能够做到的那样。但是，今天的用户已经越来越细分化，越来越分散并活跃在不同的垂直社交平台圈子里，并且这在年轻人群体中体现得更加明显。

再加上，不同的媒介都在圈划自己的地盘，希望将流量圈住，形成自家平台圈子的完整生态链条。所以除去平台和平台之间定位、功能的差别之外，平台为了自身发展，也并不会有太多意愿互通信息。

所以，一条好内容单单在一个媒介平台上只能影响到这个平台圈子里的人，除非你的内容能够引发这个圈子里的人向外传播，传播到大众社交媒体上（微博或微信），才有可能引发更广泛的传播。当然，这里说的是"可能"，但这个"可能性"单单依靠一个平台的话，就会显得小很多。如果一条内容能够同时分发到不同的垂直社交平台，通过这种方式引起更大范围、不同特点用户的关注，那么联动式的传播就更有可能形成。当然，这里的逻辑是"可能性"或"概率"更高，而不是说，只要在所有渠道分发了就一定能火。

纵观2015年出现的网红以及2016年瞬间爆红的Papi酱，分析他们最初阶

段的内容分发就可以看出,大多数网红兴起于贴吧(主要是百度贴吧)、短视频社区(美拍、秒拍)、长视频网站、兴趣社交平台(唱吧等)、弹幕社区(A 站、B 站)等,这些地方都是年轻人最活跃的地方,并且他们在微博、微信上都有阵地。Papi酱在传播渠道的利用方面就非常到位。

有的网红看似一夜爆红,但其实也经历了一定时间的酝酿期。就像上面说到的,一开始在某些社交平台上积累粉丝,小范围传播,少量曝光。然后他们经过不间断的内容生产,吸引更多的年轻人粉丝,扩大第一批种子粉丝。当在各平台的种子粉丝达到一定量的时候,更大面积范围的分裂式、网状传播才会形成。

即便是红得发紫的 Papi 酱也并不是一夜走红的。她起初在微博上上传的视频风格并不十分突出,在运作了较长时间后,也并没有引起比较大的关注。之后,Papi 酱开始转战美拍、秒拍、小咖秀、A 站、B 站等社区,生产的视频内容也不断更新进化,之后利用秒拍将声音进行变声处理,内容话题和风格进一步明朗化,这才开始在这些垂直社交平台上迅速积累大量粉丝。而后,又在微博上迅速形成传播效应,在微信上引起大波澜,一发不可收拾。所以,的确有这样一个由"好内容"多分发——吸引更多关注——传播点引爆——再到更大范围传播的过程。

在这个路径中,像微博、微信这样的大众社交媒体的作用是最重要的,但关键在于,在这些信息海量的平台上要"红"起来的成本太高了,一个是时间成本,另一个是对"传播点"的要求越来越高。因为网民(信蜂)已经看惯了各种热点事件,已经适应了各种刺激,某个信息要想进入"信蜂"的"筛选"范围也变得更加不易,"信蜂"会更加谨慎地从庞杂信息流中选择可以向自己圈子"输入"的内容,然后才会传播。

所以,要想引发微博微信上的爆发式传播,就意味着,信息传播点要尽可能进入大量"信蜂"群体的信息选择范围,引起他们的共鸣和主动分享传播。这其实对网红的要求是非常高的,他们必须在内容生产上更加努力,让内容更加具有新意,更加具有传播效应的"点"。

因此,未来随着面向年轻人的垂直社交平台的进一步成熟,网红链条和网红经济也会更加成熟。他们需要生产优质的可传播的内容,他们的传播工具或渠道一定是全覆盖的,这样才会有更多可能性。而从传播路径上看,先在某些垂直社交平台上打内围赛,然后不断积累能量和声望,最后在微博或微信这样的大社交媒体平台才可能会引起全网传播。

当然,大众网红的出现的确具有一定的偶然性,但垂直领域的网红相比之下更具可操作性。未来,网红的知名度可能已经不那么重要,重要的是他们在这些垂直平台上的突出表现,并且后续有很多延伸产品来发展事业。

3. 网红助推器是什么?

这里的助推器,主要是指那些能促就网红"火"起来的背后心理因素。也就是:大家为什么会捧红网红?

(1) 草根网红助推器:对他人的认可和情境带入感

互联网的发展和普及,让网民规模不断扩大。普通大众可以通过互联网发出自己的声音,并引起社会的关注。所以在互联网发展初期,普通人抓住互联网渠道表达自己的欲望是十分强烈的。直到以微博为代表的互动性极强、开放性较大的"社交媒体"出现,普通人在网络中表达观点和展现自我的欲望受到进一步刺激,网络真的成了人们的表达渠道和展示平台。

比如,某个学校的校花长得好看就可以成为网红;某个人长相特别奇怪或者特别丑,也可以成为网红;学霸也可以成为网红;某个人的经历特别惨,靠自己的努力取得了某方面的成就,也可能成为网红。这些"草根网红"有一个共同点:他们来自现实生活,是让我们感觉能触摸到的普通人。并且,他们身上只要有一个非常明确的特点就够了,凭借这一个点就可以迅速走红。

而对于大多数网民来说,他们对于身边的某些"草根网红"更多具有一种"认可"心理。他们认为,这些人不是大明星,就在我身边。这种"就在我身边"的阶层认同感会拉近"草根"和更多普通人的距离,形成一种天然的亲近感。并且这种心理会促进更多"草根"或普通大众对"草根网红"的维护,促进普通大众在互联网上对"草根网红"的传播。普通人在传播网红的过程有极强的"代入感",也就是说,他们产生了一种自己代替了"网红"或自己和网红的距离很近的感觉,恰似自己身在其中。

(2) 新生代网红助推器:自我身份认同+信息分享欲 +自传播精神

有人说,今天的新生代网红已不再是真正意义上的"草根",想要当网红甚至要有一定的"经济基础"和背景。这样说不无道理。随着互联网发展得越来越成熟,滋养网红的网络媒介环境与之前已经有较大不同。而且随着网民主力人群越来越年轻化,原先草根网红的原始、自发的成名方式显得过于简单和单纯。

今天"网红"的不同之处在于,他们脱胎于年轻人,他们显得更加专业化。他们在年轻人活跃的圈子中获得追捧,他们属于同一个圈子,懂得他们的网络语言,知道年轻人喜欢什么,表达年轻人所想;越特立独行,越与众不同、标新立异,越能凸显个性并且受到青睐。从某种程度上来讲,今天的"网红"可以体现年轻人的气质、特点和风格。

比如,淘宝为了扩大其品牌在年轻人中的影响力、提升品牌形象,也为了定位年轻消费市场,集结了几十位新生代网红拍摄宣传片。在该宣传片中,每位网红都根据自身的特点和风格表述自己对时尚的追求和观点,画面冲击力强,语言也极具号召力,充满了个性宣言。该宣传片在 2016 年 4 月投放后,便引起了较多的关注和讨论。其实,该宣传片通过放大新生代网红的个性特点,吸引年轻群体的关注和认同,以此让年轻人认识到淘宝针对年轻人市场的产品思路。这些网红的确在年轻人群体中具有较大的影响力,他们运用年轻人熟悉的标语和网络语言来表达年轻人心中所想,他们代表了年轻人,所以会引起年轻人的共鸣。

我们一直持续在做 90 后年轻人的调查研究,在以往的研究中屡次发现,这些年轻人追求个性和与众不同,自我认同非常高,他们伴随互联网成长,接触的信息和知识更广更多,有自己独特的想法。如果说今天的年轻人都有一颗想当"网红"的心,也并不为过。

如果以往普通大众对"草根网红"有着"就在我身边"的亲近感，那么今天的年轻人对新生代"网红"则有着"与我一族"的共鸣感。

所以，以往我们对草根网红的认同感，是对他人的认可；而今天年轻人对新生代网红的认同，则是对自我身份的确定和认同。年轻人感觉到"网红"代表的是他们，而自己也可以代表年轻人，也可能成为"网红"一员。

在对现在几个典型垂直社交平台的用户规则进行研究后，我们发现，这些产品规则的设计都极大地彰显了年轻人的"参与感"和"自我价值"的实现。

比如唱吧的社交激励模式，只要你觉得自己唱得好也有胆量，可以随时炫耀歌技，喜欢你的人和送花的人就会越来越多，你就会登上首页达人榜；上传的作品越多，等级和称号越高。你可以与"粉丝"互动，也可以通过分享作品到微博、QQ 空间的方式获得更多"粉丝"。

比如美拍，在后期产品功能更新中加入了更多 90 后年轻人喜欢用的个性化表达方式，比如"表情文"，形成了"文字＋声音＋图片"的组合，激发年轻用户随时随地拍摄和分享的欲求。而为了满足年轻人对短视频的消费需求，美拍增加了网页版，方便了用户在 PC 端的操作，而且促进了 PC 端的分享传播。

再看秒拍，增加各种设计风格和个性化视频水印，提供视频实时变声功能，满足了用户个性化需求，普通人也可以 10 秒钟成为"明星"；支持同步微博、微信、QQ 空间等功能，促进用户的传播。

另外，还有一些视频网站增加了弹幕功能，激发年轻人实时参与的热情。弹幕在网剧的火热中起到了较强的助推作用，因为弹幕满足了年轻人吐槽的欲望，他们观看的剧情内容成为吐槽的基础和原料。他们看网剧时已超出剧情本身，甚至，通过弹幕对剧情进行吐槽和表达自我观点已成为主要目的。因此，剧情越有可以吐槽的"点"，越能吸引他们加入弹幕讨论，弹幕成了最强大的调味品，也刺激他们分享传播与网剧有关的观点和态度，这样的过程就会增加网剧的热度。

这些例子都可以看出，这些产品设计都在让年轻人成为"主角"，让年轻人最大化地"彰显自我"，激发他们的内容创作精神和内容分享欲望，提高他们的参与感，增强他们向外"传播"信息的能力，让年轻人感觉到"我也能备受瞩目"。

　　所以，唱吧、美拍、秒拍等这样的垂直社交平台的确培养了许多新生代网红。那些让年轻人感到"我也可以"的功能设计是非常成功的。就像前面所讲，个人"成名"的权利在这些平台上被最大化地尊重，每个人"被突出显示"出来的概率相差无几，这会激发年轻人不停地在这个圈子平台上生产"新作品"，并积极地在内部和在外部传播自己的"作品"。

　　因此，未来网红将会更多生根于垂直领域社交平台，而且随着垂直社交平台的不断兴起和成熟，它们给网红提供了自我"生长"的能力，也能够建立网红生产的规则和路子。垂直平台本身会形成一个大的"生产机构"，在平台上生产出的"网红"既可以对外"输出"，也可以在平台内部转化成"生产力"。比如，许多美食社交平台上产生的"美食达人"可以参与平台的一系列后续活动，如"达人"手把手教你做甜品的线下活动，"达人"推荐"食材"选购的电商活动等。这些"网红"不仅在平台上脱颖而出，而且还会与平台建立起后期合作模式，达到双方共赢的目的。

　　信蜂的信息传播特点给我们带来了诸多启示，尤其可以为营销传播提供切实可行的参考。而对微博蜂巢这样的大众社交媒体来说，它的信息传播特点与信蜂人群结合后，则能让我们更清晰地研究有微博营销策略和思路。而垂直社交平台的兴起，则造就了网红经济浪潮，它们基于兴趣而建立联系，但内在机制却以鼓励分享和传播为核心，以此激发"信蜂"的参与热情，这会给平台和"网红"双方都带来利益。

　　在这样的过程中，我们已十分清楚"信蜂"究竟是什么样的人，这些人在不同的蜂巢上都在做什么，在传递和生产什么样的"内容"。因此，人和信息成为蜂巢中不可或缺的材料。然而，有了这两种材料仍不够，能够让蜂巢动起来的另外一种因素就是无形的"关系"。它用肉眼看不见，但却决定着信息在蜂巢内外的流动和走向，甚至决定了信息传播的特点。我们接下来就要看看，社交蜂巢中那些无形的连接线——关系。

第五章　蜂群互连中的微妙交互关系

关系,可以将浩瀚无边的网络中的某些人以某种方式连接起来,从而形成许多个交错纵横的网络圈子,它们也由此铺设了信息和内容向外传递时所需的路径。

微博蜂巢中群体之间多数凭借兴趣、爱好、话题、标签等因素将原本许多毫不相干的人连接起来,虽然建立了连接,但多数人之间并没有在交流中发展成亲密的强关系。因此,微博这种社交媒体的关系连接属性就决定了群体之间的互动和交流是基于弱关系来完成的。并且,微博上的弱关系连接也让信息传递的范围更广、速度更快。

整体而言,微信蜂巢中的群体主要靠强关系来连接和互动,关系连接的范围较小。然而,微信的"强关系"只是相对微博来说更加"紧密"一些。微信上亲人、挚友、熟人等真正的"强关系"是有限的,而随着微信越来越用于职业社交,微信上的社交连接将以"弱关系"为主。另外,微信为了保证群体间交流的有效性,将个人可以连接到的关系数量进行了限制,以保证微信上的个体有能力和精力去处理社交关系。这样的限制能让个人感觉到自己在相互关系中的位置,也使微信的信息传播特点、人际社交、营销模式等方面与微博有较大不同。

垂直类社交平台以兴趣、爱好、用户需求为切入点和核心属性,"社交"不是主要目的。用户在这些平台上希望通过连接关系与他人交流自己的爱好和兴趣,并且希望自己生产的"作品"能够通过连接关系到达平台更远的位置,被更多人看到和了解,以此寻求一种满足感,最终实现自我价值。在这些平台上,连接关系就是一种工具,是用户"传递内容"和彰显自我"才能"的渠道。这样的连接关系多数是不熟悉的"弱关系",群体间的黏性不高。

当现实圈子慢慢向线上圈子转移,线上圈子越来越成为人们生活的重要部分时,强关系和弱关系的界限其实已经没有那么明确了。在传统社会里,信息流通速度慢,圈子范围有限且相对稳定。亲情、友情等强关系通过时常线下见面、联络等方式保持紧密,而不熟悉的弱关系则因为信息沟通交流的不畅或沟通机会较少,也会较长时间保持弱关系的状态,比较难转化成亲密的强关系。但社交媒体的迅速发展却打破了这一状态,人们相比以往会花费更多时间在社交网络上,因为某个话题与弱关系即时沟通和交流,这种不间断的交流会让弱关系慢慢加强,甚至创造线下交流的机会,弱关系转变成强关系的机会更多。这种现象在今天的社交媒体时代越来越频繁地发生。

相反,人们在维护原有的强关系上花费的时间和精力会变少,原本的好友也会因为各自忙于生活、网络、新的圈子而疏于维系,长期下来则慢慢变成"最熟悉的陌生人"。

当然,我们是在讨论一定条件下关系变化的可能性。并非所有社交媒体上的弱关系都能转化成强关系,大多数起初看似新鲜的弱关系会慢慢因为没有管理和持续性互动而最终沦落为沉默的僵尸关系。

在社交媒体上,强关系和弱关系之间似乎存在着一道隐形的屏障。相对稳定的强关系圈子在社交媒体上互动的内容多是人们共同生活领域的事情,比如,你和好友之间可能并不经常讨论国家大事、专业问题,也不会经常因为这些事而产生点赞、评论等互动行为,而更有可能讨论的是你们共同生活圈中的事情,这种信息同质化程度高,涉及的范围较为狭小,也不太可能传播到外部的圈子中。相反,并不经常联系的弱关系之间如果能够产生互动,多数是因为有外部信息进入。由弱关系带来的信息更加多样化,涉及的范围较广,有更多可能性触及个人关注的领域、专业、时事新闻等。

因此,这种天然的隐形屏障是由关系本身、关注信息的范畴共同造成的。一般情况下,这种屏障从某种程度上又反过来稳固了强关系和弱关系,让它们之间变得模糊的界限又变得泾渭分明。

我们之所以对"关系"的研究如此热衷,一方面是因为"群体间关系"的连接和互动方式决定了人际传播的流向;另一方面,是因为人际传播在今天的社交媒体时代显得更加重要,它对舆论态势的发展、营销模式探索、社交媒体口碑营销传播等有重要启发意义。

一、 强关系影响小圈子，弱关系沟通大圈子

尼古拉斯·克里斯塔基斯是哈佛大学社会学教授、哈佛医学院医学教授和主治医师。尼古拉斯热衷于研究社会网络中的"关系"，并因研究社会网络的形成和运转而享誉世界。在他的著作《大连接》中，他与自己的合作者进行了多项实验研究，去观察社会网络上的人通过什么样的方式连接在一起，并且这种连接如何影响信息和情绪的传递。他们认为，只要在连接关系上的人，都会受到链式反应的影响。也就是说，你的行为举动可能会影响到你所在圈子的朋友的朋友，甚至更远。尼古拉斯对关系的连接状态分成了许多种类，比如电话树、水桶队列、军队组织等，并且侧重于考察这些连接关系在人际互动中的作用。

对于关系的研究，有一个著名的实验，那就是斯坦利·米尔格拉姆在20世纪60年代进行的"六度分割"实验。米尔格拉姆在内布拉斯加找了几百人，并给每个人一封信，让他们各自想办法把信通过人与人的传递方式送给1600公里之外的一位商人。实验结果发现，信件平均传递6次（也就是经过6个人之手）就能到达商人那里。这一发现十分令人震惊，2002年，社会学家邓肯·瓦茨和其同事们重新做了一次米尔格拉姆的实验，他们这次扩大了实验范围，招募了约10万人，让他们把电子邮件先发给自己认识的人，然后依次传递下去，最终发给指定的"目标人"，这些"目标人"分布在世界各地。这次的结果与米尔格拉姆的实验结果同样令人惊讶，电子邮件要送达目标人，平均也需要传递6次。①

"六度分割"其实体现了人与人之间的连接关系，通过网络，我们能够比较容易地跟世界上某个人连接起来。然而，尼古拉斯认为，就算我们很容易跟别人产生连接关系，但是，却不一定能够在这些连接关系上对别人产生影响力。于是，

---

① ［美］尼古拉斯·克里斯塔基斯，詹姆斯·富勒. 大连接［M］. 简学译. 北京：中国人民大学出版社 2013：37 - 38.

他提出了"三度影响力"原则。

他认为，影响力在社会网络上也会传播下去，并且遵循着一定的规律。在由人们的连接关系组成的社会网络（圈子）中，我们所做或所说的任何事情，都会在网络上泛起涟漪，影响我们的朋友（一度），我们朋友的朋友（二度），甚至我们朋友的朋友的朋友（三度）。但如果超出三度，影响力会逐渐消失。也就是说，我们会深受三度以内朋友的影响。而尼古拉斯等人认为，三度以内的人之间一般属于强连接关系，所以强连接关系可以刺激行为的产生。另外，像态度、情绪、观点甚至创新思想也会按照这种三度影响力原则进行传播。为什么是三度？尼古拉斯给出的理由是，信息在传播过程中会衰减，影响力会逐渐消失；三度之外的连接关系比较不稳定，对于四度之外的人来说，我们影响不到他们，他们也影响不到我们。①

我们可以这样来分析尼古拉斯的三度影响力原则：如果尼古拉斯的论点没有偏误的话，那么也就是说，类似态度、情绪、观点和行为带来的影响一般只能在小圈子内起到较大作用，而超出三度这样的小圈子，这些东西可能产生不了更多影响力了，至少这些东西带来的影响传递不到更大的范围内。

所以，三度影响力原则强调的是，强关系连接在小圈子内传递某些情感或引发行为上会起到重要作用，比如你发个牢骚，能够感受到你牢骚的人会是你的朋友，还可能是朋友的朋友，再远的连接关系可能就感受不到这种情绪了。

然而，有一个事实不能忽视：尼古拉斯所说的态度、情绪、观点、思想等都是不能单独存在的，这些事物的传递必须通过一种介质才能传播，那就是信息内容。也就是说，这些态度、观点、情绪等必须依托信息内容才能传递，否则就是空谈。

这时新的疑问又来了，我们前面已经讲过弱关系原则，弱关系理论则认为，信息会通过弱关系连接传递到更远的范围，甚至能够扩散到整个网络。并且弱关系能够让多元化的信息内容覆盖到更宽泛的地方。比如，一些新闻事件类信息会通过弱关系迅速地扩散，从一个小圈子慢慢延伸到更多、更大的圈子。并

---

① ［美］尼古拉斯·克里斯塔基斯，詹姆斯·富勒. 大连接［M］.简学译. 北京：中国人民大学出版社，2013：39 - 40.

且，许多分散在整个网络上的热点信息、热点事件、口碑营销传播等信息中都携带着明显的情绪、态度或观点等传染物。很显然，这些来自某个人、某个机构或某个信源的情绪、态度、观点等东西并未按照三度影响力原则被限制在某些小圈子内，而是被某种力量推动着不断扩散连接到更大范围的圈子。

这样看来，三度影响力原则和弱关系原则之间似乎存在矛盾。

但如果细致分析就可以发现，微观上来讲，社交网络由无数个小圈子组成，这些小圈子中大多数是弱关系圈子，当然其中会存在强关系连接的小圈子，但整体上看，弱关系圈子仍是主要形态。弱关系在社交媒体传播多元信息方面发挥了较大的作用，也正因有多元的信息，才让那些有微弱连接的弱关系圈子因多元信息的传递而发生互动，尽管这种互动有时并不容易被察觉。比如你在微博上转发了一条新闻事件信息，你的关系链中的某个陌生人看到后会转发到他的微博中，他可能会给你点赞，也可能会评论，但这些举动往往会被忽略。但不可否认，正是这样无数个弱关系连接圈子，在不同层次、不同节点上打开了信息传播的通道。

其实这也从另一角度解释了，微博这种以弱关系为主的社交网络更适合新闻、事件类信息的迅速传播，而微信这种相对以强关系为主的社交网络在热点事件的感知和传递上却稍显滞后。

对于社交媒体中的强关系小圈子来说，尼古拉斯的三度影响力原则可能会发生作用，但这种三度影响力原则是有限定的。

比如，你在朋友圈中表达的个人情绪、观点、态度等会让朋友感受到，让朋友的朋友感受到，朋友们可能也会因为看到你的状态而关心你。但是，这些"与你个人相关"的情绪并不能影响到更多人。假设你今天在朋友圈发了"我不开心"的状态，可能只有你的闺蜜、好友和家人等这些有强关系的人会感受到，并且会互动表示关心，而那些和你不熟悉的人，并不能感受或理解你的情绪，所以和你也很难产生互动。

如果你分享的并非个人情绪、观点和态度，而是从外界转发来的信息内容，并且这些外界信息中携带着情绪、情感，这些信息往往是多元化的，虽然不是与你个人相关的情感，但这些信息可能是你朋友圈其他不熟悉的人比较关心的，因此，这些弱关系再次转发和分享这些信息的概率会大一些，这种信息会沿着弱关系链条向外部更大范围传播、扩散。而这些隐含在信息中的情绪此时就会打破强关系的三度影响力原则，它们夹杂在信息中，随着信息被扩散传播，也会向更大的范围传染下去。

因此，当人们分享的信息与个人情感非常相关的情况下，可能会被限定在三度影响力原则内。但当人们分享的信息与个人情感不相关，而是夹杂着大众关心的情绪或情感时，这些信息和信息中的情绪就会打破三度影响力原则，沿着弱关系链条一路高歌，传染下去。

那么，到底是什么让这些携带情绪、态度、观点的信息内容打破强关系连接成的圈子，并沿着弱关系连接不断延伸出去，不断影响更多人感受到这些情绪、态度和观点呢？它又是如何影响更多人参与到这些带有情绪、态度和观点的信息传播中呢？是什么打破了强关系和弱关系的界限？是什么让本来只能在三度影响力范围内的传染物传染到更远的范围呢？

强关系在小圈子范围内传递个人某种情绪时发挥影响力，但让这种影响力打破三度，向更多弱关系方向大范围延伸的另有一种力量。这种力量就是——共情！

二、 共情： 强关系和弱关系之间的通关文牒

尼古拉斯在他的著作里，写过一段十分美妙的话：“我们的连接关系，并不局限于我们认识的人。朋友的朋友的朋友，也可以启动链式反应，并最终连接到我们，就像遥远的波浪最终冲到我们的海岸一样。社会网络传播快乐、宽容和爱。社会网络影响着我们的选择、行为、思想、情绪，甚至是我们的希望。”

这段话的美妙之处在于，它让我们看到了“关系”，对“关系”这个无形之物勾勒出清晰的画面，并且让我们感受到，信息在交错的“关系”织成的连接线上四处流动、延展、扩散，就像波浪一样慢慢推动着信息的潮水流向远方。

尼古拉斯的描述更多强调的是强关系在传递影响力上发挥的作用,既然如他所说,强关系的影响力范围有限,那么到底是什么因素促使一些带有强烈情感、情绪、喜怒哀乐的热点事件(比如谣言传播、口碑营销等商业营销事件)或一些热点舆论迅速充斥整个网络呢?是什么因素让情绪传染的影响力打破强关系的界限,扩大到更远的范围呢?

在社交媒体蜂巢传播中,有三个重要因素缺一不可。第一个是传播群体,即信蜂。第二个是蜂巢中的连接关系,虽然无形,但却是必需品。第三个是"内容",内容是将各种关系在某一时刻连接起来的"黏合剂"。

这里的内容指的就是信息,信息中包括一些我们可见的元素——文字、图片、视频、音频等,但在这些可见的信息元素中往往夹杂着信息内容生产者的情感偏向、态度偏向、喜怒哀乐等。用户通过阅读内容感知到这些因素后,都可能激发用户的情绪共鸣。同样,信息内容生产者往往也会在可见的形式内容中植入待定的观点,用户感知观点并形成认同以后,也可能会产生情感共鸣。

情绪、观点等这些东西并不能单独存在,它们往往隐藏在信息中,十分隐蔽,但却每时每刻都存在着,甚至在信息传播时发挥重大作用。

我们可以将这些东西称为"传染物",它们能够在某个时刻发挥极强的"传染性"。这个时刻是何时呢?

信息中隐含的"传染物"(情绪、情感、观点等)一旦引发不同圈子群体的"共鸣",那么它们将会打通社交媒体蜂巢群体之间的强关系和弱关系,冲出强关系三度影响力的枷锁,并借助信息这个载体,沿着社交媒体蜂巢中的弱关系链条到达社交媒体上各个角落,畅通无阻。

所以,"传染物"就好像某种病毒,一般情况下处于未被激活的状态,一旦有引爆机制,那么这种病毒便会横扫千军,迅速在人群中传播。而在社交媒体蜂巢传播中,传染物的引爆机制就是不同传播群体之间的"共鸣"。

我们可以从许多热点事件传播、重大舆论、谣言传播等中找到"传染物"的影子。以"和颐酒店女生遇袭事件"为例,在这个过程中,舆论方向大部分集中在"对女生在酒店公然遇袭的愤怒"。即便后续舆论方向转变到"女生如何自救"

"问责酒店"等方面,但在整个信息内容传播中,始终贯穿着一种非常明显的情绪——愤怒和担忧。这种情绪的传染力极强,所到之处都会引起群体的"共鸣"。当情绪达到共鸣时,人们像是能够感受到"事件受害人"所遭受的痛苦,这种对痛苦的感受会很快转化成"愤怒"的情绪,并迅速将越来越多"有共鸣"的人拉入群起激昂的队伍中,刺激他们"不由自主"地将带有这种情绪的内容传播出去。

此时,这种愤怒情绪的影响力早已不是强关系能够控制的了,它反而伴随着信息,沿着弱关系链条一路高歌,越来越广地传播、流淌。

这样一种情绪共鸣的过程,其实是"共情"。

人类是情感动物,我们关心自己的家人、朋友和同事,甚至会关心那些素未谋面的人,即便是电影中那些不真实的人。我们会对战地废墟上的孩子、洪水摧毁的房屋、因疾病折磨而去世的人等表示怜悯并感同身受。我们会对他们所处的状况进行想象,想象如果事情发生在自己身上会怎样,这是一种本能的情感反应。我们"感受"着他们的感受,我们"体验"着别人的痛苦,就好像是自己在承受的一样。① 这就是"共情"。

人们对共情现象的研究早在 20 世纪 80 年代就开始了。心理学家马丁·霍夫曼和南希·艾森伯格对共情研究得较为全面,他们对共情进行了定义:共情是认知和情绪反应的组合,它们的共同作用是先识别他人的情绪状态,然后再复制他人的情绪状态。共情与同情不同,共情不仅是为某个人的不幸而表示惋惜,还是我们复制和体验他人情绪的一种能力。②

比如,在观看韩国口碑电影《和声》时,我会因监狱中那些善良的女子所遭受的痛苦境遇而痛哭流涕,会因她们在组建监狱合唱团时重生的生活希望与勇气而感动落泪,看到女主角眼睁睁地将孩子送人领养时的无奈与茫然,我也无法控制自己的情绪而变得揪心。这就是我在观影过程中出于本能而产生的共情体验。

---

① ［美］尤查·本科勒. 企鹅与怪兽——互联网时代的合作、共享与创新模式［M］.简学译. 杭州:浙江人民出版社,2013:81-82.

② ［美］尤查·本科勒. 企鹅与怪兽——互联网时代的合作、共享与创新模式［M］.简学译. 杭州:浙江人民出版社,2013:82.

神经生理学家贾科莫·里佐拉蒂做了一个实验,他和同事们给被试者播放一段视频,当视频中的人通过面部表情告诉人们他们闻到很难闻的味道时,被试者大脑中的相同神经元也被激活了,就如同他们自己正在闻一种难闻的味道一样。这就是神经镜像现象,最初由里佐拉蒂所发现。

当我们看到别人做某件事情的时候,我们大脑中的神经元也会以几乎同样的模式被激活,就如同我们自己在做这件事情一样。大脑不仅会对疼痛或运动做出镜像反应,而且能对纯粹的情绪做出镜像反应。[①]

换句话说,情绪会传染并不是因为情绪本身会流动,而是当某种情绪不断地被人"感受"到时,越来越多的人便有了"共情"。哈佛大学法学教授和互联网与社会研究专家尤查·本科勒在他的著作《企鹅与怪兽》中肯定了共情的地位,他认为,共情在所有的社会行为方式上都发挥着重要作用。

当然,这些社会行为也包括合作、营销、商业等领域。更重要的是,如今我们可以在诸多热点舆论传播现象中找到"共情"的影子。那么,"共情"在群体传播中究竟能发挥什么样的作用呢?

上面我们所说的共情都发生在个人生活范围内,这种共情传染的范围也仅限于身边的亲人和挚友。但是,共情也能够在社交媒体上发生,社交媒体甚至会把共情的传染范围放大。

当我们在自己的社交媒体圈子范围内看到了分享的内容,并感受到了内容中的某种情绪,我们会设身处地把自己的感情也投入到内容设置的情景中,似乎内容中蕴含的欢乐也能勾起自己的欢乐,内容所表现的痛苦也能引发自己的痛苦。

我们可以通过数据梳理和分析来展现"共情"在引起群体共鸣和传播方面的作用。我们对知微事见历史博物馆公开数据进行了深度整理,事见历史博物馆从微博、微信和网络上提取到的数据显示,在 2015 年 6 月至 2016 年 6 月发生的有较大影响力的(影响力指数在 80 分以上)社会舆论传播事件约有 10 起,如表

---

① [美]尤查·本科勒. 企鹅与怪兽——互联网时代的合作、共享与创新模式[M].简学译. 杭州:浙江人民出版社,2013:83.

5.1 所示。表中分别梳理了在这些热点事件传播中热议用户中的性别比例构成情况以及各起热点事件中的情绪传染物，即热议事件传播中出现的高频词。

表 5.1　2015.6—2016.6 十大热点舆论事件

热点舆论事件及热点传播时间	事件性质	事件影响力指数	热议用户群中男性比例（%）	热议用户群中女性比例（%）	事件高频词（正面和负面）
2015 高考（2015.6.4—6.13）	综合类	94.2	72.18	27.82	进行/参加/幸福没有/问题/错过
北京 PM2.5 爆表（2015.11.27—12.17）	综合类	87.9	77.81	22.19	合作/改善/建设污染/严重/困扰/禁令
2015 年高考分数线（2015.6.22—6.30）	综合类	86.5	75.46	24.54	学习/希望/能力/发展问题/不知道/担心/困难
和颐酒店女生遇袭事件（2016.4.4—4.16）	社会时事	85	63.71	36.29	保护/感谢/留意/安全陌生/袭击/遭遇/隐藏
魏则西事件（2016.5.1—5.17）	社会时事	84.3	85.32	14.68	卫生/改革/群情激愤造假/去世/搜索/腐败
2016 年全国高考（2016.6.1—6.15）	综合类	83.9	73.25	26.75	创新/改革/梦想感觉不到/自杀/紧张
2016 年央视 3·15 晚会（2016.3.13—3.22）	综合类	82.1	81.27	18.73	免费/安全/负责问题/投诉/虚假
人大硕士雷洋"涉嫌嫖娼"被控制后身亡（2016.5.9—5.23）	社会时事	81.4	89.7	10.3	坚决/平安/尊重死亡/暴力/绑架/违规绑架/质疑
内地游客在港疑因购物纠纷被打死（2015.10.19—10.24）	社会时事	81.4	83.09	16.91	保释/调停/承认打死/被打/殴打/围殴
网友吐槽 12306 验证码（2015.12.4—12.17）	综合类	80.8	71.91	28.09	成功/正确的/温馨痛苦/异常的/困难

　　我们对这十大热点舆论事件进行了大致的性质划分和归类,主要分为两大类:综合类事件和社会时事类事件。综合类事件主要指事件本身并无正面和负面之分,也无明显的情绪倾向。而社会时事类事件主要指,社会上发生的重大事件并且引发了较强的舆论,事件本身带有一定的情绪倾向。而在事件高频词中,我们过滤掉一些无意义的中性词,选择了带有情绪或情感意义的词语。

　　从这张表的数据中可以看出,在热点舆论事件中,整体上男性比女性会更多地参与热点话题的讨论。当然,这跟互联网男女用户的比例也有一定关系,第37次《中国互联网络发展状况调查报告》的数据显示,中国网民男女比例为53.6∶46.4,所以整体上男性用户数量高于女性用户。而企鹅智酷在2016年3月发布的《2016微信数据化报告》的数据显示,在所有6.97亿微信用户中,男性占近7成,男女比例约为2∶1,男性用户明显偏多。而表5.1中数据是根据微博、微信和网络上的讨论来统计的,因此在热点舆论讨论中男性用户多于女性用户也在一定程度上反映出互联网用户性别比例情况。

　　我们可以看到,在综合类事件的舆论传播中,参与话题传播和讨论的男性和女性的比例大约在2∶1~3∶1。但在带有较强情绪属性的社会时事类事件中,参与讨论传播的男女用户比例却发生了明显的变化。

　　在"人大硕士雷洋致死案""魏则西事件""内地游客在港致死案"中,参与讨论传播的男性用户大大超过女性用户,男女比例约为6.7∶1。这说明,这些事件更容易被男性用户"筛选"出来,进入男性用户的感受范围内,从而引发他们更多的关注和讨论。在这三起事件传播中出现的高频词里,有关"死亡"和"暴力"的词语多次出现,男性对这些词语更为敏感,这些词语也较容易引发男性用户的"愤怒"情绪出现。男性相比女性而言,对这些事件产生了更多的"共情",而"共情"则会引发行为,比如讨论、评论、撰文、分享和转发等。

　　愤怒情绪会夹杂在话题讨论的内容中,这些带有明显情绪倾向的信息内容会沿着社交关系链条(更确切地说是弱关系链条)传播出去,情绪也就这样沿着网络关系传染出去,所到之处便会掀起情绪波浪,"共情"又带来更多的讨论和传播,依次类推下去,就像滚雪球一样。

这些情绪的影响力早已打破了强关系链条，难以抑制地、强劲有力地沿着弱关系链条传播到更多圈子中，这些情绪的影响力当然会慢慢锐减，但锐减是在热点被推至顶峰后慢慢进行的，而并非像尼古拉斯所说在强关系圈子范围外就消失了。

比如，在"魏则西事件"中，"愤怒"情绪起初集中在百度搜索身上，舆论也向这个话题开火，而即便后期舆论方向转移至"对医院的惩处"上来，但这股愤怒情绪并未消失，不停地在传染，直至热点结束。

与上述事件形成鲜明对比的则是"和颐酒店女生遇袭事件"。该事件在社交媒体上掀起了巨大的舆论浪潮，甚至成为 2016 年热点事件传播中的典型案例。在该事件舆论传播中，男女比例约为 1.8：1，女性用户参与讨论传播的比例是所有热点事件中最高的，达到了 36.29％，并且远远高于另外三起社会时事类事件中的女性比例（15％左右）。

这说明，该事件的确引起了女性用户较强程度的"共情"。高频词"保护""安全""袭击""遭遇"等则携带着"担忧"和"愤怒"的情绪，我们在前面章节对该事件的热点传播分析中也看出，舆论方向起初集中在女生遇袭事件的愤怒上，之后舆论则向着"女生如何自救和自保"的安全方向转变。舆论中的这些情绪传染物就像大火一样，蔓延到越来越大的范围，引起更多女性用户的"共情"，继而刺激更多女性用户加入讨论与传播的队伍，比如更多女性用户会转发有关该事件的文章、新闻信息或内容。

为何同样是社会时事类事件，热议群体中的男女比例差别如此之大？这就跟事件性质有关了。除去互联网上男性用户数量多于女性用户以及男性用户相比女性更爱参与热点话题讨论的因素，事件更能引起男性用户的"共情"还是更能引起女性用户的"共情"则决定了不同性别的用户群体参与讨论传播的规模和数量。

也就是说，事件性质的不同在引起不同性别用户群体"共情"方面的作用也不一样。在"魏则西事件""人大硕士雷洋案""内地游客致死案"中，男性更容易对事件产生共情，因此男性更容易传播与这些事件有关的信息内容。而"和颐酒店女生遇袭事件"更能引起女性的共情,所以女性用户打破常规比例,在该事件的讨论传播中贡献了较大力量。

我们还可以在许多微信、微博等社交媒体热点事件中看到"共情"的影子。它十分隐蔽,但却是激发情绪、引起携带情绪的信息被广泛传播的助推器。

比如在网红经济中提到的年轻人对新生代网红的认同和追捧,也可以算是一种"共情"。年轻人似乎身在其中,他们能够强烈地感受到网红表达的风格、观点以及塑造的东西,这些好像就是他们想要表达和释放的,所以他们愿意传播相关的信息和内容。

我们可以看到,尽管强关系和弱关系之间存在天然的屏障,不太容易互相转化,尽管多数情况下强关系圈子只讨论身边生活和个人情绪,弱关系只传播外部的多元信息,但是,有一个东西却能在某些时候将强关系和弱关系的界限打破,让某种情绪伴随内容自由流淌,那就是共情。

三、 内容共情如何刺激社交媒体热点爆发?

当一个事件能够在社交媒体上引起大量的共情时,就能够在社交媒体上打通强关系和弱关系间的渠道,引起情绪的连锁反应,从而引发更多群体的信息传播行为。

在神经科学家的实验中,共情是人体的本能反应,甚至我们都意识不到,通过生物学测验才能看到。但是,共情却经常通过某种"情绪"被体现出来,比如同情、怜悯、欢乐、喜悦、愤怒、有趣等。

共情和情绪其实像双胞胎,形影不离,甚至有时难以区分到底是共情在先情绪在后,还是情绪在先共情在后。比如,在观看电影时,我们会因其中的某个感人情节而感动流泪。这时,其实是共情在先的,我们先感受到了电影中人物所感受到的东西,然后我们便产生了感动、心痛、伤感等情绪,这种情绪的产生紧接着会引发我们的后续行为,比如哭泣,比如与周围的人分享电影心得,或随手写下观后感在社交媒体上分享。这一系列过程可能非常短，让我们难以察觉。

再比如，我们在阅读社交媒体上的某篇文章或某些内容时，可能会先被内容中表达的情感"击中"，或者被内容中传达的"思想"所震撼，这个过程中似乎是情绪在先的，当情绪笼罩我们时，我们便认为"这些话很有道理""这些想法就是我所想的"，或者深深地认同内容创作者，共情便由此产生。

然而，这样的共情未必能够持久，可能在当时看到的内容所创造的情景下产生了共情，过一些时日未必能够再对这些内容产生共情。但是，过段时间之后你是否会产生共情已不再重要，重要的是，在社交媒体看到某篇文章或某些内容的那一刻产生的强烈共情，会很快引发传播行为。

比如，在一年前看某部电影时，会被某个情节感动流泪，不能自已，甚至与别人分享了情感炽烈的影评。而一年后，你再看同样一部电影时，可能就没有什么感觉了。

比如，在"和颐酒店女生遇袭事件"发生时，看到微博、微信上扑面而来的相关内容，你可能会被迅速卷入愤怒和对女性安全的担忧之中，这种共情会促使你立即加入讨论和热议的队伍，并转发分享相关内容，你认为自己有责任做一点什么来避免类似事情再次发生，所以在这个阶段加入传播队伍的意愿非常强烈。这时，你可能并不会思考太多，也不会去想应不应该分享转发，就已经做出了向他人传播的行为。

但一个月之后，当重新查看自己分享和转发的内容时，可能就不会有什么强烈的感觉了，甚至还会怀疑，为什么当时会分享这些内容。这些内容似乎还存在很多疑点，也并不客观、理性。但这些已经无关紧要了。重要的是，在当时的共情环境下，你难以克制地做出了"要分享出去"的选择。

所以，共情在社交媒体上引发传播行为方面，非常具有即时性和场景化的特点。即时性可以这样理解：共情产生时，会很快引发行为的产生，比如分享传播行为。场景化可以这样理解：社交媒体上群体的大量共情是在特定的语言环境下或特定的舆论场中产生的。比如在"和颐酒店女生遇袭事件"的舆论传播中，微博和微信上处处是关于该事件的讨论文章或内容，大量舆论内容会将社交媒体上用户的注意力迅速拉向该事件,用户置身其中,被该事件的讨论所包围,被舆论环境营造出的较强情绪氛围环绕。就好像舞台、灯光、配乐、演员、观众都已到位,你已完全融入这种戏剧场景之中。

其实,社交媒体上许多事件之所以会成为热议事件,跟特定时间在特定的舆论磁场中产生的群体共情有一定的关系。

腾讯网企鹅智酷在 2016 年年初发布的"微信"影响力报告的数据显示,有48.8％的人在微信朋友圈转发文章是因为他们认为文章有价值,其次是文章有趣以及会引发用户的情感触动也是促成用户转发分享文章的重要因素,两者比例分别占到 39.2％和 38.6％。[①] 这在一定程度上说明,在社交媒体上分享的内容能够引发人们共情是引起人们传播该内容的关键点。

这可以从另一个层面解释,为什么热点事件的传播往往发生得异常快速且来势汹汹,但传播周期却比较短,也容易消退。不得不说,这跟共情的即时性和场景化有关联。

四、 善用共情,打开营销传播大门

当然,上面的观点和规律总结是基于对以往热点事件传播现象的跟踪研究和剖析得到的,但这些仍然不能全面地说明,人们对信息内容产生共情真的能影响后续的传播吗? 事实是否真的是这样呢?

我们希望从用户的角度出发来研究核实:究竟是什么力量操控着用户的情绪? 又是什么力量左右着舆论? 在刺激社交媒体用户传播信息内容方面,共情究竟发挥着什么样的作用?

---

① 企鹅智库.中国信息通信研究院产业与规划研究所."微信"影响力报告[EB/OL].
(2016-03-21)[2017-12-20]http：//tech.qq.com/a/20160321/007049.htm＃P＝32.

共情产生的过程：情绪感染＋观点采择

虽然上面我们一直在讨论共情的问题，但很有必要再次明确一下，什么才是共情，人们对外界事物产生共情的条件和路径是什么。只有先搞清楚共情究竟在什么情况下会发生，我们才会更清晰地去回答和解释上面提出的这些问题，并且，才能更好地利用"共情"去做传播。

共情属于心理学范畴。1909 年，爱德华·铁钦纳（Edward Titchener）首次提出系统的共情理论，共情是在区分自我和他人的基础上对他人情绪的体验和理解。现有的研究表明，共情的心理加工过程包括"自下而上"和"自上而下"的加工过程。

"自下而上"是指，外界各种刺激会激发自身的情绪和感知的体验，是一种无意识的状态。比如，婴儿会因为其他同伴的哭闹而号啕大哭，观众们会为感人或感伤的电视、电影情节潸然泪下。共情是与他人情绪的分享，这种情绪分享是不由自主地产生的，人没办法随意控制共情的发生和强度。自下而上的共情过程要经过两个阶段：第一个阶段是情绪的感染，第二个阶段是在情绪感染的基础上形成的有意识的情绪分享。

而"自上而下"是指，各种认知因素对共情也有调节作用，也就是说，共情的产生也会受到我们对外界认知的影响。现有的研究表明，人们不直接观察他人，而只要刻意去采纳他人观点或去想象他人的感受同样能产生强烈的情绪共鸣，这是一个自上而下的过程。①

比如，如果你看到一篇文章后，觉得作者说得很对时，你会有什么反应？你有可能会沉浸在文章当中，可能有更多思考，可能还会用文章中的观点来衡量自己的经历，这种情况下，你其实已经和作者产生了共鸣。

---

① Jackson P, Brunet E, Meltzoff A, et al. Empathy examined through the neural mechanisms involved in imagining how I feel versus how you feel pain[J]. *Neuropsychologia*, 2006,44：752－761.

了解共情产生的过程,对于我们探索共情在刺激社交媒体内容传播中到底是如何发挥作用的,有非常重要的启发意义。

为了更细致地说明和核实上面这些问题,我们在 2017 年对使用微信并发朋友圈消息的微信用户进行了深入的数据调查研究。① 这次研究希望考察:用户在什么情况下才能对社交媒体上的信息内容产生共情呢?用户对内容产生共情后,接下来会做什么?会再次转发传播这些信息内容吗?

所以,此次研究对用户的共情进行了界定:(1)"自下而上"的共情过程主要是指,用户感知到信息内容中隐藏的情绪或情感后,会无意识地受到内容中情绪或情感的感染;(2)"自上而下"的共情过程主要是指,用户对信息内容的观点表示认同时,会产生共鸣。

研究结果一方面证实了我们前面总结出的观点,另一方面也带来许多有趣的发现和营销启示。此次调查形成的《2017 社交媒体内容传播规律研究报告》已联合钛媒体公开发布,以下相关数据均来自该报告。

1. 如何刺激用户打开查看信息内容?

通常情况下,用户看到并且阅读一篇文章内容时,才有可能产生情绪或观点上的共鸣。不过,如果用户最开始没有打开查看这篇文章,就不存在后面的"共情"了。

所以,我们要想了解用户对文章内容的分享转发行为和原因,必须先搞清楚:用户最初为什么会打开某些文章?是什么因素在起作用?

数据显示,当用户通过标题感觉到这篇文章"是我关注的内容"(相关性,占比 68.5%)、"标题很吸引人"(标题吸引性占比 49.2%)、"用户看到他人转发文章

①　青岛理工大学新媒体传播研究所在 2017 年进行了"社交媒体内容传播规律研究项目",本次研究参照腾讯公布的 2016 年微信用户数据报告中用户性别、年龄的实际构成进行样本配比,在此基础上对使用微信的用户进行随机抽样。最终有效样本量 1500 个,男女比例约 2:1,其中 20~39 岁年轻用户占比约 80%。

时写的评论"时(48.8%)，用户最有可能点开查看文章。这是促使微信用户打开查看朋友圈文章的三大因素。

这些数据告诉我们，标题让人感受到的相关性、标题的吸引力、普通用户转发文章时写的评论语，就像"闸门"一样，在很大程度上决定了用户是否会查看文章内容。

尤其需要注意的是，用户转发文章时附加的评论就好像"推销员"或"推荐语"，是对文章内容的评价、总结甚至批判。其他用户可以从这些"推荐语"中来大致判断"这是否是我感兴趣或关注的内容"。也就是说，你在朋友圈转发某篇文章时，附带写上一些评论，就会增大这篇文章被朋友圈其他用户点开查看甚至再次传播的可能性。

2. 用户感知到信息内容中隐含的情绪后是否会受到感染？

当用户打开并阅读社交媒体上的一篇文章后，会发生什么呢？这个过程发生的心理反应，才是决定用户会不会转发传播这篇文章的关键。

所以，在此次研究中，我们首先考察了两个问题：

（1）通常情况下，微信用户能否感受到一篇文章中所蕴含的情绪或情感？

（2）如果微信用户有能力感受到，那么是否会被这些情绪或情感所感染？

研究结果显示，当受访用户在朋友圈看到一篇文章时，大多数人（81%）都能感受到文章中传递的喜怒哀乐等情绪或情感。整体上看，微信用户感知文章中情绪或情感的程度较高，态度均值达到 4.0（态度程度从 1~5，1 代表程度最低，5 代表程度最高，以下同理）。

当用户感知到信息内容中的情绪或情感时，73.2% 的人通常会受到这种情绪或情感的感染。整体上看，当微信用户感知到信息内容中的情绪或情感时，他们受这种情绪或情感感染的程度也比较高，态度均值为 3.89。

这说明，大多数微信用户都具有感知信息内容中隐含的情绪或情感的能力。并且，多数用户会被信息内容中隐含的情绪或情感"传染物"感染。

这个过程发生在社交媒体信息内容传播过程中,微信用户接触到这些含有"饱满"情绪或情感的信息内容后,"自下而上"的共情便会产生。

3. 用户受信息内容中的情绪感染后会怎样?

在前面的梳理和观点总结里,我们一直认为,社交媒体上的用户会被情绪左右,如果他们对含有情绪的信息内容产生共情,那么很可能会继续传播这些内容。

事实是否是这样呢?

既然我们已经在此次研究的数据中发现,多数微信用户会受到信息内容中的情绪感染,从而产生共情,那么,接下来这些对信息内容产生共情的用户会怎么做呢? 这是我们非常关心的问题。

研究结果进一步显示,72.6%的受访用户受到文章情绪感染后,往往也希望通过转发这篇文章来表达自己的情绪,他们转发传播该篇文章的意愿程度较高,态度均值达到 3.91。

这个结果就初步证明了前面观点的合理性。当用户被信息内容中的情绪感染(左右)时,他们很愿意继续传播这些信息内容。

4. 被情绪强烈感染时,"冲动分享"立即产生

然而,仅仅有较强的转发意愿是不够的。有了意愿,原则上会带来后续的转发行为,但是否会真的带来"实际的转发行为"呢?

于是,我们在研究中加强了测量力度。当用户被信息内容中情绪或情感所感染的程度增加时,用户又会怎样?

研究结果显示,当被文章中传递的情绪或情感强烈感染时,76.9%的用户明确表示"他们会很快转发这篇文章"。并且,用户立即做出转发行为的程度非常高,态度均值达到 4.01。

所以,一旦用户受到情绪感染而产生共情时,对用户分享转发信息的意愿和

分享转发信息的实际行为都会产生强烈的刺激。受情绪感染的程度越高，越能刺激用户对信息内容继续转发分享的"冲动"。

因为用户只有转发传播了，才能进一步发泄或者表达自己的情绪。此时，被调动起来的情绪或情感才能找到一个释放的"出口"，而"转发或分享"，最有可能成为这个"出口"。

5. 情绪如何随着内容扩散？ 热点如何形成？

为了说明这一点，我们进一步深入探究：用户分享转发信息的时候，究竟有什么样的心理反应？用户分享转发信息时，希望做什么？

数据显示，受访微信用户在转发某篇文章时，有38.4％的人经常会附带写一些评论，55.6％的人偶尔会附带写评论，6％的人从不写评论。这说明，超过90％的用户在微信上转发文章时，会写评论。

其实，当人们决定转发某篇文章时，可以有两种选择，一种是直接转发，另一种则是转发时写点评论。那么，为什么这么多用户选择了"转发时写评论"？

研究结果发现，用户在转发文章时写评论主要有四大原因："想表达对文章更多的见解"（47.4％），"表明对文章内容的认同"（46.2％），"被文章情绪或情感传染，所以转发时写点儿评论释放情绪"（45％），"想推荐这篇文章，希望别人也能打开看看"（34.4％）。

所以，当用户被文章情绪感染时，不仅会引发用户强烈的传播意愿和实际的传播行为，而且还会最大限度地促使用户在传播时"写评论"。用户通过转发时"写评论"达到释放情绪、表达认同等目的。

而前面的数据显示，这些"评论"又会很大程度地吸引其他用户"点击查看"信息内容。接下来其他用户很可能再次被信息内容中的情绪感染而产生共情，从而其他用户再次转发这些信息内容，他们转发时"写评论"又会再次释放情绪。这些带有一定情绪色彩的评论性文字会进一步刺激和吸引更多圈子用户点击查看信息内容，为信息的再次传播提供机会。

这就形成了情绪和信息内容互相交织着向外扩散传播的过程,这个过程推动着信息热度走向高峰,热点事件也因此产生。

所以,在一些新闻事件发生时,那些带有强烈情绪情感偏向的文章传播得非常快,甚至会成为热点爆文。在这些热点爆文中,表面上看似是文章在传播,其实是情绪在扩散,而情绪的扩散又反过来会加速文章内容的传播,形成了一条缠绕向上的麻花线(如图 5.1 所示)。

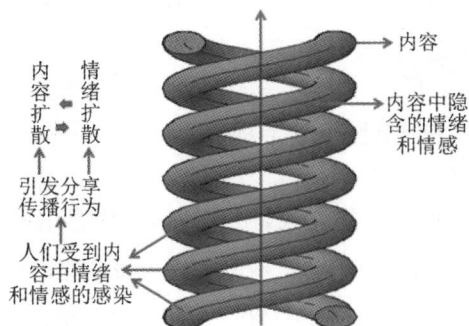

图 5.1　热点事件传播中的内容扩散和情绪扩散

比如,"和颐酒店女生遇袭事件""魏则西事件""雷洋案"这些典型的热点事件都曾一度刷爆朋友圈。为什么它们会成为热点事件被广泛传播?

正如我们前面分析的那样,在事件发生后,与这些事件有关的大量评论性文章中充斥着强烈的情绪,比如愤怒、担忧、喜悦、悲悯等,这些"情绪饱满"的文章往往在这个时间段获得的传播量都比较大。这些"带有情绪"的文章在推动这些事件成为热点话题传播方面上功不可没。

6. 信息和情绪扩散传播的四大关键点

在信息内容和情绪的传播扩散过程中,我们发现几个关键点:

(1)"饱含情绪"的信息内容是基础;

(2)用户受情绪感染产生的共情就是信息传播的促发机制;

（3）用户因共情而产生的"分享转发"就是信息传播和情绪释放的关键出口；

（4）用户"分享转发时附加评论"一方面可以释放情绪，另一方面会对信息内容有很强的"推荐"作用。

所以我们认为，用户在朋友圈转发文章时"附加评论"的行为非常重要。这也给信息的营销传播带来重要启示：如何借助行业内舆论领袖和优质用户的力量，鼓励他们在分享"特定信息"（比如营销信息）时"附加写评论"？发挥这个环节的作用，对"特定信息"到达"特定用户"有切实的帮助。

7. "观点采择"同样刺激信息传播

通过前面的数据研究我们发现，用户被信息内容中的情绪感染，就会产生"自下而上"的共情，共情的产生就会引发情绪色彩浓厚的信息内容被广泛传播。

不过，用户并非只会一味地受情绪左右。我们认为，用户对信息内容中的观点表示认同时，就会产生共鸣，"自上而下"的共情过程就发生了，这同样会推动用户对信息内容的传播。

于是，我们继续考察了三个问题：

（1）当用户在朋友圈看到某篇文章后，是否有能力识别文章所传达的观点或态度？

（2）当用户对朋友圈某篇文章的观点或态度表示认同时，他们是否会传播该文章？

（3）当用户对朋友圈某篇文章的观点或态度强烈认同时，他们的传播行为又如何？

研究结果显示，74.1％的受访微信用户在朋友圈看到一篇文章时，一般能够把握文章想表达的观点或态度。

当认同一篇文章的观点或态度时，75.4％的人会很想转发这篇文章。整体上看，当用户对文章内容中的观点或态度认同时，用户转发文章的意愿程度较高,态度均值达到 3.96。

同样地,转发意愿并不等同于用户真的会转发。所以,我们继续加强测量程度和敏感度:如果用户对信息内容的观点或态度认同度不断增强,会发生什么呢?

数据结果最终显示:当用户强烈认同一篇文章的观点或态度时,他们会"很快转发"这篇文章,态度均值高达 4.06。并且,如果用户觉得文章作者说出了自己想说的话时(与作者产生共鸣),也同样会在很大程度上做出"转发文章"的实际行动,态度均值达到 4.03。

这说明,用户因为观点强烈认同而产生共鸣(自上而下的共情过程)后,用户转发传播信息内容的意愿以及实际转发传播行动的程度都非常高。

所以,与情绪的传播过程类似,信息内容中的观点和态度也会交织着信息内容的扩散而被继续扩散传播。

8. 共情如何打通社交媒体信息传播的通路?

通过上述研究可以看到,用户在受到信息内容中情绪或情感的强烈感染时,或者用户对信息内容中的观点或态度强烈认同时,用户"立即转发"信息内容的意愿和实际行为的程度都非常高。

用户通过分享信息内容,释放出自己的情绪,表达出自己的观点或态度,从而影响社交关系链条上其他用户的情绪、态度或观点,使更多用户能够在这个过程中产生共情体验。共情范围的扩大会引起更多用户对信息内容的迅速传播,而情绪、情感、观点等"传染物"会通过用户的信息分享传播继续得到更大范围的扩散。

这个过程的延伸和循环,会促进信息内容的传播广度和传播深度的增加,同时推动信息内容的热度上升。

我们基于前期研究,初步形成了微信朋友圈信息内容传播模式(如图 5.2 所示),通过这张图可以看到共情在社交媒体信息传播中的作用机制。

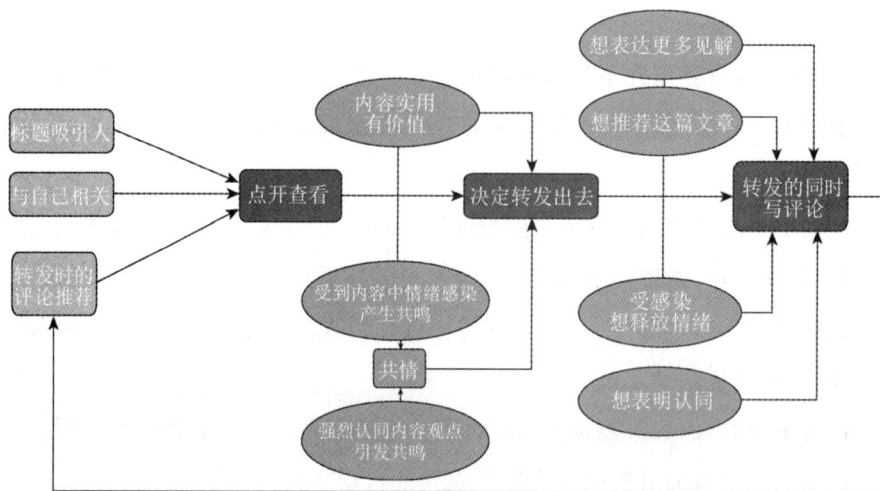

图 5.2　微信朋友圈信息内容传播模式

9. 影响用户分享传播信息的心理：表明立场、显示关注圈、表征身份

我们通过前面的分析可以发现，情绪感染和观点认同是促进信息内容在社交媒体上传播的两条主线。然而，这两者并非相互独立的。

无论是用户受到内容的情绪感染，还是认同内容的观点或态度，一旦在较大程度上达到这两个因素，都会先产生用户与内容或用户与内容生产者之间的"共鸣"，共鸣会使用户比较快地转发信息内容。所以，共情可以引发即时的传播行为，或者叫"冲动分享"。

而当用户转发传播某些内容时，除了"想表达自己的想法"和"释放自己的情绪"之外，还有其他心理存在吗？

74.9%的受访用户明确表示，当他们转发一篇文章到朋友圈时，往往也想向他人表明自己对某个领域的关注。整体上，用户持有这种心理想法的程度较高（态度均值 3.93）。

并且，用户转发文章到朋友圈时，较大程度上也希望向他人表明自己的立场和态度（态度均值 3.94），明确持有这一想法的比例为 74.1%。

另外还有一种心理因素也会在用户转发文章的前后过程中出现。60.1％的用户表示，当他们转发某篇文章到朋友圈时，往往也想表明自己的身份和品位。用户整体上比较认同这样的说法（态度均值为3.69），虽然程度相对前两者稍低，但这仍是一个不可忽视的重要心理。

表明立场、表征自己的身份、显示自己的关注圈（也是一种彰显身份的方式），这三个心理因素其实都会不同程度地影响到用户转发传播文章时的决定。

比如，用户对一篇文章的内容感同身受，产生了强烈共鸣，虽然十分想转发这篇文章到朋友圈以表明自己对这件事的看法，但可能会考虑到自己在朋友圈的身份不适合分享这类内容，或者分享此类内容"有失自己的品位"，于是会"忍住"不转发。

这时，用户会在共情引起的"冲动分享"和"表征身份"之间进行权衡，如果共鸣的刺激足够强烈，那么就会冲破身份和品位的心理约束，选择转发分享。如果对信息内容产生共情的程度强烈，并且转发也不失身份、无伤大雅的话，那么用户会顺理成章地转发文章。

当然，如果用户对文章内容已经产生共情，再加上用户又十分想"表明自己的立场和态度"，那么这就会加快用户做出转发决定和转发行为。

从另一角度来说，用户在朋友圈分享内容时，一定程度上会不自觉地在"别人如何看自己"和"我如何更好地显示自己"的"束缚"下行事。

共情的产生以及共情在社交媒体上引发的传播行为，不仅仅体现在舆论传播事件中，而且体现在营销传播案例中。共情在这些案例中的运用，给我们带来不少营销启示。

10. 共情在众筹产品中的运用

哈佛大学教授、经济学家艾瑞斯·伯纳特（Iris Bohnet）和布鲁诺·弗雷（Bruno Frey）做了一次经典的实验研究。他们招募了A、B两组学生进行实验，起初，两组学生未见面，且彼此不相识。研究人员给A组学生每人发了10美元,然后告诉他们,他们可以将任意数额的钱留给自己,也可以将任意数额的钱装在一个信封中密封好,指定捐献给 B 组某个号码的学生。这个过程完全是匿名的,研究人员也不知道到底 A 组学生每人在信封放了多少钱。结果发现,A 组学生中有 28％的人"一毛不拔",没有捐钱。

之后,研究人员增加了一个环节,他们让 B 组学生都站了起来,让 A 组学生看到究竟是谁打开了自己的信封。研究人员重复刚才的实验,结果发现,A 组学生中"一毛不拔"的比例从 28％下降到 11％,捐献额也从 25％提高到 35％。

紧接着,研究人员将实验进行了人性化的处理。他们告诉 A 组学生有关 B 组学生的一些个人信息,描述了 B 组学生的一些状况,比如专业、业余状况、家庭等。研究人员让 A 组学生再次匿名捐献,惊奇的结果发生了,A 组学生的平均捐献额增加到了 50％,并且 A 组学生中没有人"一毛不拔"了。[①]

这次实验说明,仅仅将捐献对象的信息描述得更多,这样的人性化处理就能提高捐献额。B 组学生的形象在 A 组学生心里变得立体,越了解他们,就更有可能为他们设身处地地着想,也就是说,这样更能够产生共情。

小额贷款网站 Kiva.org 是一个致力于慈善和救助事业的网站。它在富裕国家的贷款人和贫穷国家的小额借贷人之间搭起一座桥梁,贫穷国家的小额借贷人通过这笔资金进一步发展自己的事业。起初在这个环节中,贷款人不知道自己的钱借给了谁,回报也较少。那么,Kiva 是如何激励人们将钱借给生活在遥远国度、永远见不到面的人呢?

Kiva 采用了伯纳特和弗雷的做法,在网站上披露了更多贷款人的个人信息,比如照片、自我简介以及他们打算用钱做什么等。通过这种人性化处理,借款人就可以查看这些资料,并确定把钱借给谁、借多少了。这样的处理方式,让 Kiva 成功地搭建了中间平台。[②]

---

① ［美］尤查·本科勒.企鹅与怪兽——互联网时代的共享及创新模式［M］.简学译.杭州：浙江人民出版社,2013：85。

② ［美］尤查·本科勒.企鹅与怪兽——互联网时代的共享及创新模式［M］.简学译.杭州：浙江人民出版社,2013：87。

同样,仅仅通过披露更多人性化的信息,就足以让人们培育起共情和紧密的人际关系,大大提高人们的参与程度。

如今,一些众筹类的互联网产品就最大限度地发挥了共情的作用。比如,许多众筹平台鼓励个人发起自己的众筹项目:这些项目中,有的是为了完成自己的梦想,比如出版一本自己的书;有的是为了治病救人;有的则是希望发起能够改变人们生活的创业项目;等等。在这些众筹平台上发起项目时,都有一个环节必须好好完成,那就是上传尽可能详细的个人资料,并且最好生动细致地描述你的项目是为了什么,让更多人了解你和你要做的事情。当然,你的故事讲述得越好,你让别人看到你的诚意越大,就越能够吸引别人的关注和资助。

当然,大多数众筹产品还有另外一个很重要的功能设置,那就是希望注册用户将自己发起的项目分享到微博、微信等社交平台,通过社交关系的传播,让更多人了解众筹项目,这样就有可能得到更多的资金支持。

所以,你在众筹项目发起中披露的信息越多,越有故事性,就越能够引发他人的共情,从而得到资助。而当你将项目链接分享到社交媒体上时,这些信息的详略程度也会决定社交媒体圈子中关系(朋友)的共情程度。如果你的分享能引发圈子中朋友的共情,那么朋友分享转发的可能性就越大,即便分享转发者并没有给予资金上的支持,但他们的分享转发却有可能带来更多社交关系圈子的共情,当共情的范围逐渐扩大时,可能的资金支持也会变多。我们在微信上看到一些关于治病救人的众筹项目,一般都会有发起人的详细身份信息,这些信息可以帮助他们建立更多的信任关系,促进足够多的共情产生。

11. 如何写出"让人共情"的内容

我们在第三章已经讲过,内容营销将是未来圈子营销的重要方向。内容营销的初级目的首先是将内容传播出去,获得更大量的传播,在这个基础上获取粉丝用户,然后稳固粉丝用户,慢慢提升运营者的品牌影响力,最终达成营销目的。

所以,内容营销中的核心是内容,而内容是否能引起用户的共情,则是决定他们是否会传播内容的关键因素。既然共情在内容传播中如此重要，那么，我们如何才能写出让人产生"共情"的内容呢？如何才能写出能感染人并且让人认同的内容呢？

要与用户达到共情的前提是，你说出了他们想表达的话，传递了他们认同的观点和态度，抒发了他们心中的愤懑，他们通过阅读你的内容获得内心的畅快，认为"你理解他们"。一旦达成这些，他们会毫不犹豫地给你带来回报——把你的内容"宣扬"（传播）出去。

当然，这是内容营销传播的一种理想状况，我们只能朝这样的目标努力，但不是所有内容运营者都会成功，都能够生产出广泛传播的内容。因为，内容运营者多数都是按照自己的方式和视角来写内容的，所以，写出的内容未必会讨目标用户喜欢，如果达不到这种效果，那用户自然也没有意愿要转发传播。另外，内容定位决定了内容账号的基调和目标用户的组成，比如，定位在某垂直领域那么用户总体数量必然有限，内容的传播量也会受到限制，像科技领域的文章在微信上的阅读和转发量必然不如大众娱乐类的文章表现好，能够在科技圈内被广泛传播就已经很不错了。

但是，我们却可以在不改变内容定位的前提下，换个方式以达到更多的共情。比如，站在目标用户的视角和心境思考问题，将你的价值观、理念、态度，用他们能够理解、能够动容、能够想象的语言或场景表达出来。当他们看到这些内容时，便会感受到你感觉到的和你所传达的，会建立起与你之间的信任关系，共情便能够产生。正如前面所说，共情产生时可以很快引发社交媒体上信息传播的连锁反应。

以微信上阅读量达到 300 万以上的文章《致贱人：我凭什么要帮你?!》为例，无论这篇传播热文是否有幕后策划专门打造，我们只分析它的内容为什么会赢得大量用户的转发传播。

在这篇仅有 2000 字左右的短文中，作者设置了 8 种生活中"别人理直气壮要求你帮忙还理所应当"的场景，每段场景都以简短有力的话来开场，并迅速搭建场景。比如"以前微博上有个人……""最近还有些人找我帮忙，态度特嚣张……""我跟一个有钱朋友说起这事,她也来气……""总有些人会利用你的专业来找你做各种事……""我一个朋友在欧洲留学……""有一次同事去看电影……""总有人说,让你写个稿子、让个位子、买个东西、借点钱,这点忙你都不能帮……"

作者构建的这些场景可能许多人在生活中都曾遇到过,这些开场快速引领读者进入这种生活场景中,并与自身遇到过的情况对号入座。然后,作者通过简单的场景描述,用情绪化的语言,将作者的处理方法和爱憎分明的态度表达出来。比如,在每个场景中,都会用反问的语句,表达"凭什么要帮你"的质疑;并且,在每个场景最后,都会用鲜明的情感词,表达对那些"理直气壮要你帮忙还认为理所应当的人"的愤怒。

作者将鲜明的态度和愤怒的情绪贯穿在短短的文字中,对情绪点的拿捏很精准,对读者的内心世界洞察得很清晰。作者说出了读者想说的话,读者平时面对此类情况难以回绝的不爽快通过作者的内容得到了释放。

因此,用户在看到这篇内容时,能够感受到强烈的态度和情绪,并且用户对这种态度和情绪感同身受,对类似情况深表理解和认同。他们在阅读过程中达到了共情,于是情绪被调动起来,他们迫不及待地自发传播该文章,在分享和传播到圈子中时,其实每个用户都是借助这篇文章表达自己的态度和情绪,而这种态度和情绪就是作者在文中表达的。共情的人越多,带有态度和情绪的内容传播的范围越大。无论强关系还是弱关系,人们已被内容中贯穿的态度和情绪所俘获。他们立即以行动(分享转发)来回应这种共情,来表达和抒发自己的立场。

虽然作者咪蒙在微博上已经拥有不少粉丝,但此次通过这篇微信公众号文章,迅速在微信上得到大量关注,粉丝量暴增,也让她迅速走红。这对以内容创业为主的自媒体人来说,无疑是一次成功的营销事件。

纵观微信上动辄阅读量上百万的传播热文(爆款文章),一方面多与热点沾边,另一方面,多数内容都贯穿着一定的情绪倾向和鲜明的态度,对用户口味的把握似乎也很到位,这些情绪"传染物"会打通社交媒体连接关系,四处"传染",引发越来越多的共情,继而引发越来越多的传播行为。

这些文章往往会成就内容创作者，使他们迅速受到关注，脱颖而出，甚至成为自媒体运营专家，获得资本青睐。比如，2016 年 6 月中旬，"王石和万科危机事件"成为热点舆论。借着热点的东风，不少微信公众账号都写了与该事件有关的文章，获取了较高的阅读量和关注度，大大提升了自身微信公众号的知名度。

新榜的数据监测平台在 2016 年的 6 月 4 日至 7 月 4 日监测到的数据显示，这期间有 7262 个微信公众号发布了与王石有关的文章，阅读数在 10 万次以上的文章共 148 篇。然而，这些数据都不如一只"独角兽"亮眼。名为"兽楼处"的微信公众号，在 6 月 24 日借"王石出局契机"正式推出第一篇文章《再见，王石，你输在不够狠》，这篇文章让该公众号一炮打响，迅速蹿红。从 6 月 24 日 9 点文章发出到次日 12 点 30 分，该文章掀起一场浩大的传播浪潮，阅读数突破100 万。①

对于普通读者用户来说，他们并不知道事情真正的前因和后果，但他们凭借以往的媒体报道，对王石这样的公众人物有大致的感性认识：这个人曾经白手起家创立知名地产品牌，是个教科书级的英雄人物。然而，如今他因资本和各方权利角逐而被"逼退"，却没有一点回转之力，令人惋惜和悲哀。这可能是人们在该事件中，对王石这个角色所给予的情感、看法和态度。

因此，当大量与王石有关的讨论文章出现时，人们希望从中获取更多的细节，希望了解与他有关的各路八卦。而《再见，王石，你输在不够狠》一文将王石描绘成一个即将谢幕的悲情式英雄，充满了无奈和惋惜，也有冷静分析，并且作者在标题和正文中都表达了自己明确的态度和观点："输在手段不够狠"。这样的情绪、观点和态度正契合了人们在万科事件中对王石这个角色的看法，"不够狠"饱含了对曾经的英雄式人物的惋惜、无奈、怜悯和些许抱怨。

所以，文中流露出的情绪能够切中众多用户的情绪点，文中的态度也是他们认同的，众多读者用户对此产生共情，他们希望通过转发这样一篇明确态度的文

---

① 耿牧风.7 小时突破 120 万！"田朴珺撩汉往事"手把手教你"复制"爆款文章［EB/OL].(2016-07-05)［2017-10-22]http：//news.newseed.cn/p/1325459.

章传达出自己的看法和情绪倾向。

7月4日，该公众号借着该事件的余温，推出该公众号的第三篇文章《田朴珺撩汉往事，世界被走野路子的女人抢走》。通过第一篇文章，该公众号已经积累了大量粉丝，在此基础上，这篇八卦文章也在推出后不到6小时的时间里，不费吹灰之力，阅读量迅速突破120万。① 至此，该公众号已经成功地树立了"品牌"。

与其说王石和万科事件是一桩社交媒体上的热点传播事件，倒不如说这是一次众多内容创作者的欢乐节日，他们通过自己的微信公号成功地进行了一次内容营销传播，成就了自己，从"爆款"内容中迅速获得关注和名利。

再如微信公众号"新世相"在2016年7月8日发表的《我买好了30张机票在机场等你：4小时逃离北上广》一文引发了大量传播，在几个小时内，微信阅读量破百万，微信公众号后台留言达到8万多条，刷爆微信朋友圈，并且在微博上的话题阅读量也破千万。

该文是"新世相"针对航班管家进行的内容营销，该营销文章给航班管家所带来的营销效果我们不得而知，但最终让"新世相"赢得众多赞誉，并将其推向内容创作独角兽的行列。在此次内容营销事件之后，有媒体在采访新世相创始人张伟后做出这样的评价："新世相"能如此成功地引起如此大规模人群转发、参与，凭借的是精神性的内容。精神性的内容不是平面的东西，它可以引导集体行为；精神属性的东西，可以影响一个很广大的群体，甚至"可以改变潮水的流向"。在调动用户精神层面的共鸣方面，"新世相"的确是高手，而这其实就是一种能够让大量群体对其内容产生共情的能力。

"新世相"的内容经常植入人们生活中不同的生活场景，不停地触及人们在生活中都会碰到的共性问题，比如困惑、情感、焦虑等。因此，这些内容就会被人们需要并被记住，当内容不停地触及不同角度的生活场景时，这些内容就会反复

① 耿牧风.7小时突破120万！"田朴珺撩汉往事"手把手教你"复制"爆款文章［EB/OL］.(2016-07-05)［2017-10-22］http：//news.newseed.cn/p/1325459.

不停地被人们需要。人们在对这些内容产生共情的过程中，也解决了自己内心、生活甚至情感上的问题，人们对内容生产者越来越信赖，甚至是依赖。

除了跟踪观察这些内容生产者之外，我们也对其他定位在某领域的内容账号进行了研究，并通过与这些账号运营者的深度访谈，试图解答这几个方面的问题：他们的内容为何能获得如此多的传播量？当内容具有什么样的属性或特征时，会让用户产生共鸣和分享传播？内容创作者在架构内容时，是如何考量目标用户心理需求的？

"我走路带风"这个微信公众号是我们的研究案例之一，该公众号定位于情感鸡汤类内容，语言风格犀利，观点角度独到，用户群体以95后年轻人居多，其中女性用户占比七成左右，男性用户占比三成左右。从2016年3月份在微信上开通公众号后，短短5个月内，就已创作出90多篇阅读量10万以上的文章，其中有多篇阅读量达到几百万的热门文章，比如《王宝强：我买得起爱马仕，却买不起爱情》《好看的女孩子都自带烧钱属性》《因为你丑，所以别人好看都是整容》《你说的都对，我就是不听》等，粉丝用户增长超过50万，通过内容营销获得的广告收入持续增加。

对于内容创业领域的新进入者，该账号取得的成绩非常耀眼，它的内容能够获得如此大量的阅读和传播，跟内容生产者的写作方式、内容特征以及对用户真实情感心理的把握有密切联系。用内容生产者的话来说，她的用户是"一些思想较为开放，比较个性自我，愿意接受新鲜事物，但有时也比较迷茫的人"。而她写的内容往往能够解答用户心中的疑惑，或者能够让用户在内容中找到他们自己的身影。尽管她的文章有时会引来非议，但她说："我写的就是他心里想的，他转发我的文章其实就是表明他跟我有一样的观点，只不过是我帮他说出来而已。"

她在写作的时候就像演员一样，要进入创作的故事情景中，以故事当事人或看故事的人的角度去感受发生的一切，去体会他们的心境、情绪变化，许多时候她写着写着就已泪流满面而不自知。写完之后，她又要走出来做回自己。有时候，她也会以读者的身份审视文章，看是否能被感动，比较这样写还是那样写效果更好。她的文章虽然带有冷冷的犀利，但往往会让用户有这种感受："我就是这么想的,你写的就是我的心声。"她用沉浸式写作的方式,写出用户想说的话,用户才更能理解这些内容中的情绪和态度,并且受到触动,最终达到深层次的心理共振。这就是该公众号的文章能产生大量阅读和传播的重要原因。

纵观上述内容创作者,他们都有一种特殊技能,那就是十分细腻地揣摩出读者的心思,而且能够用并不华丽但十分精确的语言和逻辑将读者隐匿在心里的想法、情绪说出来,他们似乎都懂得如何通过内容让读者达到"共情",让他们自发地拍手叫好、心悦诚服并主动传播。

当然,分析起来容易,但在内容营销传播中创作出能引发广泛共情的内容实属不易。正如前面分析的,热文是一个相对的概念,因为内容创作者所关注的领域、风格和内容定位都会决定内容传播的范围。

但无论是哪个领域或哪种类型的内容创作者,在以内容营销为核心的社交媒体运营中,最重要的是要明确你的目标用户是谁。

在了解他们是谁的基础上,透彻地分析他们的心理以及对信息的需求。针对他们的心理和信息需求并结合自身的内容定位,创作他们能从中找到共鸣的内容,"共情"才可能产生。前面分析的"石榴婆报告""兽楼处""新世相""我走路带风"等微信公众号的案例,在这些方面都表现不俗。

所以,共情在内容营销传播中发挥的作用不可忽视。广泛的共情不但可以打通强关系和弱关系之间的界限,而且可以迅速引发传播行为的产生,让夹杂着情感、情绪、态度、观点等传染物的内容沿着关系链条大范围扩散下去,最终达到内容营销的目的。

但是,内容营销并非一锤子买卖,单纯追求热点传播也是不现实的。大多时间的内容营销对于内容创作者来说,就像日常的广告一样,应该通过长期输出内容,细水长流地积累目标用户和提升品牌形象及影响力。在这个过程中,借鉴和发挥共情的作用,我们提出以下内容营销传播的建议:

(1)明确你的目标用户是谁,他们的信息需求是什么。

(2)明确你的内容定位是什么,将内容定位和目标用户的信息需求结合考虑。

（3）内容创作前，需先明确你的"传染物"是什么，你想传递什么情绪、情感、观点、态度、思想？这些是能够引发共情的重要东西。

（4）创作传播内容，当然，需要将你确定的"传染物"按照你的行文风格和逻辑完美地镶嵌在文字内容、视频或图片中。

（5）在你的内容定位原则下输出能满足目标用户需求（信息需求、心理需求或情感需求）的内容。

（6）找到第一波舆论领袖，可以较为快速地帮你将带有传染物的内容扩散出去，以便打通社交关系通道，引起更多的共情。他们会加速这个过程。

当然，上述建议并不一定适合所有情况，但值得参考。

五、"共情"会促进社交关系互动

毫无疑问，弱关系及弱关系组成的圈子数量在整个社交媒体上占主要地位，但弱关系之间的互动相比强关系较少。不过，即便是平时很少往来的弱关系，如果看到对方分享的内容能够引起自己的"共鸣"，那么弱关系之间会产生一种"认同感"，认为"他跟自己是一样的想法"，或者他跟自己是一类人"，总之彼此在某处情感上达成了一致。这种一致会促进两者之间的进一步互动。

比如，某些不太熟悉的人因为你发的某些内容而给评论或点赞，那么至少在那一瞬间，你会认为"他理解我的感受"，这样的评论或点赞行为就会让你对对方产生好感及一定的亲近感。如果下次看到对方发的朋友圈消息你也认同的话，很有可能会打破之前因为不熟悉而不互动的羞涩，积极主动地为对方点赞或评论。

如果此时，对方也能像我一样，感受到"我对他的理解"，可能也会产生"亲近感"。如此的双向"共情"产生的互动行为如果能够持续下去，就会慢慢拉近两个原本不熟悉的人之间的关系。

所以，弱关系间的关系增进其实需要时常的"共情"来实现。比如通过我分享的内容,"你感受到我的想法、思想和个性",通过你分享的内容,"我也感受到你的想法、思想和个性""你想的正是我所想""你说的正是我想说的""你通过这篇文章想表达的意思我能够明白",这种"感受到"其实就是一种共情。

当然,共情是最基本的前提,是促进互动的重要条件。比如说,我看到你分享的内容后,只有认同你的观点、态度或感受到你的想法和情绪时,我才有与你互动的意愿,但至于我是否会跟你互动,取决于我对彼此之间关系状态的考量。所以,在互相感受到时积极付诸行动(比如点赞或评论等行为),才能最终促进关系两端的互动。关系促进过程中,共情起到了重要作用,因为如果没有共情,对于并不熟悉的弱关系两端来说,可能根本就没有互动的意愿。

相反,时常达不到"共情"的强关系可能会慢慢变弱,变得联系更少,甚至会在社交媒体上解除关系(比如屏蔽、删除或拉黑)。因为,他关注的和谈论的,引不起我的"兴趣点",他发的生活状态跟我相差太多,我难以感受到他的想法和境况,所以产生不了"共情",也就没有互动的意愿,长期来说,这种没有"互动交流"的感情会慢慢淡化,甚至不再往来。

这就是我们接下来会讨论的现象,即社交媒体蜂巢中沉默的僵尸关系。

六、 蜂群中那些沉默的僵尸关系

我对社交媒体传播和社交媒体关系的观察已经持续了好几年,也在合适的时间里做过许多相关的调查研究,对这一领域的兴趣只增不减,甚至对社交媒体上诸多现象的分析和考察也成了一大乐事。

大约从 2014 年夏天开始,我便注意到,周围的人开始抱怨微信给自己的生活带来的影响。比如,许多人每天花在刷新微信朋友圈上的时间越来越多,但对自己有价值和有意义的内容却越来越少。他们一边抱怨微信让自己离不开手机,影响了他们与现实生活中朋友和家人的互动,另一边却对刷微信朋友圈情不自禁,无法自拔。

而在媒体上，对于微信这样的社交媒体影响人们生活的讨论和反思文章开始出现，也出现了一些对社交媒体的声讨者和呼吁者。然而，多数讨论里夹杂的情绪太多，深入分析原因的讨论似乎有些少。

这大概是微信遇到的第一次小的舆论风波。当初，因为微信社交媒体的即时通信特点和较强的社交功能，人们蜂拥而至，对微信的热情持续增高。但是，社交媒体这种产品都会在一定时间段之后让用户进入疲惫期，微博是这样，微信更是如此。

微博的疲惫期更多是因为微博"大 V"中心化严重，普通用户在社交互动和内容分享中找不到自我存在感，参与度就会下降。好在微博新闻属性明显，信息传递的功能大过了社交功能，因此通过后续不断地更新和完善功能，逐渐逆转了颓势。

但用户对微信的第一次疲惫期则更多是因为弱关系的增多。微信以社交关系为基本属性，通过"朋友"上限的设置，试图避免个人社交关系的冗余，因为冗余会大大减弱社交互动，这是微信的设计初衷。并且，朋友圈不仅有促进社交互动的功能，而且更重要的是会让普通用户感受到自己的存在并被关注。其实，个人在朋友圈中都具有中心性，至少让用户认为"自己分享信息时就会成为朋友的焦点"。

然而，随着微信的兴起与火热，微信超出熟人社交范围，越来越多地被运用到职业、工作等社交领域。起初在以强关系为主的微信上加入的不熟悉的"朋友"慢慢增多，弱关系也就越来越多了。

那么，弱关系增多会给微信用户带来哪些影响呢？弱关系增多与用户疲惫之间到底有什么样的关系？

2014 年仲夏，笔者开始思考上述问题，并在手机备忘录里零散写下了初步分析结构和观点。但因为各种琐碎的事情和偶尔的懒惰，对这种现象的细致分析就被搁置了。到了 2015 年初夏，微信上的社交关系以及微信的功能都发生了微妙的变化，比如微信公众号的红利期已达顶峰，用户在朋友圈对公众号内容的分享率开始降低。与此同时，反思微信对我们日常生活影响的文章大大增多。

当我们越来越疲于应对微信上与自己无关但又"被迫看"的信息时,我脑海里始终闪现出一幅画面:一个看不清面容的人站在舞台中央独自表演,周围漆黑一片,只有聚焦灯的光孤独作伴,这人时而沉醉、时而失落、时而焦虑、时而期待、时而平静,黑漆漆的周围偶尔响起掌声,但他不知道观众是谁,他重新哼着自己的节奏,再次翩翩起舞……

在使用微信时,或许很多人都对这种心境和状态有所体会。最初,微信上的圈子多是小圈子,由亲朋好友组成,这种关系是强关系,且大多是现实生活中关系的延伸,稳定性高,即便不使用微信,这种强关系依然可以靠其他方式维系。随着微信越来越成为职业社交、工作范畴、营销的工具,一个人的圈子的确由当初单纯的强关系圈子扩大到了更大范围的圈子,甚至更多的交叉圈子,而这种圈子是基于弱关系的,不依托情感来维系,只是为了满足工作需求、职业社交需求、营销目的等。

于是,基于微信平台的社交圈子最终形成了两种关系:真实的强关系社交圈子、基于某种利益需求临时搭建的弱关系。

微信用于工作交流、职业圈子社交、营销推广等方面的需求越多,弱关系圈子占据的比例就会越大,那上面描述的这种画面就会让人愈发真切。其实,人们感到疲惫、失落、焦虑等情绪的真正原因可能并非增多、泛滥的朋友圈信息,本质在于,这种临时搭建的弱关系给不到我们足够的满足感和安全感,所以没有持续的动力去维系。

1. 以利益需求为基础的"临时社交关系",最易成为"僵尸关系"

如上所说,这种"临时社交关系"如今在微信上占据的比例较大,这种关系虽然是因工作原因、职业社交、混迹某个阶层而起,但本质上还是以利益需求为基础的。当然,这里的利益并非贬义词,也并非单指金钱,而是带有某种特定目的或需求。比如一个并不熟悉甚至是陌生的人加你为微信好友,目的是想咨询某些事情,或者只是初步建立联系以便日后的需要,或者为了储备人脉,或者为了营销推广等。

这种关系不是由真实朋友引发的，多半带有一定需求。这种关系在利益需求发生时就会被激活，并搭建起"临时社交关系"，一旦需求达成，社交关系便会逐渐淡化，甚至重新归于陌生人行列。所以这种关系就像一种临时默许的"交流契约"。

我们通常将微博上大量不活跃、沉默的用户称为"僵尸用户"，那么用"僵尸关系"形容微信上这种临时搭建的关系似乎也很贴切，这种关系在大部分时间里是不被激活的，静悄悄地存在着。你看似有众多"好友"或"关系"，但它们很多时候都形同虚设，互动性较差。正是因为我们微信上的"僵尸关系"越来越多，由此产生的信息冗余越来越严重的时候，我们的承受力便要报警了。

2. 临时社交关系向紧密关系转化需要什么条件？

如果希望人与人之间的关系更有黏性并向紧密的情感关系转化，这是需要条件的。第一个条件便是：真实情景下的交流和维护。

有研究表明，人与人面对面的交流会才会促进社交关系的增强。所以，对于微信上多数临时搭建的弱关系，只有不断地创造机会进行真正的交流，这种关系才有可能更加紧密、更有共鸣，才会产生情感联结，而情感才是维系关系持久的重要纽带。原则上讲，更加紧密的社交关系才会有更多互动、交流，活跃度也较大。

可以用几种方法让这种真实情景在微信上发生：不断融入微信上某个圈子，并在其中经常曝光自己以获得交流机会；不断与他人讨论；从线上转到线下进行更多面对面的交流。

所以，在微信上与他人进行高频的交流，或者能把这种临时关系转化到线下，才有可能让临时关系升华，变得更紧密，有更多互动。但是，一般情况下，大多数人做不到这一点。如果不能，那么这种临时关系便会在建立联系后很快淡化，后续的互动也会缺乏动力。比如像一些不爱参与圈子讨论也无心刻意营造交流机会的人，是极易成为"僵尸"一员的。

第二个条件是,当临时社交关系在利益需求重新启动的时候,交流和活跃度会被再次启动,如果这种利益需求不间断地持续发生,比如彼此加对方好友后,因为工作需要定期会有沟通和交流,那这种关系从长期来说也会变得紧密。但这种情况在每个人的圈子里都只是少数,临时社交关系大部分时间仍处于沉默状态。

第三个条件是,当临时社交关系找到了共鸣,比如关系双方兴趣爱好相投、生活环境相差不大、关注的信息类似、工作内容非常交叉等。只有发生共鸣时,两个不熟悉的人,或者因某种利益需求而搭建的交流关系,才会有进一步维系的必要,这种关系才有可能从临时关系转化成有情感的紧密关系,交流互动会增多,甚至成为真实朋友。不过,知己难求,这种"共鸣"也可遇而不可求。

因此,这些转化条件虽然是有可能的,但对于多数人来说并不会频繁发生,所以我们的朋友圈仍以交流不多、互动不多、活跃不高的临时社交关系为主。

3. 为什么临时社交关系会逐渐淡化、活跃度下降,甚至越来越沉默?

正如前面说的,临时社交关系都是临时建立的,多是基于某种利益需求,所以搭建临时社交关系的双方并不了解彼此。我们不知道对方真实的生活,我们在朋友圈看到对方的信息是经过自我筛选和过滤的。也就是说,我们看到的对方,无论是生活、性格、性情、爱好、习惯、工作等,都是对方希望我们看到的,且都是碎片化的。

所以,我们无法了解真实的对方,很难感知到彼此的全貌,于是就不愿意流露本我。如果是这样,这种临时社交关系的维系也只能是断续的,利益需求发生时才会最大限度地被激活,互动关系的长期维系变得困难。

因此,偶尔在朋友圈里发信息便成了一种创造互动机会的办法。不过,如果在朋友圈的信息曝光量太少,则不利于临时社交关系的维系;如果在朋友圈分享的信息太过频繁,也会造成信息压力。

对于大多数人来说,这种临时社交关系似乎成了鸡肋。比如,别人因为某种原因加你微信,而交流后你们没有更多信息往来,或者成了永远的陌生人,但是对方的信息又时常出现在你的朋友圈,徒增信息处理的压力。

这时便会出现三种情况:

第一,屏蔽对方,彼此成为永远的沉默者,再无互动和交流,化成真正的"僵尸关系",如果对方发现"被屏蔽",关系有可能还会恶化。

第二,出于某种考虑,时常给那些跟你建立临时社交关系的人点赞,偶尔评论,但这会让你变成"点赞党",长期下来会感到疲惫。

第三,不屏蔽,但永远不点赞,也不评论互动,因为"我实在不了解你,对你没有真实印象,有时我想评论互动,但真不知用什么合适的字眼。我担心不当的评论会破坏彼此假设的印象。别怪我不说话,因为我们实在不熟"。

所以,维护这种临时社交关系的精神成本较高,甚至会让人感到无所适从。当然你可以删除对方,解除关系,但是很多人会认为删除对方是对他们的不尊重,或者认为这种关系可能还有用,于是大部分人会选择上述三种情况中的一种进行处理。

最终就会出现这种状态:大家一边默许这种社交关系的存在,一边又忍受被信息刷屏,甚至还要考虑维系关系,这的确会令人烦躁不安。

面对朋友圈持续增多的无关信息时,我们会变得焦虑,甚至反感,只能降低打开微信刷朋友圈的频率,因为避开是缓解信息压力和焦虑感的直接办法。

所以,2015年年初,我们可以从人们呼吁逃离微信朋友圈的声音中感受到这种焦虑。弱连接的社交关系(包括临时社交关系)活跃度逐渐变低,社交媒体上僵尸关系大量存在,这些都会给人们在使用微信、维系圈子关系上带来较大的压力。这种"不堪重负"甚至让人们开始思考是否应该丢开手机,回归真实生活。

4. 弱关系越多越缄默，多数人成为孤独的表演者

我们还会发现,微信朋友圈加的不熟悉的人越多,我们就会越沉默。因为在

不太熟悉的人面前暴露自己的个人信息和真实生活状态时,人的内心是有所戒备的。不熟悉的关系越多,人们在使用朋友圈时就会越小心翼翼,顾虑越多。

所以当微信越来越多地成为人们职业生存、发展、营销等的工具时,虽然人们的社交关系范围在扩大,数量也在增多,但反而会影响有效的社交互动,更多弱关系之间变得沉默是必然会发生的。

而对于微信上原本真实的紧密社交关系,比如亲朋好友,微信实际上起到的是沟通平台的作用,这部分强关系的活跃度有限。

但那些基于微信而生的弱关系是被绑定在微信平台上的,如果不能找到转化成紧密关系的方式,那就只能靠微信来维系。但正如上面所说,这种关系长期维系的成本太高,难度也大。但这种弱关系如今在微信上占据的比例较大,势必会造成朋友圈的黏性逐渐减弱。

另外,不容忽视的一个事实是,每个人关注的范围是有限的,多是自己的生活圈、工作圈、阶层圈、职业圈,你给自己的角色定位也仅限于一两个。比如,媒体人士会经常关注并发布媒体圈的动态和信息,但这些信息并不能引起其他圈子朋友的兴趣,那么你跟其他圈子里的人之间的互动就会比较少。而对于那些并不熟悉的临时社交关系,因为并不熟络,生活或工作无交叉,所以互动频率也会较少,这种关系越多,互动性越低。

于是,舞台中央那个孤独的表演者又浮现在我的脑海中。每个人都站在舞台中央,却不知观众是谁,面目如何。每个人的朋友圈都有如此多"好友",但却不知道这些"好友"的真实面貌,该如何互动了解。面对众多僵尸关系,在朋友圈中维系关系变成了一种压力和负担,当用户对维系关系的热情散去,当众多关系带来的信息冗余越来越多,他们对于微信朋友圈这个蜂巢组织的依赖性是否会减弱呢?

第六章　善用蜂巢关系，成为利益共享者

一、 费心费力的"多余"关系

人们之所以会因蜂巢中众多僵尸关系的存在而焦虑，是因为人们处理关系的能力和精力都是有限的。更重要的是，僵尸关系带来的大量冗余信息令人们应接不暇，大脑处理信息的能力有限。

尼古拉斯·克里斯塔基斯在他的研究著作中也对社交规模的问题做出过估计，他认为，人们的社会群体规模不能太大，否则将无法维持社会群体的凝聚力和一致性。这一说法不无道理。随着人们的生活越来越媒介化，在社交媒体平台上的弱关系数量越多，人们与这些关系的互动就会越吃力，越会感觉到维护众多关系的力不从心，处理随之而来的信息时会变得疲惫不堪。这些都会减少人们在这种平台上持续维系关系的意愿。

因此，大量弱关系的存在的确会减小圈子群体的凝聚力。如果是只有四五个好友组成的小圈子，你会比较有精力去跟每个人交流互动，并且彼此的熟悉程度会降低互动时的信息障碍。然而，当你的圈子扩大到几十人甚至上百人时，陌生感的增加以及信息的不确定性会带来交流障碍，所以，与上百人维持关系时的时间成本和精神成本会大大增加。

英国牛津大学进化人类学教授罗宾·邓巴（Robin Dunbar）对人类关系进行了系列研究，并得出了著名的"邓巴数"，即"150定律"。邓巴研究了很多种灵长类动物的大脑容量与群体规模的关系，他根据人类的脑容量来推算，人类社会群体的理想规模应该是150人左右，也就是说，人类拥有稳定社交网络关系的人数是150人左右。所以，这一理想的群体规模上限是由动物大脑处理信息的能力决定的，当圈子规模太大时，人们便无所适从了。

在邓巴看来，原因很简单：就像人类无法在水下呼吸、两秒半内跑不完百米、肉眼看不到微波那样，大多数人最多只能与150人建立起实质关系，不可能比这个数字多出太多。从认知角度来讲，我们的大脑天生就不具备这样的功能。

当然，每个人亦有差异，有些人比较宅，而有些人则更善于交际。但总体来说，一旦一个群体的人数超过 150 人，成员之间的关系就开始淡化。①

依照邓巴的看法，150 人似乎是我们能够建立社交关系的人数上限，在这种关系中，我们了解他们是谁，也了解他们与我们的关系。所以，只要不突破人数上限，圈子成员就可以组成一个协调一致的团队一起工作，而且他们对圈子内这些同伴的优势、劣势和可靠性了解得一清二楚。

换言之，如果圈子好友上限超过了这个理想数字，人们面对不停增加的、越来越多的新关系时便会充满不确定感，这种不确定性会减少圈子成员的有效互动，让彼此越来越不愿意说话。

另外，随着群体规模扩大，需要处理的信息量也大得令人头疼。在《彭博商业周刊》特约撰稿人德雷克·贝内特（Drake Bennett）对邓巴的采访中，邓巴列举了一系列形象的数字来说明这个问题。比如，在一个有 5 位成员的圈子中，成员间共有 10 组双边关系；在 20 个成员的圈子中，双边关系数量上升到 190 组；50 个成员的团体则升至 1225 组。维持这样的社交生活需要强大的大脑。

因此，我们似乎可以理解，人们在微信上面对因僵尸关系带来的信息冗余时为何那般焦虑和忧心忡忡。

然而，尽管邓巴因为"150 定律"而享誉全球，但也面临着其他科学家的质疑。比如，有的科学研究表明，社交网络中圈子人数的平均值为 291 人，而有的科学家对此给出的数字是 611 人。还有的网络科学家认为，邓巴忽略了其他因素对关系数量的影响。② 不过，面对这些质疑，邓巴在访谈中表示，不排除人类在社交生活中重新设定认知上限的可能性。但是，他认为，语言已经使得人类大脑处理信息的能力相比其他动物来说强得多，人类应付群体规模的数量也扩大

---

① Drake Bennett. 人类逃不出邓巴数字［J/OL］.《彭博商业周刊》中文版，小凡译. http://read.bbwc.cn/NC8zOi83Ojcy.html.

② Drake Bennett, The Dunbar Number, From the Guru of Social Networks, http://www.bloomberg.com/news/articles/2013-01-10/the-dunbar-number-from-the-guru-of-social-networks.

到了150人，除非有像语言那样革命性意义的事物出现，否则我们的社交能力仍将保持在150人左右。

邓巴的研究论断有些过于绝对，也遭受了不少质疑，但即便如此，假设按照其他科学家驳斥的那样，社交网络好友关系最多可以达到五六百人，那又怎样呢？人类大脑的认知能力和信息处理能力的确是有限的，Facebook、Twitter、微博、微信等社交媒体几千人的好友上限，显然已经大大超出了人们的能力范围。

在人们的精力和时间恒定的情况下，越多的冗余关系存在，就意味着他们维护每一段不熟悉关系的经历和时间都会大大减少。当不断增加的临时社交关系带来更多的信息量时，人们可能更多会以"逃离"的姿态面对。而那些"多余"的社交关系则会越来越沉默，最终成为不易复活的僵尸关系，正如我们上一章所指出的那样。

对此，邓巴似乎给出了更加确切的时间期限，他认为，普通友谊在缺乏面对面沟通时可以持续6～12个月。[①] 我们不能判定邓巴的研究推断是否精确，但可以看到的是，在社交媒体上，人们跟线上的"朋友"持续互动的时间似乎更短，跟那些极易成为僵尸关系的人之间的互动时间就更加短了。

一方面，这些情况对人们在社交媒体上的体验造成较大影响，比如疲于分享信息，疲于彼此互动，疲于处理多余的信息，他们更愿意保持安静。另一方面，这对核心本质为"分享＋互动"的社交媒体来说，无疑是个坏消息，因为这些现象会影响平台的活跃性。

这两个方面的变化，会给人和社交平台带来新的变化。

---

① Drake Bennett，The Dunbar Number，From the Guru of Social Networks，http：//www. bloomberg. com/news/articles/2013-01-10/the-dunbar-number-from-the-guru-of-social-networks.

二、 谁决定了社交产品中的关系数量

如今,邓巴在硅谷社交产品工程师中间非常受欢迎,因为一些社交产品在设定平台好友关系时总是会受到邓巴数字的影响。社交媒体平台当然希望打破传统的关系连接方式,扩展人们在网络上的社交网络范围,但它们的苦闷也在于,到底人们在社交媒体上的关系数量应该维持在什么平衡点。无论是大众社交媒体 Facebook、Twitter,还是以私密社交著称的 Path,抑或是办公团队任务协作管理且带有社交功能的 Asana 平台,工程师们都在设定用户的关系上限时有诸多考量,而邓巴数往往给他们带来参考和启示。

Path 无疑是受邓巴理论影响最大的。Path 以私密社交应用而深受追捧,与 Facebook、Twitter "让你发现并认识更多朋友" 的理念不同,Path 选择了相反的方向。它的宗旨是以 "小圈子" 为核心,用户建立的关系数量不能超过 150 人,它希望用户在使用 Path 的过程中能拉近与 "朋友" 之间的距离,让彼此更具亲密感。正是这样的反其道而行之,让 Path 另辟蹊径,取得了成功。

于 2010 年成立的 Path,仅用两年时间用户数量便突破了 1000 万,Path 也被翻译成 18 种语言,深受亚洲等国家用户欢迎,而中国是 Path 用户数量第二多的国家。这或许并不令人惊奇,因为在中国这样一个重视关系的国家中,面对大众社交媒体众多僵尸关系的焦虑,Path 给了这些用户一种更好的维系密友关系的方式。

这说明,在大众社交媒体当道的今天,人们面对大量无所适从、无法应付的关系而感到身心俱疲,当他们与在线朋友之间的关系越来越淡漠时,遇到 Path 时就像得到了救赎一般。

我们都会注意到一个敏感的数字 "150",为什么 Path 的关系上限是 150 人? 是的,Path 与邓巴之间的确有着更深层的渊源。

Path 联合创始人、首席执行官戴维·莫林(Dave Morin)出生在美国蒙大拿

州人口不到 3 万人的海伦娜镇，他在这里度过了难忘的童年生活，成年后一直久居城市。然而，他对小镇这种小部落中人际关系的亲密性一直念念不忘。尽管他是 Facebook 应用平台的负责人，但他清楚地知道自己不会用 Facebook 同家人联系，因为 Facebook 上有太多的弱关系，彼此的交流也难以深入，很少能称得上私密。

于是，在 Facebook 大行其道时，他觉得有一种需求被忽略掉了，那就是人们寻求更加亲密的社交，而不只是蜻蜓点水般的不痛不痒。2010 年，莫林离开 Facebook，创立了 Path。

如果说 Facebook、Twitter、微博等大众社交媒体的特点是弱关系带给人们的新变化，带给人们更多的关系链条，那么 Path 则是反其道而行。在众多弱关系不能在社交互动中带给人们安全感时，莫林希望通过限定关系数量，强化关系之间的有效互动，让人们在信息处理能力范围内提升交流的质量。可以说，莫林对这种需求的把握和洞察是十分细致的。

在莫林的心里有一个理想国，他希望 Path 能让人们彼此发消息互通，随意评论，也可以搜索其他好友上传的资料。对于 Path 来说，最具亲密性的功能就是，能够让用户轻松自然地告诉他圈子里的任何朋友，他该睡觉了，或者他要起床了。

莫林在大学时就注意到了邓巴的研究成果，他觉得邓巴的研究十分有趣，但并未想过如何将这一成果应用在互联网产品中。2010 年的秋天，莫林成立 Path 后，他意识到邓巴的研究成果对他新创立的社交平台有重大意义，他打电话找到邓巴，第一次见面两人畅聊了好几个小时，此后，两人隔几个月就会针对产品问题进行一番探讨。

对于如今社交媒体大力扩张个人的在线关系方面，邓巴有自己的疑问：数字技术能否让人突破大脑能力限制，让他们在维系老朋友的同时结交更多新朋友，从而扩大个人的社交圈子？邓巴给出的答案是否定的，在他看来，目前流行的大众社交媒体并不能做到。对此，也有研究人员做过研究，一篇于 2011 年发表的论文数据显示，尽管 Twitter 和 Facebook 允许用户拥有几千名好友

（Facebook 甚至允许用户的好友数量上限为 5000 人），但是 Facebook 上一般用户的好友人数为 190 人，Twitter 上的用户经常互动的好友人数平均在 100～200 人。虽然这些数字比邓巴的"150 定律"略高，但邓巴认为这属于误差范围之内。[①] 这些社交媒体在实际拓展和维系社交关系方面，并未有太大突破。

显然，莫林对社交媒体平台用户关系的构想与邓巴的研究不谋而合，在产品功能设定上也深受邓巴的启发。因此，Path 设定的用户圈子好友的量上限为150 人，它希望每个用户的圈子都像一个个小部落。

"从根本上来看，150 人是一个人交友记忆的上限，一旦超出，你就会开始进行信息过滤，调整你所分享的信息内容，此时，你就是以公共面目示人了。"莫林在接受《彭博商业周刊》的采访时如此说道。其实，莫林的言外之意是，当圈子好友超过 150 人时，我们对信息的处理时间会大大增加，为了避免这种负担，人们会通过信息过滤来调整这种失衡感。并且，面对众多弱关系的出现，我们不再感到自己维护的是一个小部落，而是一个缺乏私密性和安全感的大圈子，大量不熟悉的信息和不熟悉的人的存在会让我们分享信息时小心翼翼，甚至思虑再三后才会分享某些原本很简单的信息，比如吃饭、睡觉。这样的思虑则会反过来降低私密性和社交互动的质量，这与我们分析的"僵尸关系"是一个道理。

所以，限制好友上限是 Path 不容改变的底线，也是它有别于大众社交平台的一大特色。这样看来，Path 并不仅仅是设定了"150"这个数字，而且体现出它对人类和社交需求的更深层次思考。

至今，邓巴数对人们思考社交媒体平台良性发展等方面仍有重要影响，但也有人质疑邓巴的绝对论断，社交产品工程师不断尝试挑战是否可以大范围地突破"150 定律"。

另外，我们在前面也详细分析了社交媒体未来的发展方向，虽然类似

---

① Drake Bennett，The Dunbar Number，From the Guru of Social Networks，http：//www. bloomberg. com/news/articles/2013-01-10/the-dunbar-number-from-the-guru-of-social-networks.

Facebook、Twitter、微博、微信等大众社交媒体会有力地占据社交媒体市场，但垂直类社交产品将会有巨大发展空间。对于垂直类社交产品来说，社交并不一定是核心功能，兴趣、爱好、需求等因素将成为垂直类社交平台的核心诉求，社交功能将会成为实现核心诉求而设置的附带功能。因此，轻社交是这类社交产品的主要形态。

所以，对于不同社交媒体平台来说，它们的社交权重是不一样的，那么在设置社交关系连接的方式上也是不一样的。重视社交的社交平台会更多地考虑用户在其中的连接关系、用户在维护这些社交关系时的成本以及用户如何依托这些社交关系促进信息的流动；而以兴趣等因素为核心的社交平台则更多地考虑如何激发用户分享内容，或者如何激发用户消费内容，社交关系的连接显然是为了这些目的而服务的。因此，为了社交媒体的良好运转和较高的用户活跃性，不同性质的社交平台在设定用户社交关系时有不同的考虑，用户"好友"的上限数量可能就有所不同了。

我们认为，用户社交关系的数量设定跟用户使用该社交平台的需求有一定关系。不以社交为主要目的的社交平台，比如以某种兴趣、爱好为主要目的的垂直类社交媒体，它们在关于用户可以建立的"朋友"数量上或许并不会受限于邓巴的150定律。因为以个人展示为目的的兴趣型社交平台，个体并不会花费太多心思在社交关系的互动和维护上，他们更在意自己展示的作品能否被更多人看到，仅此而已。

在这种情况下，社交关系的数量可能会超过邓巴数，但不会无限制地增加。社交关系的不断增加的确会给人们带来信息处理的压力，这是一个人类自身无法突破的事实，人类大脑处理信息的能力是有限的。然而，究竟在这种情况下，关系数量的上限是多少，我们需要进一步通过数据研究才能确定。

比如，在唱吧、美拍等垂直社交平台上，用户更关心的是自己的作品能否脱颖而出，被更多人注意到，因此用户添加好友关系的最主要目的不是社交，而是扩大信息传播的范围，维护社交关系上的压力会小得多。尽管这样，当添加的关系越来越多时，就意味着出现在用户面前的信息越来越多。比如你有10个"朋友"关系时，可能会认真地看这 10 个朋友的信息，但当你的"朋友"关系达到 200 人甚至更多时，此时你可能不愿意再看这么多信息了，便对大量信息进行忽略处理。这样也是不利于信息在这些平台上良好地流转和互动的。

然而，对于 Path、Facebook、微信等以社交为目的的社交平台来说，人们更加注重社交关系，所以用户在这些平台上感知到的社交关系维护方面的压力是非常直观的。因此，当关系数量大大超过邓巴所认为的大脑处理信息的能力时，信息流的杂乱无序和过载会让人们感到焦虑，他们要么选择逃避冗余信息，要么选择沉默寡言，长期来看势必会影响这类社交平台的用户活跃性，减弱这些平台的社交属性。

对此，Facebook 的用户"原创内容"即个人信息分享大大减少或许就说明了上述问题。2016 年 4 月，国外知名科技媒体 The Information 发布的一份数据报告显示，尽管 Facebook 的月活跃用户已达到 16 亿，但是至 2015 年上半年，用户的"原创分享"（个人发帖）量下降了 21%。这一数据引发了媒体对 Facebook 现存问题的讨论。"原创分享"是衡量用户参与度的晴雨表，是保证信息流良好流动性的关键，当然也关系到社交平台的生计问题。

Facebook 面临的这些问题，也是 Twitter、微博、微信等社交媒体都面临的问题。这个问题与用户过量的"好友"以及由此产生的越来越多杂乱无章的信息流有很大关系，"好友"数量的增加会导致用户在分享"原创内容"时变得犹豫和谨慎。而越来越多的用户"只看不发"，就会降低社交媒体的活跃性。国外知名科技媒体 Gigaom 的撰稿人马修·英格拉姆（Matthew Ingram）曾参与了一场"大取消"运动，他无法再忍受 Facebook 上过量的无更多来往的好友关系，因此取消了对 80% 的好友的关注。马修认为，Facebook 的失误之处在于，让用户的信息流变得杂乱无章，信息严重过载以及产生越来越多的"点赞党"。跟马修有一样感受的人不在少数，许多用户都参与了这样的"大取消"运动。

大众社交媒体在社交关系的魔咒里挣扎时，细分领域的垂直社交平台也开始了激烈竞争。人们把更多时间分散到了Tumblr、Instagram、Flickr、Path、知乎、唱吧、美拍、B站、视频社区、直播平台等垂直社交平台上。我们从中可以得出启示，未来垂直类社交平台的关系数量可以根据用户需求而定，但关系数量不宜太多，小圈子部落可能才是垂直类社交平台较好的生存状态。

三、 点赞和评论如何影响内容分享

邓巴对灵长类动物如何建立彼此之间的关系进行了长时间的观察和研究，他发现，灵长类动物通过"理毛"来建立彼此关系和增进感情，增强群体的凝聚力。

与灵长类动物不同的是，人类语言代替了"理毛"，人类通过语言建立与他人沟通和交流的方式，并且利用语言进行交流的效率要比"理毛"的效率高 2.8 倍。因为动物一次只能给一个动物理毛，但我们却能够同时跟几个朋友交谈。邓巴估计，如果按 150 人的圈子规模来算，那么现代人将会用 42％的时间来互相"理毛"。[①] 也就是说，即便我们维系 150 人的圈子，也需要花费大量的时间通过语言交流来维系社交关系，这样才能保证这个圈子的凝聚力和关系的稳定性。

如今，人们在社交媒体上维护关系时，可以彼此通过语音、文字交流来进行"理毛"，增进感情。并且，社交媒体还增加了不少维护关系的方式，比如点赞、评论等互动行为。你在微信朋友圈给某个好友分享的内容点赞或评论，就建立了你与他之间的互动连接。点赞或评论也是一种"理毛"行为，你通过对好友分享内容进行点赞或评论，让对方感觉到你依然在关注他，你和他之间的关系没有断裂。

然而，社交媒体可以大大扩展我们的"好友"数量，我们在社交媒体上建立的圈子范围甚至远大于邓巴所说的 150 个，比如你在微博上互相关注的好友可能有上千人，在微信上的好友有几百人甚至更多。2016 年微信用户数据报告的数据显示，用户的好友数量处于递增趋势，55.1％的用户在微信上的好友数量超过

---

① ［美］尼古拉斯·克里斯塔基斯，詹姆斯·富勒. 大连接［M］. 简学译. 北京：中国人民大学出版社，2013：271.

100人，其中好友数量在200人以上的用户占28％，较往年提高了1倍多（2014年这一比例仅为12.2％）。① 这说明，随着微信用于工作、职业等范畴，它的确扩大了社交关系，在原本基于强关系的小圈子社交基础上增加了更多的弱关系连接。

按照邓巴的说法，在理想状况下，如果我们要维护更大范围的社交关系（远超过150人的圈子），并且要保持这个大圈子的稳定性，就意味着，我们会用远超过42％的时间去打理这些关系，比如，需要跟这些关系时不时地聊天交流。虽然我们利用语言交流大大提高了社交效率，但最多只能同时跟几个人聊天，再多的话大脑就难以应付了。这就意味着，我们如果按理想情况维护更多的社交关系，就需要分阶段花费更多的碎片时间在社交媒体上。

当然，上述说的是理想状况，但事实是，当我们在社交媒体上拥有越来越多的关系时，不可能做到这一点，不可能定期通过语言交流跟圈子里的所有好友完成关系互动，所以会造成很多关系被"闲置"下来。

这时，社交媒体为了彰显自身魅力，为了打破现实关系的局限，鼓励我们扩展在线社交关系，它通过一种办法让我们可以长期维护在线圈子的好友关系，这种办法就是鼓励我们"分享内容"。

为了鼓励人们"分享内容"，社交媒体采用了很多办法，其中最有成效的便是点赞和评论。人们通过分享内容，引来了别人的点赞和评论，获得了跟他人互动的机会，这样的机会可以维护彼此之间的关系。所以，人们不再需要花大量时间跟"好友"直接语言交流，通过简单的点赞和互评就达成了维护关系的目的，尤其是点赞大大减少了时间成本，也省去了不少交流的麻烦。

在社交媒体上分享的内容可以是原创的，也可以是转载的。无论哪种，内容分享行为都可以增加你在圈子里的曝光频率，让圈子里的"好友"看到你的存在，从而增加彼此点赞和互动的频率。获得点赞和评论的频率越高，越能让我们感

---

① 企鹅智库，中国信息通信研究院产业与规划研究所."微信"影响力报告［EB/OL］.（2016-03-21）［2017-12-20］http：//tech.qq.com/a/20160321/007049.htm＃P＝17.

受到自身在社交关系中的角色和存在，并且还能让我们感受到利用这种快捷方式在关系互动上取得的即时效果，所以这会鼓动我们持续在社交媒体上分享内容。如果你在朋友圈发的信息会很快引来很多朋友的点赞和评论，那么下次你会愿意继续分享内容；但如果你分享的内容经常得不到你期待的回应，那么长期来说，你对这种自言自语、自娱自乐式的内容分享便失去了动力。

尽管我们自身可能并未意识到这一点，但这却已成为我们在社交媒体上保持社交关系平衡的方式。长期来说，社交媒体上的内容分享带来的点赞和互评，便成为一种可以维系社交关系的"便捷"工具，这种手段代替了烦琐的语言交流，大大节省了维系关系的时间成本。

所以，人们宁愿在朋友圈发个信息动态，彼此点赞或简短互评，而不愿意单独花一段时间进行一对一交流。

因此，这种情况就会让社交媒体上一直有源源不断的内容分享。内容分享给社交媒体带来无穷无尽的信息流，给社交平台带来活跃性和商业利益，当然也成为社交媒体蜂巢中的重要给养品。内容也成为连接社交关系的重要黏合剂。

不过，这里也有一个难解开的循环。人们在社交媒体圈子里因信息过量而感到焦虑，一方面是因为用户社交关系的过量，尤其是弱关系的增多；另一方面则是因为这些超出精力承受范围的过量社交关系不断地在社交圈里分享内容，比如自身动态、生活状况、工作内容、转发信息等。而人们不断分享内容又恰恰是为了长期维护这些无暇顾及的过量关系，正如上面所说，人们希望通过不间断地曝光，获得点赞或互评的即时社交互动，从而省时省力地维护社交关系。但不幸的是，这样做反而又加重了信息过载的压力，使人们对过量的关系愈发感到力不从心。

社交媒体仿佛被施了魔咒。而解开这个魔咒的办法是：人们开始对分享的信息保持慎重态度，尽量分享自己认为有价值的信息。

所以，社交媒体圈子里个人分享内容的频率可能会下降，导致多数人"只看不发"，但从另一个角度来看，社交媒体上的个人碎片信息整体上会减少，被用户筛选过后认为有价值的信息比重不断增加。

从短期来看，从表面看这似乎会影响社交媒体的活跃性；但从长期来看，人们通过这样的"自我约束"，对肃清社交媒体繁杂无序的信息流来说是有益处的，个人处理朋友圈信息的压力也会有所减小。

由于人们在社交媒体上分享信息时会变得"有节制"，所以会表现得"小心翼翼"。比如，有些信息本可以随着自己的心意分享到朋友圈，但人们会考虑这些内容适不适合分享，如果分享出去，他人如何看待自己，会不会得到好友的互动反馈，所以他们分享前会有一定的事前预期。这其实反映出人们在处理当前社交媒体上社交关系的一种谨慎的心态。

用户在内容分享上的谨慎，会导致社交媒体上"只看不发"用户数量的增加，就如 Facebook 所面临的境况一样。另外，这种活跃度的下降、曝光度（分享内容频率）的减少会降低社交关系之间的互动，让本来就过量存在的社交关系之间的维系变得更加困难，因此僵尸关系的大量存在似乎是必然的。而更多僵尸关系的存在又让朋友圈内的信息分享显得更加冗余，即便人们已经对分享信息已经很节制了。

社交媒体又进入了魔咒。

四、 海神效应、阿伦森效应和内容传播

尽管点赞和评论的快捷方式就像游丝一样微弱地维持着社交媒体上大量存在的弱关系，但这可能是最好、最快的一种办法了，就像我们一边叫嚷着快餐不健康，但一边又难以克制地用快餐来解决饥饿问题。

许多用户虽然面对大量不熟悉的社交关系时感到焦虑和疲惫，对冗余信息感到厌倦，但是，他们又无法拒绝点赞和评论这种快捷方式带来的"甜点"。所以，他们仍会选择间歇性地在社交媒体朋友圈分享内容，以获得点赞或互评。

上面提到，人们其实在分享内容之后会产生一定的效果期许。所以，在分享内容的类型上会有一定考虑和筛选。人们往往会根据自己在社交媒体上的身份

扮演而分享与该身份角色对应的内容类型，并且经常会花费较长时间去打磨内容，因为他们希望能够展示自我美好的一面。

这样的细致考虑当然会增加用户花费在社交媒体上的时间成本，所以人们会控制和反思。但是，这样的细致考虑也有一定的道理。因为，人们之所以会如此"慎重"，是为了能够达到期待中的关系互动效果，比如，获得更多朋友的点赞和评论，获得更多的赞许，从而找到与他人关系中的身份认同感。

从心理学角度来看，如果我们在社交媒体上所扮演的角色和身份得到了更多认可、赞许和尊重，那么我们在现实生活中的行为也会更自信。

斯坦福大学传播系的尼克·叶（Nick Yee）和杰里米·贝雷森（Jeremy Bailenson）对人们在网络上的虚拟化身如何影响他们的行为进行了研究。在线游戏、在线聊天室、社交网络等虚拟环境，允许我们不断地在不同的在线环境中轻松地改变自己的网络形象。然而，当我们改变自己的网络形象时，我们所扮演的网络形象也会反过来改变我们的行为吗？通过实验研究，答案是肯定的。

他们让志愿者进入一个在线虚拟环境，并给志愿者随机指定虚拟化身（虚拟人物），有的志愿者被指定的网络化身具有较强吸引力，而有的却很普通，然后让志愿者在虚拟环境中进行互动。结果发现，网络化身很吸引人与网络化身普通的志愿者相比，前者与周围的互动更加亲密，更愿意表露自己，并且他们与其他化身的人际距离短得多。也就是说，化身有吸引力的更愿意与别人互动。

而在第二次研究中，研究人员给志愿者随机指定的网络化身高度不同。他们发现，相比化身较矮的志愿者，网络化身的身材较高的志愿者在虚拟任务中的行为表现得更加自信。换句话说，志愿者表现出来的自信程度与他们化身的吸引人程度是直接相关的，这跟他们在现实生活中的吸引人程度（比如是美丑还是高矮）没有关系。[1]

---

[1] Nick Yee & Jeremy Bailenson. The Proteus Effect：The Effect of Transformed Self-Representation on Behavior. *Human Communication Research*，2017（33）：271-290，International Communication Association.

在希腊神话中，海神普鲁透斯能变出任何他想要的外表以应对外界。于是，尼克·叶和杰里米·贝雷森则将我们自己想象出来的外表对自身行为的影响称为"海神效应"。

也就是说，我们在虚拟环境中的形象、身份扮演、人物角色会影响我们跟他人的互动方式。比如，如果一个人在社交媒体上是很吸引人的形象或身份角色，并且因此得到了别人在网络世界中的赞许、认可或是尊重，那么这个人不仅在网络上会表现出积极的互动行为，在现实生活中的行为也会更自信。

从大的方面来看，用户在社交媒体上定期地分享内容能够达到社交关系互动的效果。从小的方面来看，用户这种定期"晒"或"曝光"自己的行为可以让他们从在线社交关系互动中得到更多自信，并且这种自信会延续到现实生活中。

经常在社交媒体上得到圈子内朋友点赞或正面评价的人会感到更自信，也更愿意在社交媒体圈子中有更多互动，继续呈现更多的个人信息。因为，经常得到点赞或评论的人在关系互动中得到了积极的反馈，会感到更愉悦，这会鼓励他们继续在社交圈子里分享内容。经常得不到关系互动的人会有一种失落感或挫折感，这种感觉会打击他继续分享内容的积极性。

我们同样可以在心理学研究中找到证据。心理学家阿伦森做了一个实验，他将参与实验的人分为 4 组，让这 4 组人分别对某人做出不同的评价，然后观察这个人对哪一组人最具好感。第一组人始终对某人表示赞扬，第二组人始终对某人进行贬损，第三组人对某人先褒后贬，第四组人对某人先贬后褒。该实验对数十个人进行研究后发现，绝大多数人都对第四组人最有好感，而对第三组人最为反感。

阿伦森发现，随着奖励的减少，人们的态度会逐渐变得消极，而随着奖励的增加，人们的态度会逐渐积极起来。于是，这种心理现象就被称为"阿伦森效应"。为什么会产生这种现象呢？阿伦森的研究表明，主要原因在于挫折感。从褒奖有加到小的赞赏再到不赞扬，这种褒奖的递减会导致人们产生一定的挫折心理，不过人们对小的挫折还算可以接受。但是，如果不被褒奖，反而被贬损，那么人的挫折感就会迅速增加，也就难以接受了。所以，挫折感的不断增加会很容易引起人们的不愉快甚至反感。

所以，观察人们在社交媒体上的行为，这种现象似乎是普遍存在的。比如，如果经常在朋友圈分享的内容得不到预期的互动或有效的互动（点赞、互评交流、赞誉等），那么人们便会产生一定的挫折感。为了减少挫折感的产生，人们便会启动逃避机制，那就是不再频繁分享内容。这种"逃避"其实也是一种自我保护，保护自己避免产生过多挫折感。

与此同时，利用社交媒体维护关系和人际交往已成为人们生活中的一部分，因此，人们无法彻底逃避社交媒体，但他们会减少在社交媒体上分享内容（自我曝光）的频率。为了得到更好的预期互动，他们会花更多的时间去考虑他们应该分享什么样的内容，什么内容值得分享，什么内容不值得自己"冒险"。

所以，这就会增加人们在使用社交媒体时的心理压力，也会花费大量时间，从而让人感到身心俱疲。这可能就是我们上一章讨论的人们对朋友圈进行反思、感到疲惫的内在原因。这样的情况不仅在微信上会发生，在微博上也发生过，而 Facebook 用户分享原创内容的骤然下降也同样说明了这个问题。

因此，社交媒体上的"海神效应"和"阿伦森效应"就像孪生兄弟一样会一起出现，一起影响着人们在社交媒体上的行为，即便是在信息分享方面较为活跃的信蜂群体也难逃这两种效应的影响。

"海神效应"使得人们不断地维护自己在社交媒体上的形象、身份角色和风格，他们通过"精心布置"的分享内容去强化自己的网络化身，这会让他们得到更多的预期赞誉（比如点赞、评论、更多互动等），因此他们会更加自信。不断地在社交媒体互动中得到自信，又会刺激他们在社交圈子中的分享欲望。

而"阿伦森效应"的存在则会让人们在社交媒体上分享内容时，变得谨慎和小心翼翼。因为人们要减少挫折感的产生。他们往往会通过更谨慎的内容分享来维护自己在社交媒体上的形象，以获得更多自信。

我们可以用更加清晰的流程图来演示社交关系互动对社交行为的影响，如图 6.1 所示。

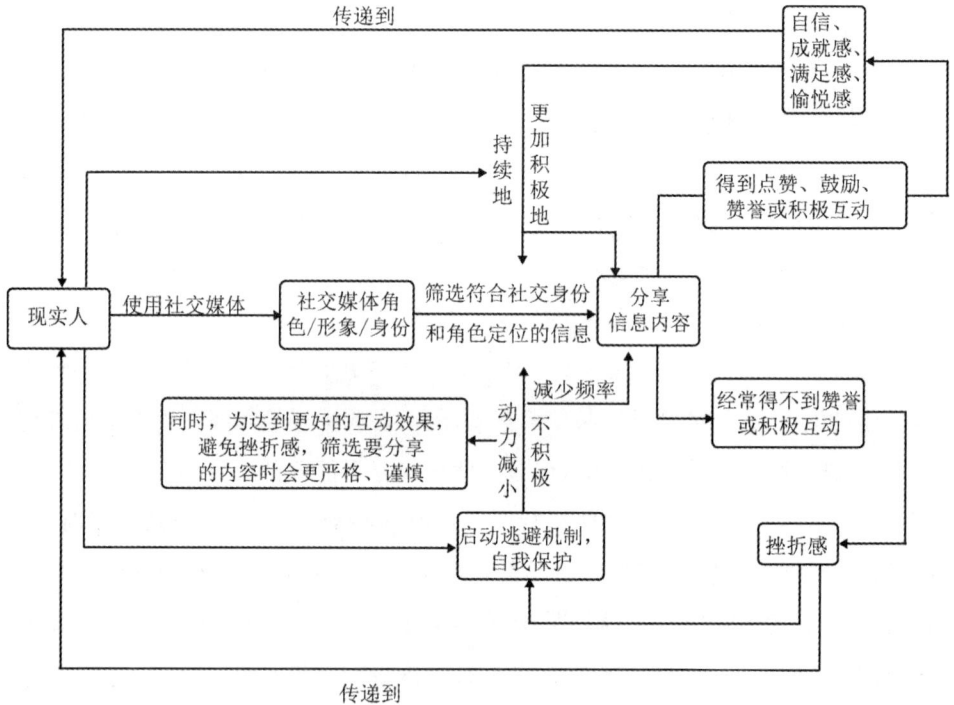

图 6.1　社交关系互动对社交行为的影响

每个人在 Facebook、Twitter、微博、微信等社交媒体上分享内容时，都有一个自己设定的"形象"或"身份"，这个身份往往会决定你会"筛选/过滤"什么样的信息分享到朋友圈。你会尽可能地通过内容的分享来美化自己的想象或身份，让你在别人眼中是更好的人，从而增加自信，减少挫折感。

因此，在分享内容时，人往往都会分享符合自己社交媒体角色的好的一面，而不会原原本本呈现现实中的自我。

如果事情朝着预期效果发展，那么人们就会在社交媒体圈子里得到更多的反馈，比如你发的朋友圈得到了很多点赞和积极评论，那么人们就会感到愉悦、自信和满足。

换句话说，人们潜意识里是为了获取这份自信和满足感，并且为了避免挫折感的产生，而有目的地去筛选分享信息。比如，我们往往会把某些照片美化后分享到朋友圈,刻意表露我们所在的位置,晒我们所取得的工作成绩等。

这种潜意识的心理就会促使社交媒体用户接连不断地在社交媒体上分享信息,确切地说,是按照自己在社交媒体上的人物角色去分享经过筛选后符合自身定位、风格的信息。

这不仅会引来社交关系的积极互动,而且得到的预期效果还能让分享者感到自信,感到身份被认同,感到满足和愉悦。

社交媒体的点赞和评论等功能的设置就给社交关系互动提供了通道和工具,帮助人们完成上述互动过程。在这个过程中,社交媒体平台得到了源源不断的内容信息流,而用户也在这个过程中有得有失,比如在积极的关系互动中得到了满足感、愉悦感和自信。对此,相关数据似乎也说明了这一点。2016 年微信用户报告数据显示,用户除了在朋友圈里浏览之外,"点赞"和"评论他人的朋友圈"是他们最经常做的事情。在朋友圈用户互动中,点赞比例最高,达到57.6%,接近 6 成。其次,评论好友在朋友圈发布的内容也是他们与他人互动的重要方式,占比 38.5%,甚至超过他们自己在朋友圈发布信息的比例(35.1%)。他们最爱在朋友圈看的,就是朋友发布的生活状态信息,关注度达到61.4%。他们很在意朋友对自己发布内容的反馈(35.3%)。[①]

那么,在社交媒体上,是否真的存在"海神效应"和"阿伦森效应"呢? 这两种效应究竟是怎样影响人们的社交关系和分享传播行为的呢?

对此,我们深入研究了微信用户在朋友圈的点赞和评论行为、原因以及这两种互动行为可能带来的影响等。我们考察了两个方面的问题[②]:

一,用户为何会给他人发布的朋友圈动态点赞和评论? 点赞和评论对双方

---

① 企鹅智库.中国信息通信研究院产业与规划研究所."微信"影响力报告[EB/OL].(2016-03-21)[2017-12-20]http://tech.qq.com/a/20160321/007049.htm♯P=20.

② 青岛理工大学新媒体传播研究所在 2017 年进行了"社交媒体内容传播规律研究项目",本次研究参照腾讯公布的 2016 微信用户数据报告中用户性别、年龄的实际构成进行样本配比,在此基础上对使用微信的用户进行随机抽样。最终有效样本量 1500 个,男女比例约2∶1,其中 20～39 岁年轻用户占比约 80%。以下有关数据,均来自《2017 社交媒体内容传播规律研究报告》。

之间的关系是否会产生积极影响？

二,用户在朋友圈发布的动态如果获得别人的点赞和积极评论,那么这又会如何影响用户的心理？ 如何影响用户接下来在朋友圈的分享行为？ 如何影响用户在现实生活中的感受？ 等等。

1. 获得点赞和积极评论会增强用户自信；是自信也是"画地为牢"

我们的研究显示,大多数受访用户都会给别人在朋友圈分享的动态信息点赞(89.8％)和评论(83.3％),不点赞和评论的人数比例较低。同样,大多数情况下,用户在朋友圈分享的动态也会获得别人的点赞(90.4％)和评论(91.7％)。

其实,当用户在朋友圈分享动态信息时,他们在相当大程度上希望有人给他们点赞(态度均值为3.92),并且也比较希望自己分享的动态可以获得别人的评论(态度均值为3.89)。

这样看来,微信用户不仅经常参与到朋友圈点赞和评论的"运动"中来,而且他们从心理上也的确希望获得"回馈"。

用户参与朋友圈点赞和评论的行为与他们希望获得的"回馈"之间,有非常强的相关关系(如图6.2所示)。越是"经常"给别人朋友圈动态点赞和评论的人,希望获得别人点赞和评论的"欲望"越强烈。

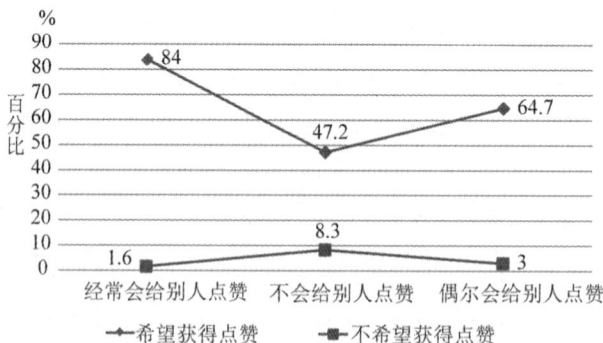

图 6.2 点赞频率和希望获得"回馈"之间的关系

点赞和评论已经占据了我们的朋友圈生活甚至是日常生活。那么，在朋友圈获得点赞和评论究对我们来说，究竟意味着什么呢？当人们分享的动态获得别人的点赞和评论时，对人们的心理感受究竟会产生什么影响呢？

我们发现，当用户分享的朋友圈动态获得别人点赞或积极评论时，用户会在较大程度上获得"积极正向的感受和体验"。比如，当获得点赞或积极评论时，用户会比较强烈地感到自己被欣赏（态度均值 3.92），感到自己被关注（态度均值 3.98），心里感到愉悦（态度均值 3.97）。

点赞或积极评论看似"简单"平常，但从用户自身感受上来说，这会让他们觉察出"他人对我的认可和欣赏"，仅仅是这样就足以让用户产生愉悦的心理感受。

然而，当获得的点赞或积极评增多时，这种感受又会发生什么变化？如果用户分享的朋友圈动态能够获得较多的点赞或积极评论时，他们往往会油然而生一种较强的成就感（态度均值 3.88），并且这会让他们感到非常自信（态度均值3.95）。

这种成就感和自信还只是发生在用户朋友圈的线上生活中，但是，当用户分享的朋友圈动态经常获得别人较多的点赞或积极评论时，他们较大程度上会感到自己在现实生活中也变得自信了（态度均值 3.85）。所以，当人们在线上经常获得他人赞赏时，这其实会影响他们在现实生活中的自我认知和自我认同。

并且，用户朋友圈动态获得点赞或评论的频率与用户获得的感受体验之间有非常强的相关关系。也就是说，朋友圈动态"经常"获得点赞或积极评论的用户，比"偶尔"获得点赞或积极评论的用户，更能感到"被认可"和"被欣赏"，感到更加愉悦，成就感更强烈，并能在更大程度上感到"自信"（无论是线上还是线下生活中）。

这是一个非常有趣且值得我们思考的结果：

我们所谓的"自我认同""愉悦"和"成就感"，其实都取决于"被他人欣赏"。我们之所以在朋友圈分享内容，从深层次的心理来讲，其实是非常希望获得别人的赞赏(点赞或积极评论)。而一旦这种"预期"较大程度地达成时,我们就会心满意足,会自信,会快乐。尽管这种体验可能是一瞬的,但这足以令我们像着魔一样地不断分享内容,不断期待,从期待中"获得认可",让自己得到短暂的慰藉。

这何尝不是一种"画地为牢"呢?

2. 点赞和评论影响用户的分享传播行为

像点赞或积极评论这样简单的朋友圈行为,不仅能让分享信息的用户获得心理上的美好体验和满足感,而且还会实质性地影响到用户分享信息的行为和积极性。

我们的研究显示,当用户分享的朋友圈动态获得较多的点赞或积极评论时,这在很大程度上会鼓励他们继续在朋友圈分享更多内容(态度均值 3.90)。

而当他们分享的动态经常获得较少的点赞或积极评论时,这在一定程度上会降低他们继续分享内容的积极性(态度均值为 3.54),会让他们在朋友圈分享信息时变得谨慎(态度均值 3.64)。并且有超过一半以上(52.5%)的用户明确表示,这会让他们有挫折感。

看来,社交媒体上真的存在"海神效应"和"阿伦森效应"。这些心理会较大程度地影响人们在社交媒体上的分享传播行为。

如果用户在社交媒体上总是获得较少的点赞或积极评论,用户期待得到的"被认可"和"被欣赏"往往达不到预期,所以为了减少心理上的失衡感和挫折感,用户就会采取"保护措施"。比如,"我不想分享了"(减少分享行为),要么在考虑"分享什么样的信息到朋友圈"里时会更加慎重。

而一旦用户在朋友圈的分享获得较多的"认可",他们会感到"自信",这会鼓励他们有更多的分享行为。

并且,研究数据的确进一步显示出,"感到自信的程度"和"分享行为"之间,"挫折感"和"分享积极性降低""分享变谨慎"之间,都有很强的关联关系(如图6.3和图6.4所示)。

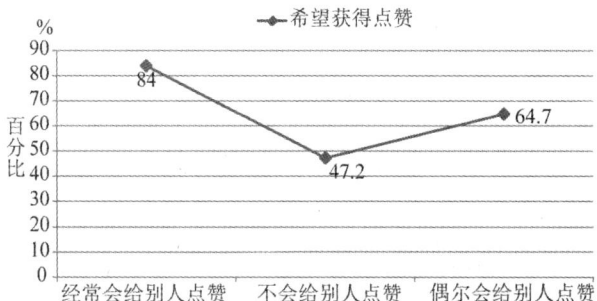

图 6.3　自信程度越高，分享内容的积极性越高

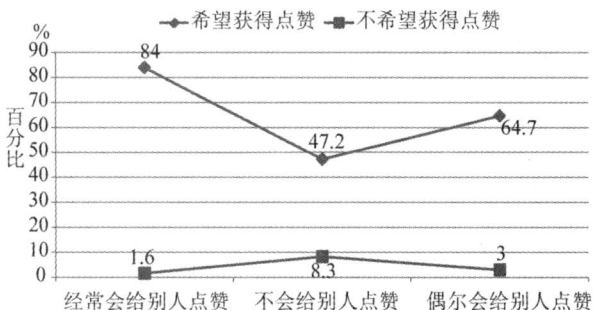

图 6.4　挫折感越高，越降低分享内容的积极性，分享内容时越谨慎

当然，这一切都发端于朋友圈的点赞和评论行为。

3. 想拉近社交关系，多点赞和积极评论！

朋友圈的点赞和评论看似"稀松平常"，但却发挥着我们想象不到的作用。它们既影响着用户的心理世界，又影响着用户在朋友圈的信息分享传播行为，而且还会对用户在微信上的关系维护起到相当积极的作用。

我们的数据显示，当用户的朋友圈动态获得其他人的点赞或积极评论时，他们在较大程度上会感觉与这些点赞者或积极评论者的关系更亲近了（态度均值为3.92）。

并且，用户获得点赞和评论的频率与他们感受到的"亲近感"之间存在正向的相关关系，"经常"获得他人点赞和评论的人，更能拉近与他人之间的"亲近感"。

也就是说，如果你想维护跟某个人在朋友圈的关系，不时地在对方朋友圈动态下点个"赞"或者写上几句"中听"的评论，都可以让对方感觉到与你"更亲近"。长期来说，如果双方经常保持"互赞"或"互评"的话，那么双方之间的关系就会拉近。

并且，我们还调查了用户会在朋友圈给别人发的动态点赞或评论的原因，数据进一步解释了上面的观点。

用户给别人点赞最大的原因是"对别人的鼓励"（56.4%）、"对分享的内容表示赞赏"（55.7%）。用户给别人评论最大的原因是"对别人分享的内容深有体会时，想表达下自己的感受"（62.1%）。

不过，用户给他人点赞和评论还有其他重要原因，包括："觉得跟对方关系不错""觉得有必要跟别人维护彼此关系"或者"想互动一下拉近关系"等。这些也成为用户主动给别人点赞和评论的强大动力。

这也说明，一方面，用户给别人点赞和评论时，的确"想拉近关系"，而另一方面，用户获得别人点赞或评论时，也的确能感觉到"关系被拉近了"。

朋友圈点赞和评论的简单行为，的确承载着维系关系的"功利性目的"以及刺激用户分享传播信息等诸多功能和作用。

这些研究数据说明，人们确实希望通过分享信息内容带来更多与他人互动的机会，并且他们很好地利用了点赞和评论这样的快捷工具，同时，他们希望自己分享内容也会得到反馈和积极互动。然而，这种信息分享虽然带来了益处。但是，它就像双刃剑，也带来了另一些结果。

五、"同台不同境"： 信息分享传播的绊脚石

社交关系互动促进信息分享，这对社交平台和用户都会带来益处，但同时，当用户自顾自地去分享信息内容时，产生大量冗余信息，这些杂乱无章的信息会触及人们信息处理能力的上限，会让他们在使用社交平台时感到厌倦和无所适从，会让他们变得沉默，"僵尸关系"大量产生。

难道仅仅是大量冗余信息就会让人们对维护社交关系感到焦虑和疲惫吗？仅仅是因为信息过量才让他们变得"沉默"，甚至想逃离社交平台吗？

更深层的原因在于信息的"不共情"。如果我们彼此分享的信息无法让对方感知到，或者我们对他人分享的信息无感，那么慢慢地我们会厌恶"行走"在社交媒体朋友圈里，跟那些经常不能产生"共鸣"的社交关系之间的互动会越来越少，直到变成沉默的"僵尸关系"。

"僵尸关系"的增多会让我们发现，由这些僵尸关系分享的内容信息也不断增多，但这些信息多数可能与自身无关，因为与自身无关，所以就难以跟这些关系产生"共情"体验。另外，无关信息的增多会大大增加我们处理信息的时间和压力。这两种情况同时出现就会带来认知失衡，而认知失衡往往会令人们感到不舒服或焦虑。同时，"僵尸关系"的增多还会带来另外一种结果，那就是我们会感到更孤独。

2015年4月，笔者在媒体上的专栏文章《微信上有一种关系，叫沉默的"僵尸关系"》发表后，一时引起大量共鸣、讨论和传播，各大媒体纷纷转载，百度搜索指数超过百万，也引来了一些媒体的采访，探讨社交媒体上的"僵尸关系"。大家之所以有所共鸣和热议，是因为"僵尸关系"触碰到了我们的痛点，给我们对社交媒体的倦怠感以及对社交关系维护的疲惫感提供了合理的解释。

为什么用户在社交媒体上的很多社交关系会变成"僵尸关系"？"僵尸关系"会在什么样的环节发生？"僵尸关系"会给社交平台信息流内容、个人社交等方面带来什么？

1. 信息分享过程中"同台不同境"

由于工作、职业社交、营销推广等原因而建立起来的临时社交关系最容易成为"僵尸关系"，最主要的原因就是双方的交流缺乏动力。但是，这种"僵尸关系"并不是绝对的，只要有条件转化，仍可能成为有情感的紧密社交关系。

临时社交关系转化成互动性更强的关系大概有三个条件：第一，真实的面对面互动交流；第二，不间断地在微信平台上沟通交流，增进了解；第三，寻找与他人的共鸣区。

如果很难做到这三点，那么这种临时关系就比较容易成为"僵尸关系"。可以说，临时社交关系在微信上的直接交流和沟通方面存在很多不易突破的问题，加之彼此的不熟知，双方进一步在朋友圈产生互动的频率就会更少，于是临时社交关系更容易成为"僵尸关系"。

除此之外，另一种能让微信上的社交关系变成"僵尸关系"的情况则会发生在朋友圈信息分享阶段。在信息分享阶段，我们的大脑对朋友圈其他人分享的信息有一个处理过程：接触信息——过滤/筛选信息——感知到信息并留存/未感知到信息并抛弃。

我们从图6.2可以看到，人们在分享信息前会筛选过滤出符合自己社交媒体身份、角色的信息内容，然后进入"分享内容"阶段。这时，大量"分享的内容"都会汇聚在朋友圈这样一个大的"信息市场"，在这个"信息市场"里，信息可以被用户随意挑选，然后决定是否要将这条信息分享出去。所以，在朋友圈"信息市场"里，用户通过挑选信息、评价信息、分享信息的行为来完成与他人的社交互动，完成信息的传播和流动。

那么，人们会挑选哪些信息进入自己的视野呢？人们会对哪些信息感兴趣并产生"想评价"的冲动呢？这时，就进入了我们对信息的处理过程。

如果我们经过信息筛选和过滤，感知到了某些朋友发布的信息并留存在大脑中，如果理解甚至认可这些信息，可能会有意愿跟这个人进行朋友圈互动和交流，此时"共鸣区"就产生了，或者说对这个信息或这个人产生了"共情"。如果这种"共鸣"时常发生，那么双方关系便会因为信息的分享而变得更加熟悉或紧密。这种对他人分享信息的感知和共情不仅会增加互动的频率，而且会增加信息传播和扩散的范围和速度，就像前面章节分析的那样。

相反，如果我们在看到某些朋友发布的信息后没有感觉（感知不到），那么这些信息就很难进入我们的大脑，我们常常会不自觉地忽视那些未达到"共鸣区"的信息和"朋友"（因为人会下意识地回避自己不需要的信息），因此与这些人在朋友圈信息分享阶段的互动会越来越少。一旦处于这种状况，"舞台中央孤独的表演者"便会频频出现，朋友圈"自说自话"的情况会越来越多，双方的社交关系便可能向"僵尸关系"发展。

无论这种关系是由不熟悉的人临时建立的社交关系，还是原来真实的社交关系，都很有可能转向"僵尸关系"。也就是说，"朋友"虽然在同一平台展示信息，但因为所处境况和环境的不同，感知到对方信息的程度是不一样的，所以慢慢会在微信上"分道扬镳"。所谓的"话不投机半句多"，就是这个道理。

2. 朋友圈信息分享阶段的信息感知效应

这样看来，决定着朋友圈里谁是"长久沟通的朋友"，"谁是无信息互动和交流的朋友"的很重要的一个因素就是，我们对朋友圈分享信息的过滤和感知以及我们筛选后留下的信息和自己的匹配程度。然而，这个过程可能是我们意识不到的，但却能对我们最终的行为产生影响。那么我们是如何过滤朋友圈信息的呢？

举个形象的例子，A 在朋友圈发了一条卖面膜的微信信息，B 先是看到了这条信息（视觉上），紧接着这条面膜信息开始进入 B 的心理层面进行过滤，此时便有几种情况发生：（1）B 不感兴趣（兴趣），所以自动忽略面膜信息，B 与 A 不想发生交流。（2）B 很讨厌推销信息（态度），认为推销信息都是骗人的，所以忽略信息甚至删除 A。（3）B 很爱美（本能），对面膜信息有需求，所以 B 点击打开查看详细信息，和 A 交流互动。

在这个例子中，B 对 A 发的面膜信息有不同的过滤和感知方式，不同的过滤和感知又决定了 B 对这条信息最终的处理方式以及 B 和 A 之间的关系和互动情况。

不光是 B，其实每个人在心理层面过滤信息的依据都与自己的个性、自我感觉、兴趣、态度、习惯等因素有很大关系（如图 6.5 所示）。

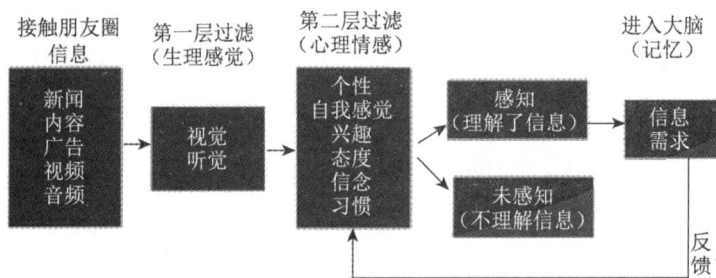

图 6.5　信息过滤流程

也就是说，这些方面的因素决定了你对朋友圈信息的筛选，决定了你对哪些信息理解或不理解，对哪些信息认可或不认可、需要或不需要；决定了什么样的信息能与你匹配，最终也决定了你会将什么样的人划入"僵尸关系"名单。比如，某个人发的信息总是在你的关心之外或兴趣之外（匹配不了），那么长久来看，这个人最有可能在微信上跟你不相往来了。

从心理层面讲，人们是希望跟他人产生共鸣并得到认可的。为了达到这样的目的，人们往往会精心挑选自己所要分享的信息，严格、谨慎地过滤信息，努力获得他人的赞誉或积极互动，由此会产生自信、满足、愉悦甚至成就感，并避免产生挫折感。

然而，要做到这些，就意味着人们要花大量时间和精力去定位自己在微信上的角色和所属圈子，并不断地发布能跟圈子产生更多交集的信息，只有这样才能获得在这个圈子里的互动和交流，达到维系圈子关系的目的。

但是，我们的时间和精力是有限的，这就决定了我们能够驾驭和扮演的角色数量也很有限。所以，在大部分情况下，你分享的信息不能被你角色定位之外的圈子感知到。比如你在微信上分享的信息多与工作关联（你定位在工作圈），那么你其他圈子的朋友就很难感知并理解你发布的信息，你和他们的共鸣和交集慢慢会减少，互动和交流也会变少，最终可能成为长久沉默"僵尸关系"。即便以前是同学和朋友关系，但这种情况也会让你们的关系慢慢疏远。

因此，我们更进一步确定跟哪些人的关系会成为"僵尸关系"，其实是在朋友圈信息分享传播阶段发生的。

六、 分享有效信息： 减少失衡和焦虑感的好方法

利昂·费斯廷格（Leon Festinger）是美国著名的社会心理学家，他在1957年提出了认知失调理论。他认为，认知失调是因为做了一项与态度不一致的行为而引发的不舒服的感觉。比如，你很讨厌一个人，但为了维护社交关系反而要恭维他。当行为和态度不一致的时候，往往会引起个体的心理紧张。为了克服这种由失调引起的紧张和不适感，人们通常会采取某些方法减少认知失调。比如，否定自己原有的态度，或者寻求更多支持自己态度的信息，从而获得心理平衡。

1959年，费斯廷格和他的学生梅里尔·卡尔史密斯进行了著名的认知失调实验。参与实验的是60名斯坦福大学的本科学生，他们被随机分配到三组实验条件下。

第一组是20美元组。受试者被要求进行一小时枯燥的实验任务。内容是：首先让受试者花半个小时用一只手把12个线轴放在托盘上，然后再拿出来，然后再放到托盘上，再拿出来。紧接着，让受试者再花半小时用一只手把插盘上48个短桩挨个旋转90度。整个实验非常无聊，研究人员只是坐在一旁掐着表做记录。完成实验任务后，研究人员给受试者20美元，让他们告诉下一个受试者这个实验很有趣。

第二组是1美元组。受试者同样被要求进行一小时枯燥的实验任务，实验任务相同。但完成任务后，研究人员给受试者1美元，让他们告诉下一个受试者这个实验很有趣。

第三组是控制组。这组学生只进行同样的枯燥实验任务，完成实验后，他们不需要告诉下一个实验者这个实验是否有趣。

三组实验进行完毕，研究人员询问三组受试者对实验的态度。结果发现，20美元组和控制组对实验做出了轻微的负面评价，而1美元组的学生却给了实验

相当正面的评价。

费斯廷格对此做出的解释是：当受试者对别人说绕线工作很有趣时，他们是心口不一的。他头脑中有了两个认知因素："我本不喜欢绕线工作"和"我对别人说这个任务有趣"，两者是相互失调的。为了消除心理上的失调感，他便要把自己的行为合理化。得钱多的（20美元）受试者会用这笔不小的酬金为自己的行为辩解，认为自己之所以对别人说谎是因为有明显的外部好处，这样说是值得的，心口不一所带来的失调感就削弱了。可是，得钱少的（1美元）受试者就很难用这种理由开脱。

由于失调感所带来的心理压力，得钱少的受试者会再审视两个相互矛盾的认知因素。其中，"我对别人说这个任务有趣"是受试者自己已经做出的行为，不容易撤回。但"我本不喜欢绕线工作"则是受试者自己内在的态度，比较容易改变。于是，受试者便不自觉地提高了对绕线工作的态度评价。那么，新的认知因素"我比较喜欢绕线工作"与"我对别人说绕线工作很有趣"就相互协调了。所以，测试结果就会发现，得报酬少的人表现得比得报酬多的人更喜欢绕线工作。

这种认知失调同样会在我们使用社交媒体朋友圈分享信息、维护社交关系时发生。面对"僵尸关系"以及由此造成的信息处理压力，我们会产生强烈的焦虑和不适。比如，我们在社交媒体朋友圈分享我们精心筛选后的信息时，往往会抱有一种期待，那就是我们认为会得到更多与他人的互动（点赞、评论、赞誉等）。但是，"僵尸关系"的增多以及"僵尸关系"带来的冗余信息的增多，都会增加社交关系在朋友圈互动的难度，让这种期待落空，或并不朝着我们期待的方向发展。这时，我们会产生挫败感，甚至焦虑感。这种焦虑其实是心理上的一种认知失调。

也就是，我们原本期待的更多互动（认识、态度）和最终出现的行为（没有得到更多积极互动，没有获得更多点赞等）之间出现了矛盾，这种矛盾会让我们产生不舒适的感觉。

为了调解矛盾，以便让自身感到舒适，我们会采取一些措施来达到认知一致。比如，改变自己的态度，认为"朋友圈发信息太无聊、浪费时间、没意思"，这种态度就会缓解我们"没有得到更多互动"而产生的心理失衡。

因此，为了缓解"僵尸关系"问题造成的失衡感和消极状态，可能很多人会选择一种处理方法，就是逃避朋友圈，减少打开的次数，正如我们在第五章分析的那样。这种"逃避"的行为可以减少失调心理。比如我们买了一个产品，许多评价都说不好，但我们会有意识地回避这些不良评价，从而让心理产生平衡，以确定我们购买的决策是正确的。

另外，还可以改变行为来缓解失衡，使自己的行为不再与态度有冲突。比如，你很爱抽烟，难以戒掉，但外界不停地提醒你吸烟会引发肺癌，你也意识到了这一点。此时，就会产生认知失调。为了缓解这种心理失调，你可能会改变态度来达到认知一致，比如你不断告诉自己"我喜欢抽烟，不是每个人都会得肺癌"。但你也可能通过改变行为来达到认知一致，比如，你坚决戒烟，别人怎么给你也不要。

所以，在面对"僵尸关系"时，人们除了通过改变对朋友圈的态度从而"逃避"朋友圈，还可以通过改变行为来弥补这种失衡。

比如：（1）更在意并注重自己分享的内容，控制发帖数量，谨慎地撰写评论，以迎合自己所属的圈子；（2）有筛选性地分享内容，多数人希望自己分享的内容能赢得某些圈子成员的互动；（3）不断与他人在朋友圈建立互动（点赞、评论甚至转发他人发布的内容等），以此提高双方关系的黏度，最终减弱"僵尸关系"带来的不良感觉；（4）更注重使用微信分组功能，提高自己分享的信息在不同群组里的活跃度，不过这会让时间成本大大增加。

其实这些弥补失衡的方式就好比，我们买了一个产品，特别希望看到很多正面评价、家人朋友的认可，甚至还会专门去搜集对这个产品积极的评价，以证明自己的决策是正确的，从而达到一种心理平衡。所以，相比于逃离朋友圈，调整分享信息的行为或与他人互动的行为是一种比较积极对待"僵尸关系"状态的方式。但长期来说，这更容易引起身心俱疲和患得患失心理，比如，如果不时常刷朋友圈就会感觉不安。

所以从某种程度上讲,在朋友圈信息分享也是积极转化"僵尸关系"的一种手段。通过分享信息,我们获得更多在圈子中曝光的机会,获得并寻求更多的肯定,希望产生更多互动,失衡感得到缓解,最终也维护了这种关系。

除了逃避朋友圈或者调整分享信息的行为,人们还可以通过减少朋友圈好友的数量来缓解"僵尸关系"带来的焦虑和失衡感,比如将那些不常联系的"僵尸关系"删除,让自己的好友数量减少至200人以下甚至更少。这样的行为方式也可以缓解失调,让我们在信息处理能力范围内维护这些有限的社交关系。但人们往往不会选择这种方式,因为他们认为社交媒体扩展的大量社交关系就是人脉资源,即便不经常交谈,但仍有保留的价值。

因此,人们更愿意采取前两种方式来调解认知失调的矛盾,从而达到心理平衡。

七、 僵尸关系的罪与罚催生"信息推销员"

1. 僵尸关系的罪与罚

当面对不活跃的"僵尸关系"以及由此造成的大量信息内容和刷屏压力时,人们会疲于查看和阅读他人分享的、与自身无关的繁杂信息,对浏览朋友圈这件事会产生失调感,对维护朋友圈关系这件事感到疲惫,这难以避免地让人们对社交媒体朋友圈的热情下降,对朋友圈分享的内容产生较强的"抗药性"。

所以,这会产生两种情况:一种是,人们不再那么热情满满地去分享原创信息(比如自身生活状态信息),也不那么热衷浏览并查看他人在朋友圈转发的内容链接;另一种是,人们会加大对朋友圈信息进行筛选的力度,包括他们要看什么、忽略什么。并且他们对自己分享什么样的信息也进行更加严格的过滤,一方面他们会斟酌什么样的生活状态信息是可以发的，会得到不错的互动效果，什么是不可以发的；另一方面，他们对筛选什么样的内容链接转发到自己的朋友圈也更加"挑剔"。

他们会通过降低自己在朋友圈的活跃度来弥补心理失衡的状态，协调"刷朋友圈浪费时间"的失调感；同时改变处理朋友圈信息的方式，比如，直接"忽略"很多人分享的信息，只选择那些让自己极其感兴趣、觉得有价值、让自己感知到或产生共情的原创信息和转发内容链接，并与这些信息的分享者进行互动、交流。

因此，人们在朋友圈的整体互动力度会大大降低。同时这也说明，来自公众号、媒体、企业等组织的内容在朋友圈的流转难度会增加，因为人们加大了对"内容链接"的筛选力度，对分享转发什么样的内容链接更严格。也就是说，让人们"发现"这些内容，并转发这些内容链接变得不那么容易了，除非是热点事件类或具有引起大量群体共情能力的信息内容。

我们从微信公布的数据里或许可以得到一定的解释：相比较而言，用户在微信朋友圈中更关注好友发布的生活状态原创信息（比例为61.4%），也比较在意自己发布的内容能否获得朋友圈友人的互动反馈（35.3%），而他们对朋友圈友人的"转发内容"关注度最低（29.8%）。同时数据显示，相比于朋友圈的图片信息（50.7%）、文字信息（50%）、短视频信息（45.2%），用户对朋友圈"文章链接"这种信息流形式的喜欢度最低（29.8%）[①]，远低于前几种，也就是说，人们浏览文章链接的意愿最低。

而这些"转发内容"或"文章链接"主要来自公众号或第三方网站链接。所以，对于内容生产者来说，自己生产的内容能够被更多人"发现"并被点击查看变得更困难了，希望通过社交媒体朋友圈广泛传播自己生产的内容更变成了一件难事，热点传播或爆款文章可遇不可求。而在微博上，同样的情况也存在。

---

① 此处使用的数据来自 2016 年微信用户数据报告，腾讯科技企鹅智酷发布。

张小龙在 2014 年 12 月微信公开课上曾分享过一组数据：有 20％的微信用户从订阅号里挑选内容阅读，有 80％的用户则从朋友圈里发现内容阅读，他认为这符合二八定律。然而，这个数据很快被媒体舆论淹没了。2015 年，越来越多的媒体指出，微信公众号的打开率持续下降，并且由于朋友圈信息冗余的增加，来自朋友圈的阅读量也不断下降，微信公众号内容红利已远去，大多数公众号的内容生产、内容传播变得更加困难。

虽然我们并不能拿到微信后台的真实分析数据，也没有看到来自微信的官方数据说明，但一个可以肯定的事实是，的确只有少数人在微信公众号里挑选文章阅读，他们较为积极，并且将这些挑选好的内容转发到朋友圈中。而大多数人则会选择在朋友圈里面阅读别人转发的文章，而不是直接打开公众号阅读。这些少数人就是蜂巢中较为活跃的"信蜂"群体，他们积极性高，乐意从外界挑选信息并输入自己的圈子。而大多数人都是并不积极主动的"信蜂"群体，他们选择了"省时省力"的方式，即在朋友圈浏览别人分享转发的文章链接，他们在这个过程中根据自己的口味、风格、价值观判断、身份角色等因素完成信息内容的挑选、过滤，然后再决定将哪些文章转发到自己的朋友圈。

通常，在朋友圈里筛选我们要看哪些转发内容，第一步是要看哪些信息能进入我们的视野，哪些信息能进入我们的感知范围，而标题往往是引起注意和感知的关键第一步。当大多数人在朋友圈浏览和筛选阅读信息时，在朋友圈分享的内容链接，其标题的重要性不言而喻。

所以，在内容整体打开率下降的情况下，为了更努力地获得"被阅读"的机会，标题是否突出，是否能引起人们点开查看的兴趣，就决定了内容是否能够被"查看"。酒香也怕巷子深，文章也要靠标题来吆喝，这就会造成朋友圈信息流"标题党"严重的情况，而这反过来又会加重用户对朋友圈的厌倦心理。

虽然大多数用户在阅读时选择在朋友圈浏览和挑选信息，而内容链接的标题是吸引他们打开的关键因素，但这并不代表他们一定会再次分享转发这些内容。数据也同样表明，人们在朋友圈更愿意使用点赞（57.6％）和评论（38.5％）

的快捷社交方式,而他们转发内容的意愿则比较低(23.8%)。①

当用户点击查看内容后,会影响他们再次转发分享的因素则是内容本身。内容对他们来说是否有价值,内容质量如何,是否有趣味性,是否能引起他们的共情,是否符合他们的社交媒体身份定位等,这些因素则会影响这些内容的再次转发传播。

不过不可回避的是,"好"内容被发现并被传播的难度变得越来越大了。一方面是因为存在海量的公众账号;另一方面则因为社交媒体上"僵尸关系"的增多,用户对朋友圈的杂乱信息感到疲惫,从而对社交媒体的黏性下降。用户在时间非常碎片和精力十分有限的情况下,往往只根据标题来确定是否查看具体内容。这一方面的确会在社交平台上滋生出严重的"标题党"问题,另一方面也给我们带来启示:标题的重要性不言而喻。如果标题不够吸引人,好内容仍会瞬间被淹没。

所以,好标题重要,内容本身更重要。好标题是吸引注意的第一步,内容则是影响用户传播的关键。对于内容生产者、内容营销人员来说,为了达到内容传播的广度,好标题和"好"内容的确是值得经常琢磨的,这也考验着社交媒体运营人员的能力。

2. 训练自己成为优秀的"信息推销员"

为了缓解"僵尸关系"状态造成的心理失调,为了在朋友圈与其他好友达到更好的互动预期,甚至为了将"僵尸关系"转化为较为紧密的关系,人们会对自己在社交媒体圈子里分享的信息越来越重视。人们对选择哪些内容分享也变得更严格和慎重,对分享哪些内容会仔细考量。

人们不希望制造太多冗余信息而引起他人的不满,所以会减少在在朋友圈分享信息的频率,会精简分享内容,以便得到更多的互动,比如点赞、评论或赞誉等,从而带动不活跃的社交关系变得活跃起来。除此之外,为了维护自身在社交

① 此处数据来自 2016 年微信用户数据报告,腾讯科技企鹅智酷发布。

媒体上的身份角色或风格定位，人们在筛选哪些信息成为分享信息时也有较多考虑，比如在浏览朋友圈好友转发的内容后会严格挑选自己认为有价值、符合自身气质和特点的文章内容进行转发。

基于上述目的，为了能够让别人在朋友圈"看到"或"感受到"自己挑选转发的信息是"有价值的"、符合自身定位的，从而得到朋友圈好友的共鸣或互动，他们往往会不遗余力地"推荐"这条文章链接。比如，人们在转发某条文章链接时，往往会去构思或提炼能够体现该条转发文章核心思想的语言，或者总结一些能够体现自己有见解、有想法的精辟观点。

这些"推荐语"通常能够让朋友圈友人快速了解到这篇文章内容的中心思想，引起他们的关注，激发他们点击查看的兴趣。更理想的情况是，友人也对这篇文章内容产生好感，并认同文章的观点，这样就会获得较多与他人互动的机会。

另外，人们通过精心构思的推荐语，向朋友圈好友积极地推荐他们转发的文章内容。他们希望推荐语能体现自己对该领域内容的关注和了解，体现自己的社交身份、角色、地位、风格、品位和关注领域，体现自己的专业性，或向他人传达自己的价值观、观点和态度。他们希望自己经过转发分享阶段的加工，得到更多社交关系（朋友圈友人）的点赞、认同和积极互动。

所以，在这种情况下，当人们精心挑选出要在朋友圈转发的文章内容时，他们就像一个布道者，这篇文章是他们精挑细选出的产品。他们希望别人也能够喜欢，也能够跟他们达成一致意见和共鸣。

这个过程会让他们产生满足感和成就感，也能带来愉悦体验。而且在信息分享过程中，人们也在不断训练对自己转发内容（文章、视频、音频、甚至广告）的"推销能力"，不断调整和提升自己的"推销策略"，比如反复思考"如何写转发评语更好"。从这个角度来说，人们在社交媒体上其实是下意识地将自己培养成为出色的信息推销员。

当然，这种情况只是对于一般情况下的文章内容来说的，而对于一些能引起广泛共情的内容，就像我们在第五章分析的那样，比如有较强情绪传递、能让人愤怒的热点事件类内容，虽然也会被人"筛选后"转发到朋友圈，但这类内容一般遵守着共情的即时性和场景化特点，会比较迅速地引来人们的认同和传播行为。

营销启示

人们在社交媒体上分享信息时表现出的"信息推销员"特点其实是由内在动力驱使的，是分享信息时不自觉的下意识行为，意在达到上述"目的"。对于内容营销人员来说，人们这样的心理和行为可以给内容营销传播带来一定启示：要努力强化"信息推销员"心理。

在内容营销中设定鼓励用户分享传播的规则，比如，推出营销内容后，筛选出认同、喜欢甚至能与该内容产生共鸣的用户群体（他们就像首批舆论领袖），之后邀请这些"认同者"撰写对该内容的真实评价和看法，鼓励"认同者"中的积极分子在社交媒体朋友圈中转发分享该内容并且添加对该内容的真实"推荐语"（可能是好的，也可能是坏的）。最后，对转发分享后获得好友点赞、评论或互动的"认同者"将会得到奖励，奖励程度根据互动情况而设定。

在这个过程中，内容营销者并非诱导分享，而是尊重"认同者"的转发意愿，尊重他们在转发分享时的真实评价和观点，这样会减少"认同者"因为"心口不一"而产生的认知失调感。同时，他们的"信息推销员"角色又为他们带来奖励，而且能确保这些信息是他们自愿挑选出来分享到朋友圈的内容。

第七章　营销中的蜂群需求管理

在社交媒体蜂巢中,信蜂是信息传播中的主体。即便关系和内容是蜂巢传播中的另外两个重要因素,但前提一定是有"愿意在社交媒体圈子里四处搬运信息"的信蜂群体存在。但是,信蜂是一个大而广的概念,是对社交媒体上积极搬运信息群体的统称,我们在前面章节中也并未将信蜂进行分类。

信蜂群体因为年龄、爱好、兴趣、需求、特征、心理或所在社交媒体等因素的不同,可以划分成不同的群体,比如年轻人信蜂群体、中年人信蜂群体、微博信蜂群体、微信信蜂群体、二次元信蜂群体等等。当然,这些蜂群有时是因为爱好兴趣的"情投意合"而聚集起来的圈子群体,比如二次元;有时则并不是自发组织在一起的,而是我们根据他们的某些特征关联在一起的,这就需要我们对信蜂群体进行归类分析。

因此,不同类型或按不同标准划分的信蜂群体就形成了大大小小的蜂群,不同的蜂群则在信息需求、信息传播心理、社交关系互动等方面存在差异。

这些因素,都会影响信息在社交媒体蜂巢中的流动。其中,蜂群的需求则影响着社会化营销传播,影响着垂直领域互联网产品的发展和管理。比如,某蜂群对什么样的营销信息感兴趣,则会影响该蜂群在社交媒体上对这些营销信息的关注、参与和传播。比如,不同的蜂群都有什么样的兴趣爱好、生理心理需求、交流沟通需求等等,对这些因素的分析和管理则会影响面向这些蜂群的互联网产品的定位、功能设计等。

我们前面已经分析过信蜂群体在大众社交媒体和垂直类社交平台上传播信息的内在心理,也分析过年轻人群体的心理在网红经济中的作用。接下来,我们将详细分析蜂群需求在社会化营销、精准营销和互联网产品的运作和发展中所起到的重要作用。

如果说,蜂群特征、爱好兴趣等因素会影响到他们对某些特定信息的筛选、过滤甚至传播，那么蜂群需求则是"窥探"和"解剖"他们的最有效办法。他们为什么会"筛选"某类特定信息（信息需求）？为什么某些信息能被他们"过滤"掉（喜好心理）？为什么他们愿意转发分享某些信息（传播心理需求）？他们为什么会使用或放弃某类 App？他们为什么在浏览网页时会购买自动推荐的产品？他们究竟需要什么、不需要什么？他们有什么一致性的行为特征，这些特征说明了什么？我们可以从不同角度提出非常多关于蜂群需求的问题。

如今，在许多互联网产品设计中，用户思维、用户需求管理已经代替了传统的定位理论。而在社交媒体传播中，传播群体的需求分析也成为我们研究传播趋势的重要指标。就像第五章分析的那样，当内容生产和内容营销人员深谙目标用户的心理需求、信息需求时，他们在内容创作和内容传播过程中往往会引发更多用户的共情，其实，这仍然是一种潜在的对用户信息需求和情感需求的把握。

因此，我们对特定蜂群的需求进行分析和管理，将会在社会化营销、精准营销和互联网产品的运作和发展中起到决定性作用。

一、 定位理论的不变与变

从 20 世纪 60 年代开始，美国的商业竞争逐渐加剧，大量品牌开始在市场中相互追逐。为了脱颖而出，许多品牌不惜花费重金在各种媒体上投放广告，对消费者进行狂轰滥炸。而这种行为，也恰恰促进了广告业在美国的繁荣发展。

品牌、产品品类的增多让竞争变得空前惨烈，同质化情况也变得严重起来，所以寻求差异化变得愈发困难。这至少会带来两种情况的发生，一种是大量品牌将核心力和财力放在广告投放上，寄希望于广告轰炸来树立品牌在消费者心目中的位置。另一种是，风靡美国许多年的 USP 理论（独特的销售主张）开始受到挑战。USP 理论的核心在于，在品牌或产品特点、功能等方面找到独特的特点，并将这个特点作为广告诉求直接灌输给消费者，由此建立品牌或产品在消费者心中的位置。但是,随着竞争的加剧、同质产品的增多,营销人员难以再从产品本身角度找到一个独一无二的特点和主张让消费者买单。因为,供小于求的营销时代已经终结了。

1969年6月,杰克·特劳特在美国《工业营销》杂志上发表的文章中,首次提到定位理论。他认为,定位是你对未来潜在顾客的心智所下的功夫,也就是把产品定位在你未来潜在顾客的心中;如果不按照"定位"的游戏规则来玩,就算花费数百万美元投放大规模广告,仍然会一败涂地。特劳特因此成为定位理论之父,而定位理论也从此开始成为指引广告、营销领域的罗盘。

定位理论一直强调,要"抢占消费者心智"。特劳特这样描述心智:心智就像记忆库一样,为每一组选来存储的信息备有一个小格子或"位置"。面对大量的广告,消费者的心智会产生防御机制,会屏蔽和拒绝许多迎面而来的信息,只接受那些与消费者先前知识或经验相符的东西。所以,特劳特认为,品牌应该对自己进行定位,产品应该设计独特,让它们在潜在消费者心目中能够占据一个与众不同的位置,留下特殊印象。

所以,按照定位理论的说法,要想"抢占消费者心智",品牌就应通过定位,让自己的信息进入消费者的"小格子",让消费者感觉到该品牌或产品与竞争者的差别。

定位理论倡导的理念风靡全球,在广告营销领域受到极力追捧,并且也出现了许多经典案例。然而,今天的社交媒体早已改变了定位理论原先所依附的传统环境,定位理论也发生了新的变化。

1. 在媒介化生活时代,抢占消费者心智难上加难

人们已经进入媒介化生活,正如我们在第一章分析的那样,人们活跃在各种社交产品和App上,日常生活被各种新媒介所割裂开来,注意力高度分散。因此,传统定位理论所倡导的"要让信息进入消费者内心的小格子"已经变得越来越困难了。任何机构想要抓住消费者更多的注意力都是不现实的,而想要把品

牌信息持续灌输给消费者,并让消费者感知到品牌的与众不同,似乎已经成为一种奢望。看看今天社交媒体上的热点事件,即便掀起的舆论浪潮异常汹涌,引发百万级用户的传播与讨论,但热点维持的时间相比以往更加短暂。人们不再为某个热点信息而消耗自己太多时间,变换的市场、变换的信息环境也时刻在更新热点。

人们已经完全沉入信息的汪洋大海,找不到方向,唯一的办法就是用"逃避"或严苛的筛选来控制进入自己视野的信息内容,但能够留在人们"记忆"中并保留下来的信息少之又少。

所以,传统媒体时代,品牌不断投放狂轰滥炸式的广告,在"抓住消费者心智"方面会起到作用,也会让消费者感知到某些品牌与众不同的地方。比如,宝洁的"去屑实力派,当然海飞丝",农夫山泉的"我们不生产水,我们只是大自然的搬运工",都是很好的定位策略。它们能够通过不断地投放广告,占据消费者心智,让消费者感知到它们与竞争品类的差别。

然而,在信息极度冗余和碎片化的社交媒体时代,消费者在感知产品或品牌时已不再单单通过传统媒体广告了,消费者和品牌的接触是全方位、立体化的,并且同时夹杂着大量杂乱信息,所以,消费者对品牌的信息感知就没那么强烈了。不是品牌不努力,而是消费者身处的信息环境太复杂,受到的干扰太多。

2. 互联网时代的惨烈竞争,让传统定位理论面临新挑战

其次,互联网的高速发展已经让竞争变得无处不在,市场空隙越来越小,许多新创公司只能在夹缝中求生存。定位理论产生于品牌竞争开始加剧的传统环境中,为了应对竞争,定位理论提出要"抓住消费者心智",除此之外,定位理论还倡导"品牌分类"。通过分类,并通过给消费者灌输差异化信息,在消费者记忆的小格子里保留某品牌的位置,达到抓住心智的目的。

但是,互联网的高速发展让各行业不断向更垂直化的方向发展,而技术领域

的各类互联网公司、新创公司在互联网浪潮的风口上如雨后春笋般爆发。品牌分类对于这些公司应对竞争来说是远不够的,因为即便是分类,在同类互联网产品中又有许多强劲的竞争者,同质化加剧,差异化反而在减小。所以未来互联网产品公司将会越来越细分化和垂直化,它们可能会凭借自身在某方面的技术优势切入到更细分的领域,面对更细小的人群。

如果还按照传统的定位理论,通过向消费者输出差异化广告信息,而让消费者在五花八门、眼花缭乱的互联网产品中感知到某款产品的与众不同,是很困难的,本身寻找差异化定位也是困难的。

另外,消费者对产品的消费理念发生了很多变化,他们更重视自身体验带来的对某品牌或某产品的理解和态度,而不是通过广告告诉他们产品有什么与众不同。所以,对于许多互联网产品或品牌来说,比如手机、App、社交产品等,它们更多地选择新的方式与消费者接触,比如通过社群的维护、用户体验的反馈、内容营销等方式,而较少选择传统的轰炸式广告。

对于更垂直细分的互联网产品来说,它们需要先确定自己所面对的细分群体,然后再与这部分群体近距离接触,了解目标群体所想,设定出符合目标群体感觉、气质、需求的产品,以此提高细分群体对他们的接受度,获取目标群体的好感和忠诚度。通过全方位与产品的接触和对产品的体验,目标群体才会获得他们对产品更贴切的感知,才会最终让这个产品或品牌占据自己的心智。

3. 定位角度的改变： 本质在于抓住用户需求

消费者在今天都成了用户,他们不仅消费品牌、产品和信息,而且还可以通过在社交媒体上传播产品的信息而成为该产品或品牌的"推销员"和"售卖者"。他们越来越细分化、窄化,并且变得十分分散。他们甚至不再具有固定的特征,或固定属于某类群体,他们可能同时属于几个圈子群体。比如,A 可能在传播信息方面具有与 B 同样的特征和传播信息,但是 A 在社交关系维护方面却与 C 有同样的心理嗜好,而 A 对某类产品的使用和消费态度上可能与 D 类似。

所以，用户今天不再单单按照消费特征、消费心理、消费需求而划分。他们分散在互联网和现实生活中的各个角落，在互联网上留下众多行为足迹，我们需要将这些人按照媒介接触特征、所处的场景、信息需求、心理需求、爱好、兴趣等标签全部"打散"，然后又根据某方面特征、需求等标签自然而然地归类组合在一起，形成无数个小的圈子群体。

在大品类时代，我们还能看得见、摸得着消费者，但在极度细分化的互联网产品时代，谁才是真正的长期用户开始变得捉摸不透。我们似乎不能简单地按照某个特征将用户归类在某个圈子群体，而需全方位地挖掘大量用户的行为特征、需求心理，才能找到更加确定的目标用户，针对他们进行定位。只有这样，才能应对互联网发展的快速变化。

因此，今天的定位理论，远非"抢占消费者心智"那么简单，也远非"让品牌信息占据他们心里的一块小格子"那么简单。传统的定位理论在看待消费者方面仍然是扁平化的，但今天，面对更加"散"、更加细分、更加长尾的市场，我们应该立体化地看待消费者，甚至要对他们整体特征进行解构和重新组合，再形成新的细小群体。

传统的定位理论其本质仍然是从品牌本身的角度出发，去考虑定位。品牌希望自己所提出的独特信息能够通过大众媒介的传播，被消费者筛选出来、被感知到，并存储在他们的心智里。所以，传统定位理论认为消费者是被动接收信息的，认为"我预设的这个独特信息好"，就会被消费者记住。然而，这样的时代已经远去了。

今天的市场更加细分、垂直化，消费者更加分散和窄化，消费者在对待信息方面有更大的主动性和选择。因此，我们更需要对新创公司、新产品进行定位。但是，传统的定位理念已经发生改变，企业不应单从品牌或产品的角度出发去考虑定位，更要从用户角度出发，确切地说是从更细小用户群体的切实需求出发，来研究新创公司、新产品的定位问题，"抓住用户需求"进而"抓住用户心智"。

即便在社交媒体内容营销或公众号的内容输出中，也很讲究内容的定位，并且要考虑目标蜂群用户的信息需求、心理需求。我们在前面分析过的"新世相""一条""石榴婆报告"等内容创作者都在做内容营销的事情,它们的公众号就是一个品牌,这些内容品牌有预期的目标蜂群用户。更重要的是,他们此时的定位依附于长期的信息输出,输出的信息既符合他们的品牌风格、理念,又对蜂群用户的信息需求和心理需求诊断准确,拿捏到位,能够直达"蜂群内心"。

所以,在长期的信息输出以及与蜂群用户的互动过程中,内容品牌与蜂群用户才能建立亲密的感情,蜂群用户对内容品牌产生更多的信任,甚至愿意消费内容品牌推荐的产品。这种"抓住用户心智"的过程虽然较为漫长,但建立的关系会更加稳固。

在社交媒体时代,身处不同领域的品牌更加需要定位,但变化的是定位出发的角度,已经从"品牌"到"用户需求"的转变。如果把品牌拟人化,那么传统环境下的定位理论是"告诉你我是谁""告诉你我能给你什么"。而新环境下的定位理念应该是"我了解你,我知道你要什么,而我恰恰是那个能满足你需要的人"。

所以,现在的定位要做到"抓住心智"需要做出更多长期的努力,通过社交媒体蜂巢建立与蜂群的紧密关系,了解蜂群需求,提供满足蜂群需求、心理的信息,让蜂群感受到:"你就是能满足我需求的人!"这就是定位理论的坚守与改变。

二、 营销容易,精准很难

在继续接下来的内容时,我先问三个问题,看看你属于哪一种情况。

问题 1:如果你在微博、微信上经常收到广告信息,会烦吗?

多数人听到这个问题可能会毫不犹豫地说:"很烦。"

问题 2:如果你在微博或微信上经常收到与你有关的广告信息,比如正好是你感兴趣或者喜欢的产品,你会烦吗?

多数人可能需要思考一会儿才能给出答案:"可能不会讨厌吧,至少是自己感兴趣的。"

问题3: 如果你在微博或微信上经常收到跟你的需求有关的广告信息,换句话说,推送的是你想要的东西,你会烦吗?

此时,多数人可能会迅速给出答案:"不讨厌,还会喜欢,因为这就是我想要的,省得再去花大量时间寻找了。"

其实,上面的三种假设问题和三个答案,不仅反映了人们对推送类广告的态度变化,而且还说明一个问题:人们对于精准营销的需求。

1. 推送内容与用户越相关,用户对广告的态度和回应越好

2014年年底,中国传媒大学国家广告研究院发布了《2014中美移动互联网用户行为调查研究报告》,其中有一个结果非常值得注意和思考。调查显示,最可能得到智能终端用户回应的广告内容有8种,分别为:(1)与用户要购买物品相关的广告;(2)与要购买物品相关的优惠券;(3)搞笑的广告;(4)与用户最喜爱品牌相关的广告;(5)与用户在线上访问过网站或使用过的应用相关的广告;(6)与最近线上购物相关的广告;(7)与用户所在场所相关的广告;(8)与最近收听、收看的广播/电视相关的广告(占比≥20%)。

在这8种最能得到用户回应的广告中,有6类都是跟用户相关的。比如,(1)(2)是跟用户真正的需求相关,(4)是跟用户的偏好相关,(5)(6)是跟用户网络使用行为以及消费行为相关,(7)是跟用户所处的场景相关(场景可能会跟产品偏好有关)。这说明,只要推送的广告信息在精准度方面做到了跟"用户相关",就可以赢得用户的回应,这种回应可能是购买意愿,也可能是实际的购买行为。换句话说,用户对这种"与自身相关"的精准营销类广告是不反感的,也有需求。因为这些广告少了对用户的打扰,并且让用户在费尽心思对比或货比三家后才购买的决策过程缩短,节省了时间,让用户直接找到对自己有用或有需求的

产品或服务。

2015年1月,腾讯科技企鹅智酷发布了一份《朋友圈广告用户研究报告》,数据结果显示,有23.8%的受访用户认为,只要广告和自己有相关性,他们对何种类型的广告能够进入自己的朋友圈没有要求,并且这一比例最高。其次,用户也比较接受优惠或福利性的广告信息进入自己的朋友圈。这些数据也传递出一个讯息:用户最在意进入他们视野的广告信息是否跟自身有关系,如果有相关性,那么用户就乐意接受;如果不相关,不管什么样的广告都会成为一种打扰(如图7.1所示)。

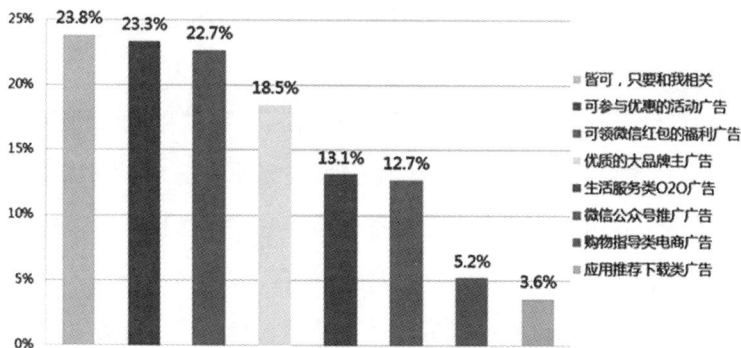

图7.1 用户在微信朋友圈乐于接受的广告类型
注:此项调查为多选,因此各选项之和大于100%。
来源:腾讯科技企鹅智酷。

我们从这些调查数据的类似结果中可以看出,人们对于精准营销类广告是持友好态度的,至少不讨厌。这说明,精准营销类广告的市场需求的确较大,但是,关键问题在于:精准营销能做到在多大程度上与用户相关?

2. 精准营销现状: 推送粗暴,离精准营销还很远

我们在"微博营销对90后大学生的影响研究"项目调查中意外发现,相比于其他微博营销方式,受访者看到的推送类广告信息比例较低,只有36.7%。并且推送类广告的参与度也较低,只有29%。同时,受访者认为推送类广告对他们

的影响力和吸引力是最低的,比例只有 18.3％ 和 11.1％。① 这说明受访者对微博推送类广告的接受度较低。

这一发现与上面的调查数据形成了反差。起初我们对此感到疑惑,原因是,拥有几亿用户的新浪微博掌握着庞大用户数据,最有能力掌握用户的基本属性、偏好、兴趣和特征。并且在阿里巴巴入股新浪微博后,新浪微博曾表示要做精准推送,在 2013 年年底还测试了私信推送功能,试水精准信息推送。如果真的能做到,至少用户对跟自身有关的推送类广告信息不会那么反感。但为何在此次调查中,年轻用户对推送类广告的接受度很低?

我们对此做出了初步的假设:这些推送类广告并不精准,打扰到了用户,甚至还会引起用户反感。

于是,我们针对这个问题又进行了大量深度访谈,结果证实了上述假设,受访者对微博推送类广告信息普遍持反感态度,主要原因就在于"不精准""与我无关"。比如受访者表示,"这些推送的信息太多了,一大堆,根本不感兴趣,会觉得很烦"。所以他们认为,这些推送来的跟自己没有关系的广告就是一种骚扰。但很多受访者表示,如果推送的广告恰好是自己感兴趣的或是有需要的,一般会点击查看,甚至会去购买。

这些调查结果从反面说明了,推送类广告之所以不受欢迎,查看度、参与度和分享率较低,更多是因为与用户的相关性太低,十分不精准,并且扑面而来,让用户招架不住。为什么会出现这种情况?

(1) 未充分挖掘用户数据与产品的关系

社交媒体上有着海量的用户数据,这些数据看似杂乱无章,但对社交平台来说却是一个巨大金矿。这些金矿到底是什么?

---

① 2014 年 12 月至 2015 年 1 月,青岛理工大学新媒体传播研究所进行了"微博营销对90 后大学生的影响研究"项目。本次调查以青岛理工大学使用微博的 90 后大学生为例进行抽样调查,有效样本问卷 632 份,深度访谈人数 72 人,研究数据供参考。

其实简单说来就是用户的基本属性特征数据,包括年龄、性别、所在区域、活动范围、教育程度、转发行为、点赞行为、兴趣信息;同时还有用户在这些平台上经常主动发布的内容,这些内容中也蕴含着许多关键词,平台通过用户发布内容的关键词分析就可以梳理出兴趣和偏好信息、性格特点、所属圈子等。

因此,对这些信息的挖掘和处理,就会给这些看似分散的用户群归类为有某种明显特征的蜂群,比如,不同的消费群体、不同的兴趣群、不同的信息传播群等,甚至还可以分析出不同蜂群中个体的消费偏好。而这些都是可引导性的信息,广告根据这些信息与蜂群进行匹配,从而提高广告的到达率、精准度,用户对广告的接受度也会更高。

所以,这些隐含在用户特征和行为背后的数据就是金矿,有许多可以挖掘的可能信息。关键在于平台是否能用好这些数据,能否将这些用户数据和他们真正所需的产品(消费需求)建立联系,然后再进行广告和用户的匹配。

以微博为例,与阿里巴巴合作后,它在精准广告上有天然的优势。一端是微博平台上的海量用户数据,一端是海量的淘宝商家和产品。但如何将用户数据与产品建立关联,是微博面临的最大挑战。比如,根据什么样的标准将用户分群,如何分析用户群对不同产品的喜好情况,如何将用户群对产品或服务的需求跟他们对相关信息的需求匹配起来,等等。如果能挖掘好这些数据并建立广告联系,形成相对精准的推送类广告,那么这一巨大金矿在获得商业利益方面就有了用武之地。在此之后,如果再连接新浪微博的支付功能,那么由精准广告推送带来的购买行为就可以直接在新浪微博上完成。

其实,如果能完成这样一系列过程,用户数据挖掘所带来的效应就能体现出来了,并且对于微博、阿里巴巴和用户来说,都会从中受益。

与阿里巴巴联姻后,微博上出现的推送类广告一度引起用户的不满,比如只要是用户浏览过的淘宝商品就会推送类似产品信息给用户,并且用户难以控制。也有媒体报道称,微博页面右侧推动广告的点击率较低。所以,我们在调查中发现,受访用户对推送类广告的接受度和关注度都很低。在上述情况下,商家对其广告效果也持观望态度。而导致微博在精准广告推送方面的不尽如人意,主要原因就在于精准性较差，并未好好挖掘用户数据。

（2）只简单相关，难谈精准

目前许多所谓的精准广告，大多数情况下只是与用户相关，很难谈得上精准。许多推送类广告是基于用户浏览器中 cookie 搜集的信息来完成的，比如通过 cookie 可以追踪了解到用户访问的网页、用户购买习惯，然后根据用户的购买习惯给用户推荐类似商品。比如，你在淘宝上可能浏览过化妆品，而当你登陆微博后，右侧就会推送化妆品的广告，这就算完成了精准推荐。

但是，这种推荐只是根据用户表面的网络行为进行的，认为只要是与用户的操作行为有关系的都进行推荐，所以并没有更多挖掘用户其他的数据。因此，这只是让广告跟用户的性别、网络行为等做了简单的关联，谈不上精准。也正因为如此，这种广告推送就显得很粗糙，也势必会引起用户的反感。

不可否认的是，微博在精准营销或精准广告推送方面的确还有较大发挥空间，对用户群体的喜好、个性、消费行为等信息进行分类和细化，并将挖掘结果与电子商务广告进行深度关联，这必定是微博未来将要发力的地方。

相比之下，微信在朋友圈试水广告推送时更加谨慎，微信在 2015 年年初首次尝试朋友圈广告投放，2016 年才开始正式发力朋友圈推送类广告。微信对外宣称，在朋友圈里推送的广告是根据用户数据对人群分类后完成的，不同的人看到的广告也不同。相对来说，微信对用户数据的利用程度更高一些，试图提高广告跟用户的相关程度。不过目前来看，微信仍是根据用户的基本信息进行的广告关联，也并不是真正意义上的精准投放。在媒体的报道中，微信方面也承认，如何不断地提高信息流广告投放的精准度，是微信要给用户和广告主的重要答案。而提高相关程度或精准度在根本上取决于大数据挖掘和利用的程度，这个过程并不容易。

3. 真正的精准营销＝挖掘和满足需求

（1）何谓真正的精准营销？

真正的精准营销就是要挖掘并满足用户的内在需求，而不是简单相关。当基于用户需求去推送信息时，用户的接受度才能变高，精准营销才能达到目的。

在微博、微信等社交平台上，如果推送的广告信息能接近用户的兴趣和偏好，那么说明这些推送类广告正在向精准营销迈步，此时人们至少对广告不反感，甚至还会喜欢，但这只是精准营销的第一阶段，还不算真正意义上的精准。这个阶段的精准营销只是"满足相关性"。

而当推送的广告信息接近人们的内在需求时，人们才可能会喜爱、依赖甚至信任这类广告，并且会根据这些推送做出购买决策或购买行为，此时才基本实现真正的精准营销，因为它"满足了人们的需求"。然而，"满足相关"和"满足需求"看似只是一词之差，但要做到跨越却很难。

因为"相关"只是在看到了用户的兴趣或偏好后，根据"猜测"进行广告推送，但是，偏好不等于喜欢，推送的广告被用户忽略或反感的风险很大。如果你了解了用户的"真实需求"或"心理需求"，进行广告推送，其实是在帮用户做决策，用户不但会喜欢，甚至还会依赖。

（2）如何"满足需求"是个问题

那么什么是需求？简单说来就是人们网络购物、查看信息、在社交网站上发布内容等行为背后的真正动机（需求和欲望）。正是因为这些动机，人们才会做出这些行为。这些需求可以是生理上的，也可以是心理上的；有时候是有意识的，有时候是潜意识的。比如，饿了就要买东西吃，不开心了会听音乐，为了社交而买高档服装等。如果能探测出这些"动机"，那么精准营销依据这些需求推送的广告就能直达"人心"，用户查看广告、接受广告甚至产生购买的概率会大大提升，此时"精准"二字才体现出本意。

比如，在我们90后项目的深度访谈中，当被问到"什么情况下才会主动查看推送来的广告"时，多数受访者有类似这样的表述："如果刚好需要某种产品又碰巧碰到了与这个产品相关的内容才会看"；"前一阵儿我想买手机的时候，正好发现微博上推送一些和手机有关的信息，我就会关注"；"有需要这个东西的时候才会点进去看推送广告"。

所以，要想不打扰用户，又想让用户查看并接受推送广告，最好甚至唯一的办法就是"满足需求"，而这也正是精准营销的真正内涵。

但话说回来，目前仅凭借用户的网络行为、兴趣爱好等标签，只能挖掘到跟用户相关的信息，而想准确掌握用户喜欢什么，心理需求是什么，是很难的一件事。我们在以往的调查中，常需要在数据调查和分析的基础上，通过深度访谈和心理学分析才能对受众或消费者进行动机调查，因为仅靠数据是不能准确掌握动机的（真正需求）。

这也正是目前基于大数据的精准营销面临的问题。如果精确营销做不到满足需求，只能做与用户兴趣相关的推荐，那么用户流失率就会变高。所以，目前所谓的精准营销或精准广告推送，只是满足了相关性，在精准上迈出了一小步，离满足需求还有较长的路要探索。

4. 挖掘需求与尊重隐私间的矛盾

既然凭借用户的表面信息难挖"需求"，那么一旦涉及"满足需求"，精准营销是一定会跟用户隐私扯上关系的。而这也是目前精准营销面临的另一个不可回避的问题。

我们都知道，大数据挖掘往往分析的是相关关系，比如根据用户转发过某化妆品广告这一个行为，大数据可能就会认为用户跟这个化妆品有一定关联。但如果大数据又搜集到用户发表过的对这个化妆品的评论信息、化妆品消费信息、购买渠道信息等多方面数据，那么大数据会进一步建立关联，确定用户是否喜欢该品牌，有没有可能消费。

也就是说，对用户数据掌握得越多，越能提高用户跟产品之间的相关性，越相关越接近需求，广告推送起来就越精准。反过来，要追求精准，那么对于用户核心信息、动机、隐秘行为等信息的掌握就要更精准，因为这些核心的信息更有价值，能最大限度地分析出用户需求。而用户分散在网络上的浅显信息，只对满足相关性有帮助。

所以，基于大数据的精准营销和用户隐私之间看起来有难以回避的矛盾。目前，那些声称精准营销的广告推送是否触碰了用户隐私信息，我们不得而知。

但是，如果广告推送真的做到了精准，做到了满足用户内在需求，那么用户或许可以接受自身隐私信息被利用。因为上述各方数据表明，如果信息跟自身有关，那么用户很大程度上是可以接受精准推送的。反之，如果精准做得不好，经常给用户推送无关的垃圾信息，那么用户就会在乎私密信息被商家利用，并且因为厌烦而导致愤怒。

三、 年轻信蜂对社会化营销信息的态度和需求

前面说到，在基于社会化媒体的精准营销中，能否精确把握用户需求是能否达到精准营销的关键因素，比如到底应该推送哪类信息是首先要考虑的。与此同时，在输出营销信息的过程中，用户对这些营销信息是否关注、是否感兴趣、是否会参与、是否喜欢及其他原因则是决定社会化营销信息在传播过程中能否达到预期效果的因素。因此，了解用户对社会化营销信息的态度和需求，也是至关重要的。

在这些方面，我们对年轻人做了跟踪调查，试图深入了解他们对社会化营销信息（比如微博营销信息、微信广告信息）的态度以及他们对社会化营销信息的内容、形式、表现等方面的需求情况，这对我们调整社会化营销策略有一定帮助。

2015 年年初，微博发布的 2014 年财报数据显示，微博实现首次盈利，微博

用户年对年净增长 4700 万，成为史上最高纪录。其中值得注意的是，中小和自助客户从 2014 年年初的 8 万猛增到 32 万，并且信息流广告同比增长 234%，微博支付用户达 3500 万。[①] 而微博在 2016 年年初发布的 2015 年全年财报显示，净营收 4.779 亿美元，较上年度增长 43%。广告和营销营收较上年度增长 52%，至 4.024 亿美元。[②]

这在某种意义上意味着，微博营销、微博广告走过了前几年的探索阶段，已经慢慢趋于成熟和稳定，越来越多的企业开始认可并尝试这种营销模式。

在微博用户中，年轻用户越来越多，80 后和 90 后慢慢成为主力用户，并且 90 后大学生在微博用户中的数量不可小觑。越来越多的企业加入微博营销大军也就意味着，他们越来越重视针对年轻人群体进行的微博营销活动。

而对于微信来说，年轻人同样也是它的主力人群。微信在 2015 年 10 月公布的"微信·生活"白皮书数据显示，微信上有 60% 的用户是年轻人，平均年龄在 15~29 岁。[③] 也就是说，大多数用户群体都是 90 后年轻人。如果按照微信官方数据公布的 6 亿用户来看的话，那么年轻人的比例大约会有 3.6 亿人。并且，如果未来没有一个强有力的社交软件可以分食微信市场的话，那么随着 00 后的不断加入，年轻人的比例和规模将会更加庞大。换句话说，基于微信进行的营销所面对的重要对象也是年轻人。

对此，我们在 2014 年年底至 2015 年年初展开了"微博营销对 90 后大学生的影响研究"项目，对微博营销信息的效果等方面进行了数据调查和深度访谈，了解了年轻人在信息收集、二次传播和购买等方面的行为以及他们对营销信息的需求、态度和心理。之后，在 2015 年年底至 2016 年年初，继续跟踪调查年轻人对微信朋友圈广告的态度、需求，以及朋友圈广告对他们生活、社交、行为等方

---

① 数据来自新浪微博 2014 年全年财报数据。
② 数据来自新浪微博 2015 年全年财报数据。
③ 2015 年"微信·生活"白皮书数据报告。

面的影响。①

在连续的跟踪调查后，我们发现，他们在对社会化营销信息的需求、态度、心理、处理方式等方面有一定的共性存在。

1. 他们喜欢参与什么样的营销信息?

(1) 以"我感兴趣"为主导

我们的数据调查结果显示，90后大学生参与微博营销的原因主要有三个：自己感兴趣、活动形式新颖和互动性强。而在微信朋友圈广告对年轻人的影响研究项目中，我们也发现了类似结果。以"我的兴趣"为主导，是年轻人对待朋友圈广告的态度。比如，对于"我感兴趣""对我有用"的广告，他们会点击查看。这对于要基于用户兴趣、爱好、身份特征来做精准投放广告的微信来说，无疑是一个好的信号。

(2) 营销信息最好简单不复杂

对于许多受访者来说，他们参与某些微博营销活动是因为这种营销活动的环节非常简单，通过微博营销信息就能快速了解活动内容，并且参与的步骤也简单。如果给他们设置重重障碍，或者让他们觉得精力投入过多，可能就会放弃参与。

分享方便、不复杂是他们会参与转发和分享的一个重要原因。比如，有受访者说如果"只要轻轻动动手就能看到信息内容""只要转发就可以了"，那么他们就愿意参与到这个过程当中。

_____

① 2015年12月至2016年1月,青岛理工大学新媒体传播研究所开展"微信朋友圈广告对年轻人的影响研究"项目,深度访谈人数共126人,年龄范围18～24岁,男女比例1：1,共涵盖人文、艺术、外语、商学、经贸、管理、计算机类、通信类、理学、汽车工程类、机械、自动化等12个学科及专业。

（3）有利可图很重要："利他精神"频出现

当然,转发背后是存在激励的,这种激励在受访 90 后大学生看来是需要具有"切实的好处"。他们比较看重直截了当的利益刺激。比如,转发微博营销信息就能马上得到他们想要的奖励(电影票、可消费的优惠券、抽中奖品等),或者让他们"感到获利的机会和可能性较大""自己可以得到好处",他们"就会特别愿意参与"。如果环节复杂、噱头太多或华而不实,那么他们便会放弃参与。

同样,"对我有利"也是年轻人参与微信朋友圈广告的一大驱动力。比如,朋友圈广告如果提供了优惠,那么就会引起他们的参与兴趣。这说明,年轻人在对待营销信息方面是较为务实的。

另外,我们在前后两次的跟踪调查中都发现,受访者具有明显的"利他精神"。比如,受访者一般并不会将广告信息专门分享给某些群或某个朋友,一般也不会主动分享到朋友圈,但是,如果他们觉得看到的营销信息或广告"很实用",并对朋友"有帮助""有用""比较有利"或"能提供参考",那么"为了让我的朋友们也能得到这种福利",他们愿意将这些信息分享到微博或朋友圈上,甚至会专门转发给"有需要"的朋友,并且他们认为这是值得分享的。在不同的调查中,年轻人在处理营销信息方面频繁体现出的"利他精神"并非偶然,而是说明年轻人在维护和经营自己的社交网络朋友圈时的确存在这样一种想法和心理。这种"利他精神"有助于他们在朋友圈传递"有用的广告"。

相比微博在社会化营销方面的积极探索,微信对待朋友圈广告营销则一直保持谨慎。在 2016 年年初的微信公开课上,张小龙释放了微信即将发力朋友圈广告投放的信号。他说,我给你提供商家的优惠,你就会感兴趣、觉得有用,然后就会分享给你的朋友,你的朋友也可能会因为"对我有利"而用到,然后他再分享给他的朋友。这是一个较为理想的、靠朋友关系链条就可以传递广告的模式,既精准,又有利可图。

上述针对年轻人的调查结果与张小龙对朋友圈广告的想法是不谋而合的。如果年轻人在微博或微信上能接触到"对我有利"的广告信息,是可以被触动的。

并且如果他们认为对自己和对朋友有用,那么就可能会启动基于朋友关系链条的营销信息传播。

这就给试图利用微博或微信进行社会化营销的企业带来启示,如果目标用户针对的是这些年轻蜂群,那么不妨据此规划营销策略。

2. 他们在意什么样的营销/广告信息?

既然,年轻人对"我感兴趣"的广告信息才会去关注,那么什么样的信息才会让他们感兴趣呢?

(1) 十分重视营销宣传手法和形式

在注意力稀缺和碎片化的时代,营销信息想要引起用户的兴趣和关注变得越来越困难了。我们在微博营销调查项目的数据显示,如果营销信息具备"奖品丰富,奖励吸引人""活动有趣,有吸引力""活动形式新颖"这三大特性的话,最能吸引年轻人的注意。不过,我们并未局限于这些基础的数据结果,而是继续深入调查了什么样的营销信息能吸引年轻人关注查看。因为,当营销信息在社交平台上出现时就像一扇门,只有让人愿意推开门并好奇门后是什么,才有资格谈门里的东西是否能引起他们的兴趣,是否是他们所需要的,是否是他们想要购买的。只有先被吸引,后续的系列行为才有可能发生。

令人意外的是,我们通常认为"互动性"是社交媒体上的信息引起用户关注和参与的主要因素,然而在调查中却发现,受访者对营销信息的宣传手法、方式和宣传语方面非常重视;微博营销的宣传内容或形式有新意、独特、新颖别致、创新、吸引人等都是能吸引他们主动关注该微博营销信息的原因。一些典型的说法代表了他们对这个问题的看法:

● 之前看到微博上有一个宣传手链的,宣传语写得比较好,是用古诗开头来宣传产品。当时看到宣传标语我就感到很特别,之后就详细看了看,感觉手链各方面都挺好的,个人又比较喜欢,而且价钱也不贵,所以就买了。

● 总的来说，这个微博营销的宣传语吸引了我，吸引了我之后才会去看他的商品，看了之后又比较喜欢这个商品，而且价格也适合，就买了。

● 这个信息没有什么特色的话，一般不太可能会去看。

● 感兴趣就会点进去看。主要是因为产品是自己现在需要的，广告新颖也是一个重要的方面。

● 看到微博上卖衣服什么的就会挺讨厌的，产品不太喜欢，广告语也不喜欢。广告我喜欢小清新、创新型的。

● 能吸引住人的眼球，吸引用户我觉得才是最重要的。

● 有一些微博营销信息的标题比较吸引我，我会看一下，如果觉得确实好的话，我会转发一下。

● 有些信息觉得挺新颖的，我就会分享转发。

● 有些很搞怪的或者比较有创意的那种微博营销，一般会刺激我进一步关注产品。

同样地，我们在微信朋友圈广告调查项目中发现，大多数受访者对微信上的广告信息也都有类似看法。在被问到"什么样的广告值得在朋友圈分享"时，他们表达了对广告性质和广告形式的重视。他们认为，值得分享的广告是那些"能够吸引我眼球注意的""能够引起我兴趣的""让我感觉非常有意思的""新颖有创意的"广告。

这些信号告诉我们，营销信息想要吸引年轻人注意，不应只依赖"转发送奖品"或"积分送奖"等较为低端的噱头作为宣传手段，而应把传统广告中讲求的创意、创新、文案、别致设计等融入社会化营销当中，这似乎是传统广告元素在互联网社会化媒体时代的重新回归。但这种创意形式又并非传统广告的创意思路，而是结合了社交媒体平台特点和年轻用户口味的创意。

这给我们带来的启示是：社交媒体平台或社会化营销组织者应该思考，什么形式的广告才是年轻人喜闻乐见并且乐于参与传播的。沉浸在嘈杂和多元的信息当中，年轻人对营销信息有他们的审美方式，对待广告有他们自己的评价标准、简单、粗放、低俗、没有任何新意的广告根本不能引起他们的兴趣,更不用说产生好感或参与传播了。

(2) 对朋友有帮助或能提供建议

我们在微博营销调查项目中发现,受访者看到的微博营销信息多来自于"朋友转发",占比达 53.3%。会把看到的微博营销信息"专门分享给朋友"的受访者占比也非常高,达到 58.5%。这说明,这些年轻人乐意在自己所属的巢穴(圈子)内搬运和分发信息。

不同阶段的跟踪访谈调查结果又进一步说明了这一点,许多受访者表示,当他们在微博或微信上看到自己感兴趣或者认为有意义或有价值的营销信息时,他们往往会想到,这条信息可能会对自己的朋友有所帮助,能够给处于纠结或决策阶段的朋友提供参考建议。比如,朋友特别喜欢手机电子产品、化妆品或者服装之类的东西,那么当他们看到相关营销信息时,就会专门分享给朋友。如果碰到有优惠活动的营销,他们也本着共享的精神而选择与朋友分享。这也是我们上面提到的"利他精神"的体现。

我们发现,年轻人较为关注朋友的分享信息,经常从朋友那里获取信息,同时他们又十分愿意根据朋友的喜好和兴趣将"有用的"信息推荐给朋友。因此,他们在所属圈子里沟通和传播信息是较为活跃的,在圈子内的信息传播甚至购买决策受到朋友的影响较大。这种强关系对他们来说较为稳固和可信,所以为了维护圈子内这种关系,他们理性地看待营销信息,乐意亲身体验,最终才会将"经过证实"的信息传递给朋友,因此这种经过"过滤"的信息更能赢得朋友的采纳或参考。

长久以来,社会化营销一直强调关系营销,希望通过关系与关系之间的推介去传播和推广营销信息,并且希望朋友推荐能够在社会化营销中发挥作用。而我们的调查发现,无论是在微博还是微信平台上,受访年轻人接触到的营销信息多来自于"圈子"内,并且他们也更多地在"圈子"内再次分享传播这些信息。比如许多受访者表示,"那些对朋友有用的、有帮助的广告信息"值得在微信朋友圈分享。但他们并不积极向"圈子"外主动传播信息，比如在微信朋友圈广告调查项目中，大多数受访者明确表示，不会把广告信息分享到一些并不熟悉的群里，只有当他们觉得对朋友有用时才会转发给朋友或主动分享到自己的朋友圈。因此，这部分年轻人的圈子维护和圈子内信息传播形式，或许可以给营销者带来有用的启示。

（3）认为公益性质的广告值得传播

在调查中，不少受访者都提到，他们认为公益性质的广告值得在微信朋友圈分享。比如，他们表示，有些能帮助人的公益性质的广告值得在朋友圈分享，在核实信息的真实性后，他们愿意转发到朋友圈让更多人看到。所以，这些90后年轻人除了在意"对自己有利"和"对朋友有用"的信息之外，他们还保有善意之心，希望能够帮助他人。

3. 他们对待营销/广告信息持什么心理和态度？

（1）向朋友炫成就感，寻找价值认同

在针对90后的系列研究中，我们多次发现年轻群体有一种心理：较为重视成就感和存在感。而在处理某些营销和广告信息时，他们也表现出对成就感的追求。不少参与过微博营销的受访者表示，他们希望将获得的奖励"向朋友炫一下"，并且希望自己的这种"炫"也能带动朋友参与其中。如果自己分享的东西能获得朋友的认可，并且能吸引朋友一起加入的话，他们便能跟朋友达到某种价值认同，而在这个过程中，他们又会获得成就感。

因此，如果社会化营销能让年轻人在参与中获得成就感，那么他们就十分乐意与身边好友分享并传播相关营销信息，甚至主动邀请朋友参与。

（2）重视亲身体验，好体验引发分享传播

在访谈中，我们清晰地感受到，多数受访者在面对有可能感兴趣的微博营销

时,非常希望能够亲身参与进来,对微博营销信息中所宣传的进行验证,如果的确是真实的,那么他们便会愿意分享给好友,并愿意购买。比如,受访者表示,"自己吃过,不会骗人,而且自己又在现场",所以会把自己的体验分享给朋友。"对于这些营销,当然还是觉得自己的亲身体验会比较好,自己尝试过了才知道这种东西是好是坏"。

当然,我们也考察了那些不会购买微博营销中产品的人,结果发现他们不会购买的原因,主要是重视实际体验。这种体验要么是自己亲身体验过产品,要么是"同学、家人或朋友体验过微博营销中的产品",否则他们不会单凭微博营销的宣传信息而轻信,也不会轻易地去消费。

如果受访者在某个营销活动中获得了好的体验,满足了自己的口味和喜好,那么他们就比较愿意在社交媒体上"晒"出消息,并愿意将营销信息分享给周围的人,希望朋友也去关注。或许,用"口碑营销的高手"这个词可以形象地说明,他们对自己体验好的、认可和喜欢的东西持乐意分享的态度。当然,前提是营销要赢得他们的认可和喜爱。

我们发现,这些年轻人重视营销体验,如果体验达到自己的预期或获得更好的体验效果,那么他们愿意分享给他人,自己也可能会购买,并且他们的分享也成为朋友决策的重要参考。这个过程就是我们在第四章提到的"体验—分享传播—决策"模式。其中,体验是前提和基础,"乐于分享传播"是关键所在,也是发生更大连锁作用的节点。

(3) 理性对待营销和广告信息,谨慎鉴别

笔者曾在博士论文研究中对 90 后大学生在现实生活、网络匿名和网络实名环境中如何表达自己的意见进行了调查,结果显示,有一类人有自己独立的想法,敢于在现实生活和实名网络环境中表达自己的意见,然而却在匿名网络中十分沉默。通过进一步的深度访谈发现,这些年轻人思维理性,面对嘈杂的网络环境,他们选择沉默来避免无谓的争论,甚至蔑视网络中缺乏理性的网络语言攻击,这让他们能够在这种环境中独善其身。

而在微博营销调查项目和微信朋友圈广告调查项目中，我们也发现，有很多受访者对待微博营销信息和微信朋友圈广告信息也十分理性。虽然调查数据显示，社会化营销在促成他们最终的消费行为上有一定作用，但年轻人对待这些信息有自己的主见，不会轻易相信，也不会盲从，消费观十分理性。比如，在调查中，不少受访者表示，在朋友圈看到广告时并不会直接购买，但他们感兴趣的话可能会通过网络或其他方式查找与广告产品有关的信息，以帮助自己做决策，前提是这些广告正好是他们所需要的。

因此，"希望亲身参与和体验"同样从侧面反映出了这种理性。有位受访者的话就很典型："通过网络营销的东西可能会不真实，或者是假的。不过，如果有自己真正喜欢的东西，比较实惠的，并且我在实体店也看到过，那我就会仔细比较营销里宣传的（信息），觉得合适我就会考虑购买。"而另一位受访者更是一语中的："不会盲目，不会因为微博营销出来一个产品我就去买。要理智、合理、理性地去消费，贵的不一定是好的，适合的才是最重要的。"

所以，社交媒体上靠噱头或只为博眼球的营销方式或许并不能打动他们，能让他们感受到实实在在的体验，才更可能"走心"。

另外，社交媒体上狂轰滥炸、五花八门的营销信息十分泛滥。因此，要想取得目标用户的信任，对企业来说变得更加困难。我们在访谈中也发现，受访者对营销信息的鉴别十分谨慎，对隐私泄露、虚假信息、恶意病毒等情况较为敏感，他们不会轻易相信或完全依赖信息内容，但这些信息可以为他们的购买决策做参考。以下受访者的话十分具有代表性：

● 越来越多的人会接触这种网络媒体，但也正是由于这样的营销信息太频繁，我们不知道该不该相信。

● 现在骗子太多、病毒太多，你转发的信息可能会泄露你的私人信息，或者让你的电脑中病毒，造成不便。

● 我觉得微博上信息有一点泛滥，会有一种不真实的感觉，就是感觉产品信息有点不太靠谱。

● 微信上有一些广告可能是骗人的，也有可能是病毒链接或被盗号了。

● 如果对某些朋友圈广告感兴趣会考虑购买，但会十分谨慎，因为骗子还是挺多的。

所以，要想在泛滥的营销信息中脱颖而出，并且引起年轻群体的关注甚至参与，企业不仅要思考营销方式和手段的创新性和吸引力，而且还要解决信任危机，这是社会化营销面临的挑战。

（4）包容多元化，包容新事物

在以往对 90 后的系列研究中，我们发现他们身上有一个较为突出的特征，那就是"包容"。他们伴随互联网成长起来，接触的信息多元且庞杂，因此他们包容多元化的存在，愿意接受且包容新事物的出现。

在最新的调查中，他们对于微信朋友圈广告也表现出了同样的包容态度。在研究之前，我们假设朋友圈广告会打扰到用户，多数人对此会表示厌烦。然而，调查后的结果却否定了我们常规的猜测和理解。大多数受访者表示，他们对微信朋友圈广告表示理解，持无所谓的态度。有些受访者表示，"大家都是为了生存嘛"，也有人表示，"朋友圈广告可以提供一些知识和信息，不反感"，"如果是我需要的东西，我是接受朋友圈广告的"。当然，也有一部分人对那些"我不需要的"或"低俗的"广告表达了明确的反感态度。

4. 社会化营销启示

（1）平台如何寻求广告量和用户体验的平衡点

虽然我们的调查显示，受访者对微信朋友圈广告持包容的态度，但他们对朋友圈广告的"容忍"是有上限的。

对于朋友在朋友圈分享或转发的广告，大多数受访者不会屏蔽，一方面是碍于朋友关系，另一方面也觉得无所谓，甚至有时还会帮朋友转发。但是，不能过度消费人情。如果朋友发的广告数量不多，他们就会忽略过去；如果分享得太多,超过"容忍"量,他们就会屏蔽朋友。

然而,对于微信上关系一般或不熟悉的人在朋友圈分享广告时,受访者的处理方式会有较大差别,也更加决绝。有些人表示,如果关系一般的人发的广告对自己有用就留着,如果没用并且经常刷屏,那么就会果断地将该朋友拉黑。

所以,如果超过他们的容忍量,无论是朋友关系还是一般关系,都会被他们屏蔽或拉黑。这给我们带来一些启示。

首先,微信平台在朋友圈广告推进上一直保持谨慎态度,而在 2016 年年初决心发力朋友圈广告后,微信最棘手的问题莫过于,如何平衡用户体验与广告收益之间的关系。如果能把传播广告变成一件好玩的事,是否可以找到这个平衡点?

平台应该利用自身在用户数据方面的优势,调查研究用户每天能够承受的朋友圈广告数量。根据这个数量,设置用户在朋友圈分享广告的权限。

比如,设定每个用户每天最多可以在朋友圈分享 N 条原创广告(比如微商发的各种产品广告,N 是用户能承受的最大广告数量);设定每个用户每天最多可以转发 M 条信息流广告,你可能看到了很多广告,但你最多只能选择 M 条你认为最有趣、最有用的广告链接来转发。这样的话,用户从被动接收朋友圈广告的角色转变成"我主动""我有权利""我自己做主"的角色,他们可以自己去选择、慎重地转发广告。而对于自我意识较强的年轻人来说,这或许可以唤起他们对营销和广告信息的参与热情,他们乐意做有趣的事情。

这种方式对平台本身和用户两方来说,都是有益处的。如果平台一味增加广告出现的数量,从长久来说会伤害用户体验,最终导致用户流失。但如果平台对待广告太过谨慎,长期收益也有损失。因此,平台本身如果能将用户对营销和广告信息的需求进行深度挖掘、分析和管理,并据此进行合理的广告信息流控制,那么就可以在不伤害用户体验、保证用户量的前提下实现自己的利益,并且还可以将广告传播变成一件轻松的事情。

(2)拒绝粗放广告,发力精准投放,投其所好

在微信朋友圈广告调查项目中,我们还考察了朋友圈广告对年轻人社交关系的影响。比如,针对朋友和不熟悉的人在朋友圈分享广告的行为,年轻人在处理方式上是否有所差别? 年轻人是否会认为这些人的广告分享行为影响朋友之间的关系?

研究结果发现,对于朋友在朋友圈分享广告,多数受访者表现出无所谓的态度,他们大多数情况下会忽略不看,有时会跟朋友互动一下,只有在过度刷广告时,他们才会选择屏蔽甚至拉黑对方。但对于不熟悉的人在朋友圈分享广告,受访者的处理方式更加果断。多数受访者表示,这会让他们之间的关系变得更淡,联系更少,甚至会直接屏蔽这些经常发广告的人。

- 因为关系不熟,他们总发广告就会屏蔽掉他们,本来关系就不好,屏蔽了之后关系就更不好了。
- 没有让我们的关系变得更好,这种人加我的话本来也没有什么交流,所以不会让我们的关系变得更好,或交流更多。
- 只会让我们的关系变得更差,把他屏蔽或者直接拉黑。
- 关系会变得更冷淡,他总发广告,会使我反感他。
- 受不了就直接拉黑。因为关系一般,拉黑也无所谓。

类似的表述说明,在面对朋友圈本来就不熟悉的社交关系时,年轻人更不能容忍他们消费自己的注意力。所以,即便解除与这些不熟悉的人之间的社交关系,也不会有太多损失,社交压力小得多。

这样的结果告诉我们,在"僵尸关系"日益增多的社交媒体环境里,大多数的关系是靠某种利益或某种情景来维系的,本来就"不熟络"的弱关系可能会因为频繁的广告分享而导致社交关系更"僵尸化"。原本暂时沉默的"僵尸关系",会变成永无往来的"僵尸关系",难以复活。

所以,在越来越用于工作交往的社交平台上,在关系不熟悉的情况下要谨慎分享广告信息,这就是平台需要控制广告信息流的原因。当然,有种情况是例外的,那就是你分享的广告满足了年轻用户的兴趣或需求。如何满足兴趣和需求呢? 这又给我们带来另外的启示:在朋友圈粗犷地投放广告是下策。

一方面,这需要平台对年轻用户数据的合理挖掘、分析和管理,根据目标年轻用户的兴趣、爱好和需求投放相对精准的广告。

另一方面，社会化营销人员可以凭借"可传播"特质的内容，发力内容营销广告。"可传播"特质包括：好玩、有趣、能引起讨论、能引起点击兴趣和分享传播兴趣等。这与我们前面分析的"共情"有相通之处。

最后，根据年轻人对营销和广告信息的态度和需求，我们还可以在社交平台上提供让他们认为"有用的广告"。所谓"有用的广告"就是对他们来说"有利的""有价值的""有趣的"。

四、 互联网产品设计中的蜂群需求把控

前面我们分析了为何在考虑定位时要从用户需求出发，为何精准营销中需求的挖掘让人爱恨交加，为何在社会化营销中了解年轻人需求如此重要。这些都是想说明，我们已经进入以用户需求为主导的互联网时代。用户需求不仅在上述几个方面起到关键作用，而且在如火如荼的互联网产品开发、运营和发展中也占据着越来越重要的作用。

业界有几位创业的朋友，他们正在做或筹谋做某款互联网产品，有涉足餐饮O2O的，也有打算做大数据产品的。跟他们聊天时发现，大家都比较苦恼的一个问题是：在这样一个博眼球很容易（抓住合适的热点炒作）但又很难（竞争激烈，垂直化细分严重）的互联网时代，到底该如何做互联网产品？

想做互联网产品方面的创业，首先要考虑的是：到底要做什么样的产品？它要满足哪些需求？这些需求的必要性如何？接下来要考虑的是：该如何延长这款产品的生命周期，不至于很快成为过眼云烟？

这些问题恐怕是许多互联网产品都存在的，也是创业者最应费心思考的问题。因为决定做什么不难，难的是如何持久地做下去。

还有一个很隐晦的问题不能忽略，那就是：满足用户需求和产品生命周期之间究竟有没有关系？如果有的话，又是什么样的关系？

在互联网创业风起云涌的时代，究竟该如何做互联网产品呢？这就是我们接下来要讨论的。

1. 从"产品思维"到"用户需求思维"

关于这个问题，笔者曾与希望做大数据产品的朋友进行过一场讨论。朋友提出的问题是："我想做一款基于大数据分析的平台，这个平台会通过大数据精准分析用户需求，然后我们向品牌商提供用户分类数据，帮他们向用户精准推送品牌广告。我们从品牌商处收取费用。这个有没有市场前景？"

对于这样的疑问，笔者提出三个问题：

第一点，这种精准分析和精准推送，像微信这样的大众社交平台更有实力去做，那么你的竞争力是什么？最重要的是，你如何先在自己的平台上积累用户资源？如果没有用户资源，你的大数据分析是否会成为幻想？

第二点，你有没有调查过你的目标用户？他们为什么需要你这样一个平台？仅仅就是为了看广告吗？他们有什么样的需求？只有满足这个需求，才能把他们吸引到平台上来。

第三点，即便你的目标用户有需求，那么还要看这个需求的大小程度，因为需求大小程度决定了他们黏在平台上的时间长短。比如，他们对你的平台需求小，大多数用户就是为了获得奖励才去你的平台，然后就跑路了，那么你那些后续的精准推送广告还有什么意义和价值？

朋友一时无言，又列举了几个能吸引用户到平台上来的方法，但是这些方法终归没有回归本质。

（1）"产品好就一定能大卖"的想法已时过境迁

当然，朋友对做大数据新产品的初衷是很好的，但这个想法是典型的"产品思维"，没有考虑用户到底需不需要及为什么需要。这种思维是站在"产品"角度考虑的，比如，许多创业者只想着如何做出各种强大的功能，但没有考虑过这些功能为什么一定能吸引用户。他们往往认为自己的产品好，就一定会很有市场。

技术和世界经济的飞速发展，早已导致各种产品极大地丰富，且同质化严重，竞争激烈程度前所未有。这让垂直领域和细分领域的产品更加细分化。其实，细分就意味着把原来某个大群体"看似"共同的需求，切割成不同小群体的各种各样的需求。今天的互联网产品就是在这样的局面下生存的。所以，互联网产品只能更加艰难地挖掘小群体用户的需求，甚至进一步把需求打散分成好几类，然后抢占其中的某一小类需求市场。今天做互联网产品面临着比以往任何时候都要更加困难的竞争和挑战。

所以，过去那种"一款产品通吃天下""一个广告招揽所有人"的"大产品"和"大广告"的美好年代早已一去不复返。

也有人说"定位理论"已经失效，事实未必如此。如我们前面分析的那样，如今的"定位"已经不再是站在产品的角度了，而是站在"用户"的角度去定位。

(2)"用户需求思维"应主导今天的互联网产品

尤其对于互联网产品来说，用户更在意"它能否满足我的某种需求"，而对其"品牌"的重视要小于对传统行业中品牌的重视。比如，现在的用户使用某个平台或某个 App，不会因为它是 B、A、T（百度、阿里巴巴、腾讯的简称）的产品就立即使用，而更看重这款产品本身是否符合自己的需要，对于它是谁家的、谁做的并不太关心，或者说关心程度要小得多。

这与传统行业有较大不同。在传统行业，一个新产品如果想脱颖而出，难度非常大，因为它面对的是与大品牌的竞争。在几乎没有知名度的情况下，新产品或新品牌需要投入大量广告才可能让消费者了解到它，经过反复广告后，消费者才能留下印象，最终才可能去尝试这个品牌。消费者往往先接触到品牌或产品信息，频繁接触广告信息后对其有一定理解和认识，并产生自己的评价和喜好态度，最终这些由信息接触而产生的喜好态度可能会导致消费者购买意愿或购买行为的产生。因此,在"大广告"时代,多数情况下,消费者的行为和心理路线是:认知—情感—行动。人们更愿意相信"品牌"的价值。

当然,今天的某些产品仍适合"大广告"的路子,比如快消品。全球快消品老大宝洁公司在过去的几十年一直联合 4A 广告公司和电视媒体,投放产品定位十分明确的"大广告"。宝洁旗下的产品品牌广告都遵循着一个逻辑,即提出问题和解决问题。比如针对消费者面临的需要解决的头皮问题,结合产品特点提出一个满足消费者需要的解决方案,如"去屑实力派,当然海飞丝"。简洁有力的广告诉求在过去几十年帮助宝洁打赢了一场又一场的品牌战役。消费者在不断重复的电视广告中记住了品牌,并愿意尝试购买。

2014 年,宝洁与全球最大社交媒体 Facebook 合作,意图针对不同人群投放精准广告,然而在投放 7 亿多美元的广告后,效果并不明显。于是在 2016 年 8 月份的季度财务会议上,宝洁宣布调整在 Facebook 等社交平台上的精准投放策略,加大对电视媒体的广告投入。

对于宝洁这样的传统快消品品牌来说,过于细分用户群体,追求所谓的精准投放并不太合适。因为,它们的消费群体是大众,需求划分并不具有太明显的界限,过于追求垂直细分和窄化反而会破坏整体的产品品牌形象,让消费者产生琐碎和混乱感,难以抓住消费者心智。所以,在这种情况下,传统电视广告在塑造长期品牌形象上更有效果。

然而,互联网产品似乎走的是相反的路线。比如,只要产品满足了用户的某个需求,用户便会使用;使用后感觉好,便会在社交平台上告知并分享给朋友;朋友的使用体验好,又会告知和分享给其他人,如此形成了口碑传播链。此时,用户的行为和心理路线是:行动—认知—情感—分享传播。人们更愿意相信"满足我体验和需求"的价值。比如,对于互联网金融产品来说,不同群体用户的需求有明显界限,掌握不同用户的需求,对于它们投放新产品十分必要。而能满足用户需求和体验,是用户选择这款产品的关键。

笔者经常举一个"雨伞"的例子,形象地对比这两种思维。假设有一家制造太阳伞的公司,该公司自认为造出了世界上最牢固的伞,使用的材料环保、坚固、抗摔、抗磨、防晒。总之，从产品本身看，这的确是一把好伞。企业在这款产品的众多功能中，选择了一个它认为最重要的功能——坚固耐用——作为卖点和广告诉求点。然而，它的伞并没有像想象中那样大卖，反而销量惨淡。原因何在？

这就是典型的用"产品思维"做产品。它没有考虑到，太阳伞的用户大多是年轻女性，她们需要的不是十分结实的伞，她们最本质的需求是防晒功能一流和外表美观，至于是否结实只是次要因素。对于用户来说，不管这款产品有多少功能，他们最看重的是防晒这个主要功能，时尚是附加功能。所以，如果这家公司能够对目标用户进行调查，抓准目标用户的真实需求，并且把这个防晒需求和产品的防晒特点结合起来，就会找到准确的广告卖点。

举这个例子可能并不太准确，但至少可以形象地反映出目前做互联网产品的两种思维方式："以我为出发点"和"以用户需求为出发点"。

2. 用户需求的三个层次

假设在做一款互联网产品之前，开发者已经准确了解到目标用户的需求，这款互联网产品就一定会被用户广泛使用或者长期使用吗？仍然不一定。这时的决定因素就是用户需求层次了。也就是要看这款产品能解决哪个层次或哪几个层次上的用户需求。

心理学家马斯洛在1943年曾提出过著名的马斯洛需求层次理论，由下而上依次是：生理需要、安全需要、情感和归属的需要、尊重的需要、自我实现的需要。从此，这个需求层次理论便被应用于广告、营销、商业等领域。

当然，今天的人仍有这样不同层次的需要，但可能有些许变化。在社交媒体时代，环境让人的需求变得更加多样化，需求的重要程度也有改变。

因此，根据需求对用户的重要程度不同，也就是说触及人痛点的程度不同，可以把今天用户的需求归为三个层次（如图7.2所示）：

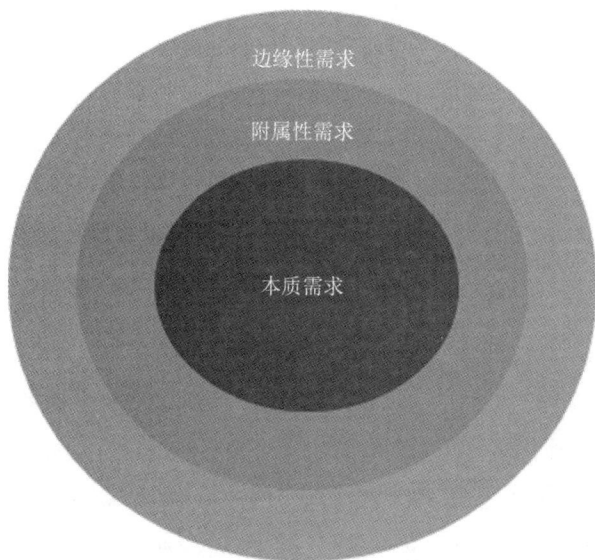

图 7.2 用户需求层次

第一个层次是本质需求,这些需求主要包括通信、社交、生理、本能的渴望或欲望等。

生理需求自不多说,是最基本的需求,主要包括吃、穿、住、行等。本能的渴望或欲望是潜藏在内心深处的,主要包括权利、金钱、求偶等。对于社交而言,人生活在今天的信息社会之中,本能地有与他人沟通交流的需要,不同的通信媒介都是为了满足社交需求的手段。所以,这里将社交需求也看成是一种本质需求,而通信需求自然是满足社交需求的必需条件,所以也是本质需求。总之,本质需求都是最能触及人的痛点的需求。

第二个层次是附属性需求,这些需求主要包括价值观、意识形态、心理需求等。

这个层次的需求并非人生存的必需品,但却依附在人身上,受到人所在的特定环境或社会境况的影响。比如,90后人群比较追求自我价值的实现,喜欢个性和与众不同等,这些都属于价值观层面的东西。意识形态主要包括观念、态度、生活形态等。而心理需求则包括认同感、成就感、虚荣心、表现欲等。附属性需求所触及的痛点程度要小于本质需求。

第三个层次是边缘性需求，这些需求主要包括兴趣、爱好等。

之所以称为边缘性需求，并非这些需求不重要，而是因为这些需求虽然更多地涉及精神层面，但在触及痛点的程度上要相对低于本质需求和附属性需求。

在这三个层次中，本质需求是最核心、最根本的需求，也起到"拉力"的作用。人只有满足了基本的生存问题才会考虑精神享受，如果温饱问题尚未解决，那么心里只会想着吃，很难再安心欣赏美景或读一本书。

所以，如果不能满足用户的本质需求而空谈附属性需求或者边缘性需求，互联网产品是没有根基的，也无法长久黏住用户。比如，2015年某段时间在微信平台上火极一时的"足迹""脸萌"等产品，其设计初衷是希望满足人的爱表现、好玩或扮情怀的心理，通过用户使用后在微信里的分享传播迅速聚集起大量用户。但这些用户多是一次性用户，因为在满足这些心理（附属性需求）后，用户便兴趣大减，在新鲜感褪去后便会离开。

此类互联网产品层出不穷，出现一段时间后便销声匿迹的也大量存在。原因在于，这类产品只满足了附属性需求或边缘性需求，但这些需求并不能真正触及用户痛点，用户来得快，走得更快。

其实，这些互联网产品缺少的是"满足本质需求"这一"拉力"。有了这个"拉力"并针对"拉力"形成产品功能，用户才有理由留下来"消费"自己的时间，体验不同功能，产品才能形成闭环。

以2013年4月成立的美柚为例，以其良性的产品闭环发展迅速，已获得几轮融资。2016年8月，美柚完成了10亿美元的融资。首先，该产品满足了女性的本质需求（生理需求），这是用户留下来的第一步。其次，美柚发展了其他产品功能，比如美柚女性社区，可以让女性聊聊隐私和心理话题，通过社交互动提升用户在平台上的活跃度。再次，美柚成功涉足电商，专门针对女性服装、家居用品等领域。因此，凭借本质需求（生理）这一"拉力"，并融合附属性需求，美柚成功地形成了平台内生态圈的良性循环。

换句话说，当互联网产品越能满足用户的本质需求时，用户越难以轻易放弃这款产品。而越接近边缘性需求时，相对来说，用户放弃这款产品的概率越大。

3. 如何利用三个层次需求设计互联网产品?

虽然用户的需求是多层次的，而互联网产品又不可能同时满足所有层次的用户需求，那么该如何取舍？

可以选择先满足人们的本质需求。比如像现在的某些美食 O2O 产品，以吃为由头，做线下社交活动，其实满足的是"生理＋社交"需求，是本质需求层次上的需求组合。微信满足的是用户在移动互联网时代的即时"通信＋社交"需求，也是本质需求层面的组合。美图秀秀则满足了用户的虚荣心理，爱美、遮丑是人类与生俱来的本能欲望。

或者选择满足某两个层次中的某几个需求。很多 O2O 产品其实都是在满足本质需求的基础上，与附属性需求结合或与边缘性需求结合。有的产品以吃为引线，聚集用户到私厨进行厨艺切磋和交流，让美食不再只是吃，而是变成一种审美体验，让人感受一种生活状态和生活态度，这种体验就上升为意识形态层面的东西。这种产品满足的是本质需求（食）＋附属性需求（意识形态）。而有的产品则仍以各种美食为主题，聚集对做美食感兴趣或爱好做美食的群体，前来交流。这样的产品满足的是本质需求（食＋社交）＋边缘性需求（兴趣＋爱好）。同样是美食 O2O 产品，因为满足的需求不同，它们之间便有了差异。

纵观一些成功的互联网产品，其实质都是，要么满足了用户最本质的需求，要么是在本质需求层次上添加了其他层次的需求，以此做出创新和特色，并提供差异化的功能。

仅按照上面说的用户三个层次需求，就可以有三大层次的组合出现：

（1）本质需求＋附属性需求；（2）本质需求＋边缘性需求；（3）附属性需求＋边缘性需求。在此基础上，如果将不同层次中的各种需求细分后再尝试排列组合，那么就可以产生很多种类型的互联网产品（如图 7.3 所示）。

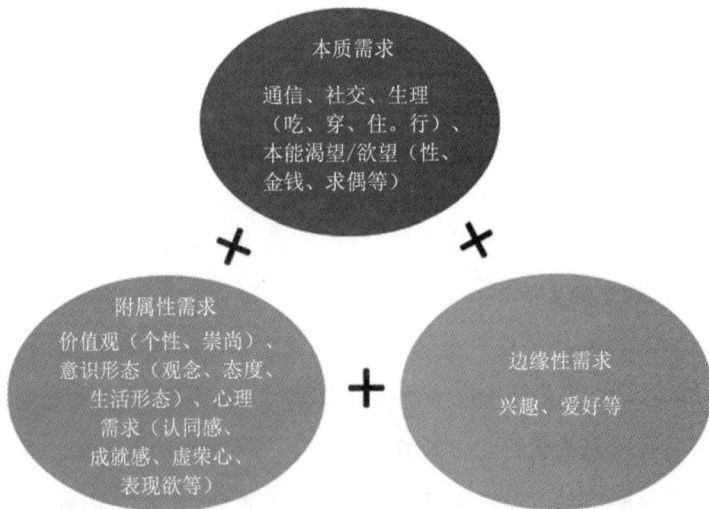

图 7.3　用户三个层次的需求组合启发互联网产品的创新和设计

但仍需要强调的是,产品满足的用户需求层次不同,用户对产品的依附程度也是不同的。我认为,满足了本质需求的产品用户的依附程度最高,而仅满足附属性需求或边缘性需求的产品是缺乏持久吸引力的。本质需求依然是产品的核心拉力和根基,这个层次中的某个需求可以不作为产品的主要功能,但却可以成为让用户不会轻易离开的理由。

当然,上面的需求组合有一个假设前提,那就是当你打算做某款互联网产品时,首先需要进行需求定位,也就是你要了解你的产品到底要满足用户哪些方面的需求。但是,在这之前还有一项最重要的工作要做,那就是对目标用户进行调查研究,研究他们的心理需求、消费需求、兴趣爱好需求、社交需求、金融理财需求等,研究他们在不同需求层次上分别有什么样的需求,哪些是主要的,哪些是次要的。然后,将产品现有的功能或者产品即将提供的功能与用户需求进行匹配,或者重新设计能够满足目标用户需求的功能。

4. 了解用户真正需求实属不易

许多人都在讲"用户思维",其实"用户思维"本质上是"用户需求思维"。然而,真正站在用户需求思维角度想问题,了解用户的真正需求,是一件很难的事。

在了解用户需求上,目前大致有两种做法。一种是凭借心理学分析,分析用户的想法、态度、意识形态、观念等心理层面和精神层面的东西。另一种则是完全依赖技术,比如我们可以通过海量的用户数据分析来透析用户行为,对用户进行画像,从行为推断需求。或者,可以凭借传统的市场调查研究方法,走进受访用户,探测他们的想法。

但不可忽视的一个问题是,社交媒体时代用户的需求和用户所处的场景有很大关系。即便我们通过大数据分析或市场调查研究了解到用户常规的生活习惯、生活态度、消费习惯、消费行为和心理等因素,但有很多需求是在特定的场景下被瞬时激发出来的。这些场景化的需求往往决定了用户当时消费某个产品或使用某个产品的行为。所以,用户在某个特定场景下发生的购买或使用行为并不一定是其真实需求,很可能是"一时兴起"。比如,某人某天心情十分不好,在浏览微博时他看到了售卖鲜花的煽情广告,瞬间被打动便订购了鲜花,以缓解当时的压抑心情。然而,这个人并不是鲜花爱好者,他的购买行为完全是因当时所处的场景决定的。当他心情恢复时,就不再是潜在购买者,如果继续向他推送相关的广告,就会引起他的反感。

所以,哪些是用户的常态需求,哪些是场景化的瞬时需求,对这些需求的判断和筛选是比较困难的。对常态需求的调查研究本来就要花费大量精力,而用户越来越多的场景化瞬时需求更是会混淆我们对用户真实需求的判断。这不仅会影响精准广告的投放,也会影响产品(包括互联网产品)的有效定位。

另外还有一个问题是,大数据分析和传统调查方法在用户需求挖掘方面存在优劣。大数据分析往往是对用户产生的网络浏览数据、分享数据、搜索数据、标签等行为进行分析,对用户画像并分类,并由此推测人的偏好、兴趣等。但是,偏好不等于真实需求,点击不代表喜欢。一个人今天在社交媒体上说"这个产品不错",他就一定喜欢或一定需要这个产品吗?

算法可以对行为进行分类,但却不能探测到人的心理和真实需求。那么,对于人的真实心理和需求的探测,我们如何做到?这时候,传统的市场调查和分析方法就会发挥作用。比如,深度访谈法、焦点小组访谈法、投射法等。这些方法都可以从心理学的角度去分析和发现人真正的欲望和本质需求。所以,今天很多大的广告公司、营销公司仍然采用传统的方法去了解表面数据背后的故事和原因。而这些故事和原因,是算法目前没办法做到的,必须由人来完成。

我们可以再举个例子。比如今天某电商平台推送了一件衣服给某个客户,他就买了,那么大数据分析后就会认为他喜欢这种类型的衣服。但是,电商平台并不知道我到底为什么买这件衣服,是一时冲动买的,还是真的喜欢这种类型的衣服?假设他当时因为心情好,产生了冲动购买的行为,但购买后就后悔了。但是电商平台并不知道这一点,一定会继续推送类似的衣服,但不会再引起他的二次购买行为,甚至这些信息会对我造成干扰。对于他当时“为什么买”这个场景,仅靠分析大数据是很难准确判断的。然而,“为什么买”的场景才能反映出他的真正需求。

因此,了解用户需求并非一句口号那么简单。利用大数据时要拼命绞尽脑汁还原场景,但这个工作量是非常大的。或者,未来利用算法通过文本更准确地分析用户意图,比如情感分析、情绪分析等,但这些研究目前仍处于初级阶段。而利用传统调查方法时,则需要去做一定量的合适样本的访谈,或者利用心理透射法,在此基础上利用心理学进行文本分析,才可能探测出真正的需求。

所以,产品经理绝非人人都可以做,设计出一款好的互联网产品也十分困难。

5. 互联网产品中的五角关系

对用户需求的把握决定了互联网产品的定位和方向,但同时,互联网产品所满足的用户需求层次与产品生命周期、竞争格局、所需营销力度、用户使用习惯之间有着一定关系。

产品所满足的用户需求层次会在根本上决定产品的生命周期:越接近本质需求的互联网产品,基本的生命周期越长;越接近边缘性需求的互联网产品,基本的生命周期越短。

在竞争者一定或竞争格局稳定的条件下,互联网产品所满足的用户需求层次与其投入的广告营销力度之间存在一定的负关系。也就是说,越能满足用户的本质需求,互联网产品所需投入的广告营销力度相对越小;反之,当用户需求越接近边缘性需求时,互联网产品所需投入的广告营销力度相对越大。

所以,满足需求层次的不同,也决定了营销传播的策略和难度。比如,如果互联网产品仅仅能满足某些边缘性需求,那么它就会在营销传播中去反复强调这些需求的重要性,不断让用户感觉到这些需求是他们需要的(其实未必是),所以这个营销传播成本是很高的,不但需要投入很多金钱和时间以达到广告营销的累积效果,还需要缜密的传播策略和较大的传播力度。反之,像微信这样满足用户本质需求的产品在营销上的精力会相对少许多。

当然,在满足用户需求层次一定的情况下,竞争格局和广告营销力度之间存在正向关系。比如,当出现的互联网产品在功能上类似,满足用户需求也类似时,竞争者的增多会增加产品在广告营销上的投入力度。

比如,如果市场上只有微信这款产品,那么因为竞争格局稳定(无竞争对手),所以它自身在营销推广上无须大费周折。一旦出现一款能与微信抗衡的类似产品,那么这款产品则需要持续增加营销推广的力度,并且在信息传播中要告诉用户它有哪些差异化的创新功能,这样才能将用户吸引过去。同时,新产品还要打破用户原有的使用习惯,树立用户在新产品上的使用习惯,这方面的投入和成本较高,也面临着较大挑战。而当这款新产品越来越强势时,原来的市场领导者就会意识到危机,不得不加入竞争行列,并加大营销方面的力度。

另外,当两款产品在满足的需求层次类似的情况下,用户对产品的使用习惯决定着竞争格局。用户越习惯使用哪个产品,那么该产品在市场占有率上就表现出更多的优势。因此,在这种情况下,用户习惯是决定竞争格局的一个关键因素。所以,产品为了在竞争中占据先机,就需要让用户形成持续的黏性。

同样,如果新加入的同类竞争者要抢占市场,就需要打破用户原来的使用习惯。这时,新加入的竞争者可以有两种做法:一种是花费更多的营销投入;另一种是在原有的产品功能基础上，增加与众不同的创新功能，并且需要通过大力度的广告信息传播让更多用户了解这一点，以此慢慢吸引用户和培养用户的使用习惯。

以打车软件在国内的发展为例。起初，滴滴和快的两个竞争者在产品功能和满足用户需求方面十分类似，都是满足人们出行的本质需求。因此两者在争夺市场的过程中都采用高强度的营销推广，试图拉拢用户，培养用户的使用习惯。最终两个竞争者合并成国内最大的打车平台滴滴快车，这场充满硝烟的战争才告一段落。然而，优步（Uber）这个新加入者进入中国后，面对已经相对饱和的市场，要想吸引新用户，并重新培养用户的使用习惯，是一件极具挑战和困难的事情。Uber 与前者在产品功能上类似，在满足用户需求层次一定的情况下，想异军突起就必须投入更多的营销推广，加大营销力度和不断调整营销策略。所以，Uber 中国采用了非常有成效的精英小分队营销策略，在不同城市组建本地化团队，将管理权下放，迅速发挥本地化团队了解本地市场的优势，急速扩张市场，与市场领导者滴滴快车厮杀，培养用户使用 Uber 的习惯。从 2014 年进入中国市场，Uber 只用了 30 个月的时间，就成为打车市场上最强劲的黑马，这期间，其在金钱和营销推广上的投入力度非常巨大。尽管 Uber 中国最终被滴滴收购，但不可否认，Uber 在前期的营销策略是非常优秀的。

我们可以看到不同因素在互联网产品竞争和发展中的交织关系，它们之间互相牵连，互相影响，共同决定着互联网产品的生存、竞争和长期发展。

然而我们不能忽视的是，互联网产品满足的用户需求层次仍然起着最重要的作用。产品越接近和满足用户的本质需求，其基本的生命周期相对越长。在没有竞争者或竞争格局稳定的情况下，需要的营销推广力度越小。而当产品在满足需求层次一定的情况下，竞争者越多或竞争格局越不稳定时，产品所需的广告营销力度越大。同时，用户的使用习惯也决定着竞争格局，同时也决定着广告营销力度。

这些因素之间的相互制衡和拉锯关系，是互联网产品发展过程中需要考虑的。

第八章　蜂巢营销传播中的道与术

在媒介的发展史中，媒介始终以信息传播工具的角色存在。媒介不仅是传递信息的工具，而且无论在哪个发展阶段，它都有另一个重要身份，那就是广告营销工具。所以，广告营销的发展一定是伴随着媒介工具的发展的。

社交媒体也不例外。社交媒体的兴起和盛行，不仅改变了我们的媒介使用方式，改变了信息传播的方式，给我们带来前所未有的海量信息，而且能让普通人相对自由地表达意见。而这些变化直接将社交媒体推升为新的营销传播工具，甚至成为企业或组织寻求的灵丹妙药。

当人们蜂拥至社交媒体上时，传统媒体所具有的广告营销作用在慢慢消减。这不仅仅是人们的注意力发生了大转移而造成的，更重要的是，社交媒体改变了人们的社交方式，改变了人们的圈子模式，改变了信息传播方式，这些新变化让曾经"死气沉沉"的传统媒体广告营销变得"活跃"起来。

无论是社交媒体大蜂巢还是其中存在的小蜂巢圈子，都存在共同的机制和核心要素：分享并传播信息的人（信蜂）、关系（信息流动的路线和渠道）、内容（促使蜂巢运转起来的重要给养品）。在蜂巢传播中，这三者缺一不可，每一个因素都承担着独特的作用。

而社会化营销所依赖的媒介就是社交媒体，社会化营销如果要发挥作用，不可或缺的因素也同样是信蜂、关系和内容。只不过，此时的信蜂已不再是所有活跃用户，而是那些目标用户群体。而关系则不再是大而广的交叉圈子，更重要的是目标用户群体所在的圈子。内容也不再是社交媒体上海量庞杂的信息资源，而是营销者所创作的或所提供的营销信息或广告内容。

社会化营销人员通常最费心思考的问题便是：（1）如何创作出有创意或能直达目标用户内心（产生共情）的营销/广告内容？（2）这些内容如何引发目标用户在圈子里传播，从而扩散延展到更多的圈子？

其实，很多时候，这两个问题关系紧密。并且，这两个问题看似很简单，对于社会化营销者来说却非常不易，他们花费了很多时间和精力去回答这两个问题。

比如，对于第一个问题，社会化营销者必须首先明确目标用户是谁，目标用户中较为活跃的信蜂群体是谁，目标用户对营销信息的需求是什么，目标用户喜欢传播什么样的内容，目标用户在消费、传播等方面持有什么样的心理，等等。只有摸透这些东西，才有可能创作出能让目标用户产生共情的内容。这跟传统广告一对多、互动少的特点非常不同，社会化营销最重要的是考虑信息在目标群体中的互动以及由此带来的反馈。

而对第二个问题，在社交媒体时代，它显得尤为重要。因为在社交媒体蜂巢中，信息是沿着关系连接流动的，所以，要打通关系的界限或将不同的圈子与圈子衔接起来，就必须依靠具有"可传播特质"的内容。而此时，"可传播特质"主要有创意别致、好玩有趣、引发情感共鸣等。但不可回避的是，"可传播特质"的内容往往具有较强的"共情"能力。正如我们在第五章大篇幅分析的那样，共情是引发传播行为的一个重要因素。因此，对于社会化营销者来说，需要花很多心思研究"可传播特质"的内容，这一点在内容营销中越来越重要。

另外，对于第二个问题，社会化营销者还应该研究的是，目标用户群体的圈子范畴，目标用户群体喜欢向哪些圈子中分享内容、为什么喜欢这样做，他们的分享行为往往会带来什么样的后续效果等。所以，在第二个问题上，社会化营销者不仅要思考"可传播特质"的内容，还要研究圈子关系、圈子节点以及圈子关系带来的传播效果。

因此，基于社交媒体蜂巢的社会化营销传播仍然没有逃出蜂巢传播的范畴，并且社会化营销传播需要更有针对性地研究目标人群、目标人群的关系、如何生产引发目标人群共鸣的内容等，这样才有可能达到社会化营销传播的目标和效果。

所以，社会化营销一方面带给我们无限的遐想和希望，这种遐想在传统媒体广告不断被唱衰的过程中显得越来越真实，我们就像抓住救命稻草一样，将社会化营销推向神坛。而另一方面，社会化营销远没有我们想象的那样简单，我们假想的"生产出的营销/广告信息内容能够一呼万应的效果"只是最美好的假想。不是人人都可以凭借追热点迅速抓住营销点,不是人人都可以创作出传播力十万甚至百万级的内容。虽然社会化营销看似"有章可循",但更多时候是"可遇不可求"的。

不过,我们并没有退缩,而是不断摸索社会化营销在社交媒体上的运作方式,不断尝试新的方法,不断变得更好。这就让社交媒体上的"热点营销""借势营销""口碑营销"变得更加具有可操作性,不断从青涩变得"轻车熟路",也出现了不少成功案例。而"内容营销"则是社交媒体(尤其是微信平台)、自媒体进一步发展过程中所带来的一种真实可触摸的社会化营销方式,并且随着越来越多的机构、组织、媒体、营销人员在"内容营销"上的践行,让"内容营销"的操作性变得越来越强。

这就是我们接下来要探讨的内容,分析某些领域、某些互联网产品或某些品牌如何利用社交媒体蜂巢进行社会化营销传播,通过案例分析,探讨他们在这个过程中的传播策略、内容把控、舆论造势或危机公关等方面是如何进行的。

一、 影视营销传播解读

如果要剖析社会化营销传播案例,影视领域最为典型。自从 2009 年微博问世以来,微博仍延续着博客的运营策略,重视娱乐明星和舆论大 V 所带来的活跃度,而对普通用户的"体验"不够重视。之后微博也因此备受争议,其较长一段时间的活跃度下滑也与此有不小的关系。2014 年之后,微博更加重视娱乐明星在提升微博活跃度上的作用,微博也成为舆论热点传播的发源地和酝酿平台。

微博打开了社会化营销的大门,也成为企业、影视领域尝试社会化营销的最初战场。影视领域凭借娱乐明星的舆论效应以及微博本身的强势传播进行营销推广、话题讨论等营销传播活动,本身就具有得天独厚的优势。

最初,一些电视综艺节目尝试与微博联手,共同提升综艺节目的话题讨论和热度,比如《中国好声音》《我是歌手》等娱乐节目曾借助微博上的话题讨论来增加节目本身的曝光度、话题性和互动性。这些可以说是影视领域在社交媒体上初步试水社会化营销传播。之后，一些影视作品也不断尝试通过微博上明星的讨论、话题互动、口碑传播等方法来推动影视作品的持续热度，以此增加影视作品的收视率和票房。

2015年7月，电影《西游记之大圣归来》（以下简称《大圣归来》）谱写了影视作品利用社会化营销传播取得成功的经典篇章。《大圣归来》不仅仅取得了令人瞩目的票房成绩，并且其在社会化营销传播方面的成功也让社会化营销传播不再是虚无缥缈的假想，而变得有可操作性。它也为之后的影视作品营销提供了可借鉴的方法。

此后，众多影视作品诸如《捉妖记》《煎饼侠》《滚蛋吧！肿瘤君》《琅琊榜》等都在社会化营销方面取得了不俗的成绩和良好的效果，事件博物馆的监测数据显示，《捉妖记》和《煎饼侠》在网络及社交媒体上的热议指数都比较高，分别达到了83和82。与之相对应的是，这些热议也为影片自身带来了切实的收益。

《大圣归来》确实给我们打开了一扇真实可见的社会化营销的大门。《大圣归来》于2015年7月10日上映，之后有关该影片的话题迅速在微信、微博上疯狂传播。随后两天，今日头条前10篇推荐文章几乎全部与"大圣归来"有关，并且据"事件博物馆"的统计数据，人民网、中国网、凤凰网、中国经济网等320多家媒体先后报道了跟这部影片有关的内容。似乎眨眼间，"大圣"就成了社交媒体上一个热议词汇，其热度和票房在半个月之内一路上涨。

许多人在微博、微信上力挺大圣归来，并且自愿分享和传播有关该影片的话题内容，热情满满。自7月10日上映开始，《大圣归来》在7月14日迎来第一次传播热度高峰，并且热度平稳持续，分别在7月15日、16日、17日、18日、20日、21日连续达到热度最高点，此后话题热议度平缓下降，慢慢持续至7月底8月初。《大圣归来》传播事件的影响力指数也达到了80.5，并且在微信平台上的影响力指数最高，达到83.6，这些数据是动态的，会随时间发生轻微变化。① 通过跟以往热点事

---

① 数据整理自事件博物馆，http://ef.zhiweidata.com。

件传播趋势对比发现,此次影片的热度持续时间较长,且热度较为稳定,并没有呈现出常规的正态曲线形状,而是峰度更加扁平的类正态曲线。如图 8.1 所示。

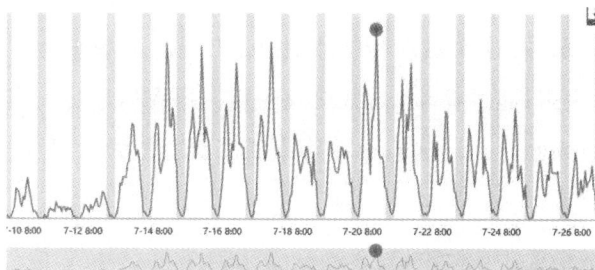

图 8.1 《大圣归来》微博热度指数
图片来源:事件博物馆。

因此,《大圣归来》一时成为众多用户口碑传播的影片,这种现象极为罕见。先抛开这部影片本身的质量,值得我们重视的是,这部凭借"全民公关"获得成功的影片所承载的内涵已远超越技术制作、剧情内容等范畴。

因此,笔者在该影片上映 1 个月且热度下降并趋于平稳后,对该影片在社交媒体上的热点传播趋势进行了详细分析。从传播学的角度来解读:是什么样的传播内容让这部影片迅速反转局势?这些传播内容走的是怎样的传播路径?什么样的内在因素推动相关话题被"全民"传播?这些答案对影视作品的营销传播有一定启示意义。

1. 传播内容四要素:有情怀、有格调、有态度、有诚意

通过以往对社交媒体上的传播现象跟踪分析后发现,被广泛传播的内容往往具有这些特征:或与情色有关,或与娱乐八卦有关,或是能引起广泛共鸣的内容。无论是在传统媒体时代,还是社交媒体时代,具有这些特点的内容经常会引起较多关注。只不过,凭借社交媒体的传播力,具有这些特点的传播内容被多级交叉传播的可能性相对来说更大。

自《大圣归来》上映开始到之后一个月,我们对网络和社交媒体上跟该影片

有关的传播热文进行了内容分析，根据这些文章内容所表达的情绪和观点，将内容进行分类。结果发现，这些文章向大众传达了四种情感：有情怀、有格调、有态度、有诚意。

同时数据显示，在这次热议传播事件中，出现的高频词有：成功、冠军、良心、英雄、打破、火爆、超过等。[①] 这些热议高频词跟我们通过内容分析发现的四种情绪或情感较为吻合。以这四种情感或任意组合作为故事基调的文章，大多都有较大的传播量。

有情怀、有态度

在影片上映前后，网络上突然流传出有关创作团队的幕后故事。这些内容主要讲述整个团队制作《大圣归来》8 年期间遭遇了动画师集体离职，还经历了投资方因要改动剧本遭拒而撤资，主创人员最后自掏腰包，紧巴巴地坚持制作完他们心目中的理想故事。

不管这些内容是否是片方的公关行为，但这种讲故事的方式足以让人揪心和动情，同时也向大众传递出满满的理想和坚定的态度。所以，这些传播内容告诉人们，这是一帮有情怀的人和一部有态度的影片。当情怀和态度成为内容传播的基调时，往往会引起大众的共鸣。

有格调、有诚意

除了讲情怀的文章，也有不少专门从制作水准和技术角度分析这部影片的文章。这些文章主要讲述的是，这部电影突破了多年来国产动画不温不火的魔咒，技术制作水平与好莱坞接轨，魔幻风格十分炫酷。也有文章诚恳地指出，该片在技术上虽然仍需打磨，但是每个小角色和细节都已经做到力求精致和认真。影片方有意无意地放出精美原画也赢得了大家的赞赏。

大众从这些内容中可以得出这样的信号：影片团队历时 8 年，闷头打造出

---

① 数据来自知微事件博物馆，http://ef.zhiweidata.com。

这部有格调的动画,诚意满满。这些内容无疑让已经陷于情怀认同中的大众,对这部影片的认识更加立体,情感上更进一步贴近。基于共鸣的自发传播,当然也是必然的。

2. 影片内容定位辟蹊径、求差异化

当然,即便在各平台上传播的文章满足情怀、态度、格调和诚意这些要素,但不可忽视的一点是影片本身的内容定位和故事叙事方式。换句话说,就算广告吹上天,但如果产品不对消费者口味,用户也是不会买单的。这部电影单从内容定位来说,与以往类似主题的国产电影有很大区别。

回想1987年版的经典电视剧《西游记》,大圣永远都是无所不能的,永远没有哀愁和烦恼,永远是常胜将军,永远高高在上。而这也是我们惯用的讲述英雄的方式。在电影国际化的时代,这种故事方式已经难以适应观众的口味,大众对这种模式也早有了强烈的免疫力。

但是,《大圣归来》中的大圣是一个能够被触摸和被感受到的角色。他有血有肉,性格逼真而细腻,他有喜怒哀乐,有悲伤离愁,有消极不振,有内心挣扎,有仁慈也有小心思,有混沌中的觉醒,有突破和自我超越,少了些自大,多了些关怀……大圣似乎就在我们身边,每个人都能从大圣身上找到自己的某个影子。

因此,这部影片的内容定位异于其他同类题材,用真实的态度书写真实的英雄——失落的英雄重新崛起。所以,影片重点描述的是英雄重新归来过程中的痛苦,他的消沉足以让人揪心,人们恨不得立即把这个英雄唤醒,但影片却不紧不慢,等大众的期待和情绪达到最高点时,剧情才突然反转,英雄最终归来,惩治邪恶,皆大欢喜。

这种内容定位下的电影叙事手法有很强的好莱坞元素和色彩。美国好莱坞电影有其惯用的模式,有很强的"讲故事"的能力,甚至好莱坞大片的电影情节发展都有一套程式化的步骤。比如,一部电影每个阶段内容的比例如何安排,情绪如何分阶段分配,都有章法可循。所以,尽管我们发现好莱坞大片有着类似的"套路",

但这些"套路"跟观众的期待和情绪是吻合的,因此能调动观众全身的情感细胞。从这个角度讲,《大圣归来》这部电影的叙事方式跟好莱坞动画片惯用的叙事方式是接近的。这种叙事方式可以让内容在很大程度上引发观众的共情。

所以,失落英雄重新崛起的内容定位和相应的故事叙事手法相对于国内同类题材影视,更容易引起大众的强烈共鸣和认同。这种共鸣就会引发链条式的自发传播,因为大众希望通过转发内容来释放自己的共鸣式感受或情绪,并希望传染给更多人。这可能是很多人愿意在社交媒体上自发加入"自来水"①队伍的原因。

3. 善于借势,引发口碑舆论传播

《大圣归来》的舆论传播活动之所以如此成功,除了上面所说的传播内容蕴含的四个因素以及迥异的内容定位之外,还有一个重要因素便是其官方微博利用微博的传播特点巧妙借势,以及用户在微信上形成的口碑舆论传播(见图 8.2)。

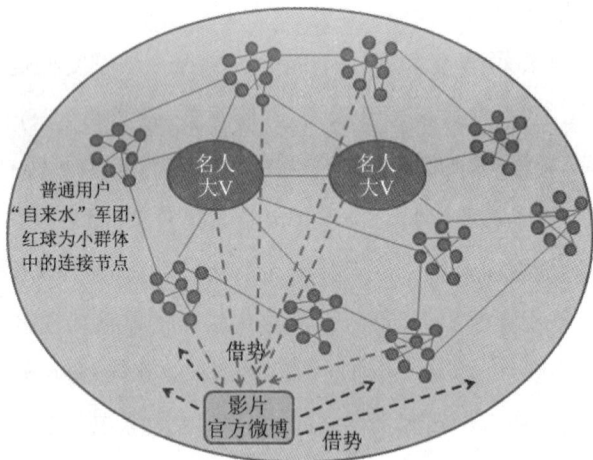

图 8.2 《大圣归来》官方微博巧妙借势形成口碑传播

---

① "自来水"是指发自内心、不请自来,自愿为某件事或某物品进行宣传的人。——编者注

　　首先,《大圣归来》成为微博热门话题在很大程度要归功于那些大 V 级舆论领袖,这些大 V 中有很多都是明星大腕,他们在观影后发布与影片有关的正面评价,这使大量的普通草根网民迅速被号召起来加入传播队伍,因此,在舆论领袖的传播影响下,大量草根群众自发成为该片的公关部队。

　　比如,在年轻人当中较具有号召力的韩寒在微博中极力赞赏和推荐《大圣归来》。他于 7 月 15 日发布微博称:"从《魁拔》到现在的《大圣归来》,加油中国动画。"7 月 20 日,郭敬明在影迷见面会中更是大赞《大圣归来》是"当代中国动画产业的标杆"。并且,在此次热点舆论中,微博上参与该话题讨论的前 10 位大 V 的粉丝数量均超过千万。

　　另外,像明星黄晓明、袁弘等人更是在微博中力挺《大圣归来》,并且有百余位明星集体发声,支持《大圣归来》。这些娱乐大 V 在社交媒体上有众多粉丝,号召力巨大。他们的赞誉声音势必会引来众多普通用户加入这场传播热潮中。

　　其次,普通草根观影后,他们在微博上生产了大量口碑评价,不过这些草根的评论只能影响小部分人,传播范围有限。所以,在微博上有许多普通用户自称是《大圣归来》的"自来水",他们多数比较分散,其传播影响力也相对比较均衡。

　　我们对"大圣归来"的微博官方账号在影片上映前后发布的微博内容进行持续观察后,发现了一个有意思的现象:7 月 10 日影片上映之前,该账号发布的内容多为原创,内容主要是该影片前期的预告,转发量、评论量相对来说不大。然而,从 7 月 10 日影片上映后,该账号在随后的几天内,大量转发来自其他账号关于《大圣归来》的评价,并且在这期间,其转发的每条内容被再次转发和评论的量平均有上万次。这些被《大圣归来》官方微博转发的账号包括名人大 V,但很多都是普通用户。也就是说,只要普通用户分享了跟大圣有关的微博并@了大圣官方账号,那么他们的微博就很有可能被官方账号转发,并且迅速引来更大量转发和被关注。

　　这说明,影片方在此次微博营销传播上花了心思,并且做得十分巧妙。影片官方微博对草根用户微博内容的转发,其实是一种肯定性的鼓励行为,让草根在心理上感觉到自己发布的内容有价值,使他们传播的积极性更加高涨,同时也引发更多普通用户参与讨论,鼓励更多用户发布内容和传播内容。比如,如果你看到官方微博转发了一个普通账号的评论,并且迅速引来围观和更多转发,那么你也很有可能想写一条评论并@它。官方微博在此期间,既满足了草根用户的心理需求,又借"他人之口"为自己提升口碑、形象和情感优势,这要比"老王卖瓜自卖自夸"的方式有效得多。

从这个角度上看,其实影片官方微博通过这种方式,一定程度上在分散的草根"自来水"之间搭建了传播桥梁,形成了更加广泛的多级交叉传播和舆论声势。

而在微信上,关于《大圣归来》的话题传播过程与微博上的路径有较大不同。

首先,用户在朋友圈发布自己的观影感受,在用户所属的小圈子内,大家互相点赞或认同,初步形成了小圈子内的"自来水"军团。比如,你在朋友圈看到朋友观影后的评价,那么你可能会点赞,如果你看到 10 个朋友都在朋友圈正向评价了这部电影,那么你会提前"预设"这部影片值得观看,这可能会促使你去影院观影。如果你观影后的感受达到了预设,那么你可能也会发朋友圈抒发自己的赞誉之情或分析观点,你的内容也会受到圈子内其他人的评价。于是,对影片感受一致的"自来水"军慢慢形成,不断影响他人加入队伍。

每个圈子内的"自来水"除了直接发表朋友圈动态(口碑评价),还会从外界转发与影片有关的传播内容,这些内容往往由媒体或自媒体公众账号生产,方便流动和传播。这些内容可以进一步影响小圈子内其他成员,引起圈子内的讨论,拉动小圈子内的口碑活跃度。

虽然微信上不同圈子之间是相对独立的,但它们之间也会建立连接,主要是靠圈子内成员从外界转发的传播内容。这个外界主要是指"外界媒体或公众账号",它们生产的内容不仅连接了不同圈子,而且让所有圈子的话题讨论在同一时间段内迅速同步和一致,最终引发整个微信圈子对该影片话题的大量传播。在这次传播过程中,有 300 多家媒体参与了话题讨论,其中许多媒体或公众号生产了与《大圣归来》有关的分析内容或评论文章,这些内容就成为了社交媒体上连接不同节点的流动信息。

这一点不难理解,比如你自己写了几句感想和评论,那么你的内容在小圈子内会小范围获得点赞或认同,影响力不大,并且别人也很难转发。如果你从别处转发相关文章,那么你圈子内其他人转发该文章的可能性会很大,并且这些转发的文章会影响到另一个圈子的某些人,他们也会在的圈子转发和扩散,以此类推。

那么,究竟什么样的内容会发挥这样的连接作用?当有关该影片的评论分析文章中包含前面所说的四要素时,这些内容就会引起人们的好奇心,并且会赢得情感优势,引发人们的广泛共情。

所以,在小圈子内"自产自销"的内容在圈子内会产生小范围影响力,酝酿出对某个话题的情绪,一旦有"好内容"流进不同小圈子,就会一触即发,圈子之间的交叉传播也会随即出现。

我们发现,这样的传播规律不仅出现在《大圣归来》事件传播中,在许多影视作品的话题传播中都存在这样的过程。

4."全民公关"传播的内在心理

观察那些被广泛传播的事件就会发现,总有一个能引爆大量群体进行传播的背后关键点。这个关键点可以是一种情绪(比如愤怒)、一种情感(比如同情/悲伤)、一种心态(娱乐/看客)、一种寄托(比如期望)等。

很典型的例子就是,微信朋友圈有段时间曾大量转发有关惩治拐卖儿童人贩子的信息,其推动大家传播的内在动力就是愤怒和期望。再比如,曾迅速在微信上成为热点的优衣库事件,传播背后的内动力就是娱乐和看客心理。而对于《大圣归来》的现象级传播,背后仍然有这样一双无形的手在推动,那就是"一种寄托"或者"期待"——我们渴望某种骄傲。

本片导演曾在采访中说,片子这么火出乎他意料,可能是因为国人太压抑。"压抑"这个词或许并不准确,用"积压的渴望"来表达可能更形象。这种渴望有两层内涵,其一是对创新的渴望,其二是对文化象征回归的渴望。

从创新的角度来说,近些年来,科技的发展已经以指数级别快速增长,许多前沿技术或好的商业模式都来自国外,在技术领域,我们扮演着追随者和模仿者的角色。国内科技媒体在早年的报道中,常常翻译国外的科技资讯,国外资讯十分受宠,因为这些资讯给国内的创业者提供了源源不断的启发。当然,这也说明我们在科技领域的创新力不足,媒体也因此经常诟病国内对国外前沿技术或商业模式的模仿。这种批评其实有两种含义,一种是对缺乏创造力和创新性的无奈,另一种则是无奈背后某种"恨铁不成钢"的期待。但批评是表象,对自我创造和创新的期待,或许才是隐匿已久的心理。

而《大圣归来》的制作水准在国产动画上的确有所超越,即便有些评论称,该影片技术上并不完美,与好莱坞大片仍有一定差距,但它已经在现有基础上做得更好了,通过一种新方式让"大圣"归来,重拾了让人认为值得骄傲的东西。

如果从文化象征的角度来讲,每个时代都需要一种能使人凝聚的文化象征。人们对某种文化象征的认可或达成的共识,往往会激发他们对这种象征的热情和一致性行为。如果把某种文化象征比作明星,那么对这种象征认可的大众就是粉丝,因此,尽管这些粉丝来自不同地域、不同背景,但是他们对于明星的认同,足以引发他们的狂热和无条件支持/追随行为,以及提及明星时的自豪感。比如:粉丝自愿且自发地去宣传这个明星,去说服他人认可甚至喜欢这个明星,去传播跟这个明星有关的信息等。所以,这些自发且一致的行为都有一条线在牵引,那就是对这些象征(明星)的认同而引起的热情和自豪感,这些又会进一步带来"粉丝"的凝聚力,而凝聚力反过来也会促进"粉丝"的一致性行为(比如说共同的传播行为)。

过去,这种象征是中国上下五千年的传统历史,是四大发明,是神话中的英雄……这些曾经都是能引起人们热情和自豪感的"明星"。然而今天,时代的脚步又迫使我们渴求或不得不寻求新的优越感,寻求让我们感到自豪和凝聚的象征。因此,当大圣这样一个世代人都会传唱的英雄和骄傲以一种异于传统的全新方式呈现时,人们内心积聚已久的渴望似乎顿时爆发,积压的情感得到释放和缓解。

因此从这个角度来看,《大圣归来》这部片子以一种新的方式,塑造了一个熟悉又陌生的"明星",契合了人们内心的渴望,所以人们自发充当"粉丝",组成水军,在完全不加商议的情况下共同发起大量的舆论支持行为。这种舆论传播所携带的感情与娱乐看客或集体狂欢的心理大不相同,它是一种令人激昂和振奋的情绪,传染力很强,它会激发更多人加入传播队伍,将高昂的情绪传播下去。

所以,传播内容、传播路径和传播心理在热点话题的舆论发酵、升温和持续过程中是环环紧扣的。影视领域的营销者若希望借助社交媒体进行推广宣传,不妨认真考虑如何跟媒体合作生产传播内容,如何让这些传播内容在社交媒体上打通关系界限而得到流通,如何在传播内容中传递精神、观点和情绪。

二、 品牌危机公关传播解读——百岁山广告的"反转"战

品牌在营销传播过程中最重要的目的有:提升品牌形象、告知信息、提高知名度、赢得销量。因此,广告自诞生以来,无数品牌前赴后继,每年在预算中留出大量资金投入广告宣传,希望达到上述目的。然而,这些都是理想状况。许多时候,品牌会面临各种舆论危机,而这些危机甚至会毁掉花费巨额广告维护起来的品牌形象。

以往,传统媒体时代,广告的功能多数是告知,在这个信息传播过程中,并无反馈系统,即便有些品牌设置了消费者反馈和投诉通道,但因为时间周期十分漫长,也未必能够起到作用。这一切都在社交媒体到来后迅速改善,许多品牌设立了专门人员专职搜集信息,监控消费者在社交媒体上对品牌的评论、批评、赞美等动态,并根据这些动态信息分析品牌可能会面临的问题甚至危机,并想办法化解和调整。并且,品牌越来越重视广告的效果,会对广告效果进行监控,比如广告投放路径的监测,对投放媒介的用户监测,希望通过对广告效果的研究调整接下来的广告投放策略。

也有些品牌不断尝试借助社交媒体进行社会化营销,比如宝马、可口可乐、vivo 手机都曾在 2015 年年初首次尝试与微信合作,投放朋友圈广告。然而,这些品牌并未像以往那样,只投放广告而不知"效果"如何,它们对"花费的广告费

究竟用到了哪里"持更加谨慎的态度。所以，在社会化营销方面，跨平台的广告效果监测正变得更加重要。

广告就像一把双刃剑，它当然会给品牌带来"提升形象和知名度，赢得销量"等诸多好处。但是在许多情况下，广告只在传递信息方面起到一定作用，而在提升销量上效果平平。甚至有时候，广告还会给品牌带来非议和危机。

比如，恒大冰泉摇摆不定的广告策略，曾一度让恒大冰泉陷入舆论危机。恒大冰泉的广告曾在一年内发生多次变化，从"天天饮用，益于长寿"到"天天饮用，自然健康"再到"天天饮用，自然美丽"，此外还有"长白山天然矿泉水""我们搬运的不是地表水""喝茶做饭""一处水源供全球""出口28国""喜欢我，就喝恒大冰泉""我只爱你，恒大冰泉"等，着实让人眼花缭乱。从定位的角度看，我们从广告中看不出恒大冰泉到底要向消费者传达何种能抓人心智的信息。而从营销的角度看，广告所传达的品牌理念太过混乱，前后并不统一，这难以树立稳定的品牌形象。

然而，如果消费者对于广告策略不停更换的非议尚不足以影响恒大冰泉品牌形象的话，那么在2014年7月1日中央电视台《新闻联播》后播放的恒大冰泉广告则掀起了较大的舆论浪潮。此次播放的广告片中去掉了"长白山"字眼，而这在之前的广告片中是一直强调的。起因是，由韩星代言的恒大冰泉广告因"长白山"广告词遭遇韩方阻力，基于商业考虑，恒大冰泉在广告中去掉了该字眼。然而，这给恒大冰泉带来了舆论危机，也影响到其品牌形象。微博中有不少关于该事件的讨论以及对恒大冰泉的声讨。而在撰写本章内容时（2016年8月），在百度搜索中输入"恒大冰泉广告去掉长白山"，会得到28.2万个讨论结果，这反映出大众对此事的关注和话题讨论。

在这样的舆论危机下，恒大冰泉并未做出处理，我们也未在社交媒体上找到其关于此事的阐述。相反，竞争对手农夫山泉在广告营销方面却是翘楚，其定位清晰，广告传达的品牌理念也始终如一，在社会化营销方面也常成为业界的经典案例。在此次舆论中，农夫山泉的广告坚定地强调自己的产品来自长白山水源，再次提升了品牌形象。

提到因广告带来的舆论危机，不得不提及另一矿泉水品牌——百岁山。如果说恒大冰泉在品牌危机应对上是个反例，那么百岁山在这方面或许是一个正面例子。

1. 唯美广告引众议

大约从 2013 年开始，就比较容易在电视上看到百岁山的广告。然而，每次看到它的广告都让人十分疑惑：这个广告究竟想告诉人们什么？仅仅靠一些唯美画面就能说明它是"水中贵族"吗？这样的疑惑伴随人们很长时间。

直到 2015 年年初，在讲"广告效果"这门课程时，我突然想到，正好可以用到这个案例。于是便在各种渠道搜索"百岁山广告是什么意思"，结果令人大吃一惊，原来像我一样对这个广告感到困惑的人大量存在。

百度搜索结果有近 8 万条关于该问题的讨论。在国内知名的天涯论坛上，与该问题相关的发帖众多，其中由网友"花苑勐勐"在 2013 年 5 月发起的"谁来帮我解释一下百岁山广告的意思啊，每次看到都想问这是啥"的帖子有超过 52 万次的点击量，由网友 oscarleaf 于 2013 年 6 月发起的"百岁山广告什么意思"的帖子有超过 42 万次的点击量，而由网友"赵土瓜呱呱呱"于 2014 年 1 月发起的"百岁山这个广告究竟是什么意思"的帖子也有超过 18 万的点击量。这些发帖人都表示，该广告画面虽然美，但却不知要传达什么意思，更不知与"贵族"有何关系。而在国内知名问答网站"知乎"上，提问该广告究竟什么意思的相关问题也有许多，都引来许多人对该广告的猜测和胡乱解读。

可以说，在该广告投放后的两三年时间内，关于该广告含义的议论一直存在。虽然广告画面制作精良，希望传达出一种"贵族"精神，但是难以让受众理解的背后故事却成了广告在传递信息过程中的绊脚石。这对品牌来说的确也是一场危机，因为如果广告传达的理念不能被受众理解甚至认可，那么广告甚至会对品牌形象造成伤害。

2. 广告沟通效果差强人意

广告是一种信息传播行为，其信息传递的过程仍然遵守传播规律：广告主

（传播者）通过媒介（各种渠道）向消费者（受众）传递含有品牌/产品理念的讯息，受众通过自身对广告讯息的理解做出反馈，而受众反馈的程度则会影响到信息传播的沟通效果。如果受众能够准确理解广告主想表达的理念，那么广告就会达到较好的沟通效果，反之沟通效果就会较差。

因此，在广告效果的考察中，对沟通效果的考察和监控是衡量广告效果的一个重要指标。因为影响销售效果的因素有多种，所以广告能否直接影响销售效果是难以准确测量的。不过，我们往往认为，广告若达到了较好的沟通传播效果，其广告信息能够被受众理解和认知，那么这就会影响受众对品牌的情感，甚至促成消费或使用行为的产生。

如果单从信息传播学的角度审视百岁山广告的话，我们可以从三个方面进行分解。

首先是百岁山广告内容本身。该广告画面唯美细腻、华丽高贵，广告制作地点选择在欧洲古皇宫。城堡、皇家、护卫队、公主等画面更是尽显高贵。这些都是广告内容中的元素。

其次是信息中所蕴含的理念。该品牌希望通过广告元素架构的"故事"来传达"水中贵族"的品牌形象，意在定位"贵族专饮"。

第三是广告受众，即观看广告的人。受众通过观看广告，获得对该广告内容的认知和理解，并且通过对广告内容的理解来形成对品牌的理解。

显然，在受众对广告信息的反馈上出现了问题。大多数受众并不理解广告内容所传达的内涵，感到疑惑甚至有诸多误解。从广告内容来说，该广告希望让消费者有贵族一样的感觉，但是，广告内容所描述的故事是一位公主下车拿走了老人的矿泉水，看到的人都感到莫名其妙，不禁会问为什么。广告本身并不存在故意制造悬念的问题，问题就在于，广告传播者只是主观上认为这背后有一个动人故事，但这个远离中国文化的故事难以让受众知晓和理解，所以受众只能通过进行搜索查找资料才隐约猜测出故事梗概。而且，这个故事本身似乎也与"水中贵族"无十分明显的联系。所以，我们在内容分析中会发现，有许多人认为广告中的女子是在"抢水"，这与广告主题相去甚远。

为了进一步研究这个问题,我们在 2015 年 3 月对百岁山广告进行了效果测试,此次测试采用实验法。首先让 58 位受试者(90 后大学生)观看百岁山广告视频,待观看结束后,对受试者进行事后问卷测试。主要考察受试者对该广告的理解、认知、态度、回忆度、好感度以及对百岁山品牌的认知和态度,这些指标在一定程度上能够反映出广告的沟通传播效果。

研究结果发现,有 74.1% 的受试者在参与实验之前就已经看到过百岁山广告,并且其中有 86% 的受试者是通过电视看到该广告的,11.6% 的受试者是通过网络视频插播广告看到该广告的。这说明,百岁山广告在受试者中的认知度比较高,且电视媒体的确是百岁山广告的主要投放渠道。

即便该广告的认知度较高,但我们考察了受试者对该广告的理解度,结果显示,有 64.3% 的受试者表示第一次看该广告时"不理解"广告讲述的故事内容,28.6% 的受试者在第一次看到该广告时对广告讲述的是什么样的故事感到"不确定"。而在对广告传达的品牌理念方面,表示"不确定"到底传达什么理念的受试者比例最高,达到 45.6%,有 28.1% 的受试者明确表示"不理解"广告到底要说什么。这样的结果,与我们对网络上话题讨论的内容分析结果对应了起来。

我们还考察了受试者对该广告核心主题"水中贵族百岁山"的熟悉度和认可情况,结果显示,有超过一半(52.6%)的受试者对该广告主题较为熟悉,然而有 66.7% 的受试者对该广告主题的认可程度一般,17.5% 的受试者并不认可该主题。

如果结合前面的内容分析一起来看,这说明,尽管大多数受众已经通过电视、网络视频等渠道广泛接触到该广告,对广告词也较为熟悉,但是,他们对该广告"想要传达什么"并不理解,并且对其希望传达的"水中贵族"的理念并不是十分认可。这进一步说明了我们上述观点:受众在对该广告的反馈阶段出现了问题,广告主希望传达的信息并没有被受众准确地解码,没有达到理想的沟通效果。

那么这是否会影响人们对该品牌的态度呢?于是,我们对比考察了受试者对这则广告的态度和对该品牌的态度,从 1~5 分别表示"非常不同意"和"非常同意"。整体上，受试者对该广告的品位、形式和创意比较认可，均值分别为3.83、3.53、3.33，也的确加深了受试者对该品牌或产品的印象（3.59），这一结果与前面的网络数据仍然是对应的，比如，受试者对广告主题的熟悉度较高，这主要因为广告的大力投放。

然而，广告是否能加深对百岁山品牌/产品的了解方面，受访者的态度整体一般（3.1）。并且通过态度考察再次确定，受试者整体上认为"该广告表达的信息模糊不清"（3.5）、"广告传递的信息让人感到困惑"（3.45）。虽然在测试中，受试者对广告本身的品位和形式较为认可，但这似乎并没有改善他们对该品牌的态度，受试者对"我喜欢百岁山这个品牌"的认同程度较低（2.98）。并且测试结果显示，该广告在刺激购买意愿方面作用较低，受试者不太认可"该广告对我的购买决策有帮助"（2.74）。

虽然实验结果并不能反映全貌，但也能说明，网络上关于该广告的大量舆论和非议并非空穴来风，实验测试结果也与我们对网络上的舆论分析十分吻合，这都反映出了该广告在和受众沟通上所存在的问题。

广告肩负着传递信息、提升品牌形象的重责，好广告往往可以通过精准的广告诉求直达受众内心，抓住受众心智。而这个精准的广告诉求往往就是"广告要表达的就是受众想知道的"，当然精准的广告诉求也需要通过广告创意、广告语、广告画面、广告素材等广告内容来呈现，那么问题是：广告应该如何通过能让受众理解的方式和易于理解的广告内容，让受众清晰明白"广告要告诉我什么"。而受众往往是通过对"广告要告诉我什么"来形成对品牌的印象、态度甚至是好感度。

所以，好广告不是一味追求广告画面的精美，不是一味展现广告文案的卖弄，不是一味看重形式上的"高大上"，而是清晰明确地传递信息。抓住心智是首要的，其次才是考虑如何利用画面、形式、文案、广告语等方面传递出核心信息。

3. 网络非议成就传播效果

尽管上述考察都说明，百岁山广告在沟通效果上表现不佳，这给该广告带来了大量的网络讨论，这说明该广告是成功还是失败的呢？

我们无法用数量单位去衡量广告是成功还是失败的，但是，却可以用一些指标来侧面观察广告引发的效果。虽然沟通效果不佳，甚至可以说是失败，但正因如此，该广告在引发受众好奇心方面起到了重要作用，而对广告的不解和疑惑引起了大量受众的二次搜索行为。这些搜索行为成就了传播效果。

比如，许多人在第一次接触到该广告看不懂时，他们会去搜索引擎中或去论坛中查找"广告究竟是什么意思"。我们上面统计的大量数据就已经说明了这一点，比如百度搜索出上万条对该问题的讨论，天涯论坛中关于该问题也引起了上百万的浏览量，再加上其他渠道的搜索和讨论，就形成了对该广告含义的解读和资料补充（用"脑补"这个网络词更贴切），这无疑形成了一个较强的舆论场。可以说由"一个广告引发的疑团"进而形成的大量讨论是较为罕见的。

也就在该广告进入公众视野并让公众疑惑许久（大约两年多的时间）后，在2015年年初，微信朋友圈被一篇名为《原来百岁山的广告是这个意思！只能怪自己太Low!》的文章刷屏。该文章内容主要讲述广告中女主角（瑞典公主克里斯汀）和老人（数学家笛卡尔）的凄美爱情故事，笛卡尔在生命最后时刻递给公主的情书就是由数学坐标方程解出的心形曲线。这篇文章想告诉我们，广告里表达的"水中贵族"概念就是把百岁山的水比喻成这封情书，意喻"经典、浪漫、难忘和瞩目"。即便如此，广告概念通过国外文化中的故事来传达，有些掩藏太深，受众不仅不能理解和明白，而且也没有义务去猜测广告要表达何意。

不过，这并不影响这篇文章在微信上广为传播，不少微信公众号发布这篇文章的阅读数都超过上万次，甚至超过10万次。同时，微博上也有人发起"百岁山广告原来是这个意思"的话题讨论，话题阅读讨论数超过4万次。

这篇文章的出现，终结了网络上长期对该广告的任意解读，让曾经倍感困惑的受众突然找到了答案，满足了好奇心，并且美丽的故事也让该广告终于有了一个"好归宿"。人们的情感也迅速反转变化，由最初的不解、疑惑甚至嘲讽，变成了自嘲，变成了"相信这个好故事"。

人们总会对那些感人的事情抱有善心，并且会被感动，这些情绪的共鸣会让他们快速做出反应,在社交媒体上自发传播该文章。他们一方面借此传播行为表示自嘲,给自己一个答案,而另一方面则希望这样的"好故事""好答案"让更多人知道,解开更多人原本的疑虑和错误解读。

我们在前面章节曾讲到过传播效果分为三个层次:认知、情感、行为。在行为层面,受众对该广告的不理解激发了强烈的好奇心去查找答案,这便带来大量的对品牌或广告的搜索行为和讨论。另外,该文的出现将积聚已久的"好奇心"瞬时释放,人们关注故事本身胜过广告,故事产生的共鸣引发社交媒体上大量的传播行为。因此,尽管该广告在沟通效果上较差,然而它在获得传播效果方面却是成功的。

4. 巧妙的反转

这篇文章的出现或许并非巧合,并且该文在微博和微信上发力的时间前后相差无几,我们分析后认为,这极有可能是百岁山针对广告引发的长期争议和舆论而进行的一次危机公关行为。

长期以来,受众对该广告表示不解和疑惑,从而对百岁山品牌的认知也模糊不清。品牌方意识到问题的严重性后,制定出相应的危机公关传播方案,通过讲述唯美好故事,化解人们的疑虑,从而造成"看不懂是因为见识不够"的舆论立场。所以,文章标题有明显的导向,意在让人们关注广告背后的故事,让人们将原来对广告的误解和不良反应转嫁到自身上来。这篇文章的成功之处便在于此,并且借助社交媒体获得大量传播。

我们查看百岁山官方微博账户在 2015 年年初发布的微博信息后发现,该账户在 2015 年 1 月 15 日—16 日发布了竞猜百岁山广告剧情的活动。而活动时间与微信上那篇热文的传播时间较为吻合。

这次危机公关传播可以说是成功的。因为这次公关"解读"让很多人都"豁然开朗",不少人感慨"原来是这个意思,太高大上了""看不懂是因为自己太'屌丝'了"。微信朋友圈许多转发该篇解读文章的人几乎都是抱着这种态度。这次反转,不仅获得了传播上的成功,也扭转了人们对品牌的不好看法,在一定程度上提升了品牌形象。

不仅如此,这篇文章所讲述的故事还引来了后续的争议。有人在知乎、果壳等网站上,分别撰文评价称,文中讲述的故事完全不对,并且进行了不同版本的解读。于是,一连串关于广告背后究竟在讲述什么故事的讨论又出现了。所以,在这样的讨论和传播中,关于该品牌的曝光率自然就会变多。

通过上述分析可以看到,品牌应实时通过网络和社交媒体搜集用户对品牌或产品方面的舆论数据,并根据舆论动态判断品牌面临的压力、问题甚至危机,同时审时度势地利用社交媒体扭转不利影响。不可否认的趋势是,社交媒体将成为品牌重要的信息传递和品牌传播领地,企业自媒体以及各大社交媒体平台为企业提供的媒介平台,都将是品牌与用户互动、交流意见的主要工具。并且,这些媒体平台给企业进行内容营销、危机公关传播等提供了有利条件。

三、 产品营销传播解读

自从社交媒体给我们带来前所未有的媒介接触和使用方式后,借助社交媒体进行口碑营销传播、现象级传播也似乎成为各领域品牌和产品的美好夙愿。自 2013 年年初到 2015 年年初,不断有 App 产品在微信上掀起现象级刷屏事件,在微信朋友圈广泛传播后,这些产品迅速走进人们视野,甚至成功占据应用程序商店头把交椅的位置。然而,这些产品大多来去匆匆,如昙花一现般绚烂谢幕。但不可否认的是,这些产品具有在社交媒体上引起连锁式传播的能力,尽管许多产品在后续创新上表现不佳而慢慢退出舞台,不过这些产品所引起的现象级传播却为它们带来了绝佳的口碑营销效果。

比如疯狂猜图、魔漫相机、脸萌、足迹等 App,对它们来说,多数并未刻意在社交媒体朋友圈进行推广宣传,而是借助社交媒体用户自发的热情分享达到了

"人尽皆知"的目的,所以这样的"一夜成名"更像是意外之喜。这似乎是许多产品营销人员苦苦寻觅的良方,他们希望能够通过社会化营销的方式获得口碑传播的效果,甚至不断寻求方法来制造现象级传播事件。热点传播、现象级传播是可遇不可求的,但我们研究这些产品的营销传播事件时,发现这其中有一些共性。

1. 以点带面,让传播变"轻"

对这些现象级产品研究后发现,它们有关产品的传播内容之所以在微信朋友圈能够被迅速大面积地传播扩散,一个很重要的特点在于,传播内容简洁、清晰、明了。比如,这些产品大多数在传播的过程中都突出自身的一项"核心功能"或"核心诉求",也就是清晰地告诉用户"能用这个产品做什么"。而这个"核心功能"或"核心诉求"就成为最佳的传播点。

比如脸萌可以让用户轻松给自己设计漫画自画像,当用户将微信头像更改成漫画自画像时就相当于对该产品进行了一次推广宣传。这种简单方便的操作就能创作个性化头像,就是这个产品的"核心诉求"。即便脸萌这款产品还有其他的功能,但这些并没有在传播中体现出来,人们通过"简单地创作个性化头像"这个特点了解了脸萌,并愿意下载该 App 产品,之后再体验该产品的其他好玩的功能。这场在社交媒体上的刷屏传播帮助脸萌迅速登上应用程序商店娱乐类 App 排行榜首位。

人们在社交媒体上生产的海量信息让社交媒体环境变得复杂冗余,人们的碎片化时间也让他们无法花费较长的时间专注做一件事情,所以,那些繁重的、严肃的、无趣的信息内容较难让他们有耐心保持关注、分享甚至传播。因此,在社交媒体上进行产品营销时,诉诸"大而全"的传播内容似乎不是好办法。而找到一个最能代表产品或最具创意的核心诉求点,并以该诉求点作为传播内容可能更有效。这样简洁有力的传播点更容易进入人们的视野,让尝试变得轻松、简捷、有趣、好玩,无须花费太多时间成本,并且十分易于传播。

所以,让人们首先通过一个有创意的、新颖的、独特的传播点快速地了解产品,对产品产生一定的认知。这样才会吸引用户下载产品,到产品中来,从而再进一步体验产品更多的特点与功能。但是,从社交媒体营销传播的角度来看,最关键的还是第一步。至于产品能不能长期黏住用户,那是另外的产品运营的问题。

以"足迹"这款 App 产品为例,其出其不意地火爆微信朋友圈,就连其创始人也感到十分突然。但从该产品在朋友圈的传播形态来看,其传播点仍然非常简单清晰"让自己过一把电影大片儿的瘾",而支持这个传播点的就是该产品的一个创新功能。这个创新功能可以将 LOMO 风格以电影的形式再一次拓展,将普通图片处理成电影图片,让用户可以根据图片场景匹配上合适的电影台词或文字叙述,让他们感觉自己身在电影之中。所以,朋友圈疯狂传播的各式各样的"足迹"图片,有一个核心的传播点就是"过一把电影大片儿的瘾",而传播点的背后就是"足迹"的创新功能,其独特的图片处理方式让人们乐于在社交媒体上"炫耀",他们的"炫耀"就会引发更多人的好奇和尝试,营销传播的链条迅速被打开。

"足迹"起初定位于旅游市场的高端人群,可以说是小众 App,但几经功能更新,添加了图片电影化处理功能,还增加了社交等其他功能,目标用户也扩大到普通用户群体。虽然该产品有很多功能,但令其突然在社交媒体上迅速传播开来的就是这项有个性、有创意的功能,大量用户利用这项功能处理手机或电脑中久存的图片,并将图片处理后带来的"惊喜"分享出去。所以大量用户的原创内容让"足迹"广泛曝光,并触发病毒式传播。不过,这只是第一步,将用户引流到该 App 产品中来才是目的。用户被吸引到 App 产品之后,才有可能更多地了解和尝试使用该产品的其他功能,而此时,产品的创新设计、后期的不断创新以及对用户的维护才是保持用户持续黏性和留存率的关键。

"足迹"团队显然意识到了这一点,他们也认为,"足迹"刷爆朋友圈后,要渐渐离开朋友圈。因为,微信朋友圈的社交链条式传播虽然很重要,但那里却不是App 产品能够长期依赖的地方,否则就会失去主动权,用户最后也会在失去新鲜感后离去。当 App 产品的营销内容在社交媒体上得到广泛传播后,需要回收用户,将用户带回产品内部来,通过圈住用户来开发相应的产品价值。

其实,这跟传统广告寻求"广告诉求点"的道理是一样的。通常情况下,广告语并不是像我们认为的那样是"突然的灵感",或是"随意想出来的创意点子"。在找到创意点子之前,广告人还有一个很重要的工作就是要找到"广告诉求点",即清晰地告诉目标用户产品是什么、能满足什么、广告要说/传达什么。而这个过程往往是漫长的,甚至需要反复沟通和调查后才能确定,因为广告人要研究广告主的产品,要发现产品所具有的优势特点或新概念。

但是,这些优势特点或概念并不能统统被搬到广告上(太多的信息并不能让消费者记住,反而会让消费者混淆),为了让广告言简意赅、具有穿透力,广告只能传达一两个核心概念,所以广告人要根据竞争产品广告宣传理念、消费者需求等因素才能确定"广告要说/传达什么"(广告诉求点)。而这个诉求点就是最终要通过广告传播给消费者的,诉求点越明确,越容易被消费者感知到。消费者一旦启动消费行为,这些曾占据心智的广告诉求信息便会立刻发挥作用,比如在购买洗发水时会突然想到某个印象深刻的产品广告,这可能会让消费者马上购买尝试该产品。而消费者能不能长期使用该产品,就要看该产品本身了。

所以,这种"以一个点"的传播带动整个"面"的方式可以在产品的社交媒体营销传播中发挥效果。而这个"点"其实就是"传达一种清晰的产品/功能信息",它的作用在于,可以让信息在传播过程中十分轻便,没有太多干扰信息,一个点就可以引起人们的深刻印象,甚至抢占人的心智。我们常说"师傅领进门,修行在个人",这个"点"就像是"师傅"。

2. 给分享找一个好理由

"足迹"在微信朋友圈的迅速蹿红,使得它一度登上苹果 App Store 免费应用榜第一的位置,也成了热搜词。当然,这份成功要归功于大量用户在朋友圈自发分享使用"足迹"处理后的照片,即便人们并未直接提到"足迹"的名字,但对该产品能够带来的图片效果进行分享,就是对产品最好的口碑营销。所以,如上文分析,"足迹"其实提供了一个非常清晰的"传播点":让用户过把电影瘾。

然而,用户过瘾就会分享吗?如果在产品体验较好的基础上希望用户产生分享行为,那么就要给用户一个分享的理由,也就是为什么要分享自己的体验/产品?所以在用户感到过瘾和分享行为之间还隐藏着一个东西,那就是刺激用户分享的背后因素。

这些因素包括:满足用户的个性化心理需求;激发用户的情绪(感动、冲动、快乐、美的享受等)表达;让用户感到好玩、有趣、有用、值得等。这些原因就像是催化剂,在用户接触到营销传播内容时,首先会获得自身的体验,但正是这些因素的存在才使得用户想要将自身的体验分享传播出去,并希望让他人看到或感受到。当这些链条打开时,营销传播内容就不会戛然而止,而是向外自动扩展。

不过对于为什么要分享这个内容,而不分享那个内容,用户往往并不会深究,也不会主动意识到自己分享某个内容之前的心理变化或情绪波动。但这些原因却客观存在,需要营销人员在产品的社会化营销传播过程中去发现并被合理利用。

在满足个性化心理需求方面,我们在多个现象级产品的营销传播过程中都有发现。"脸萌"满足了年轻用户个性化头像定制的需求,某些修图类软件则让用户修饰后的图片看起来与众不同。"足迹"让原本平平淡淡的图片变得极具特色,并且打上了电影的烙印,让用户感到十分欣喜。但用户之所以会迫不及待地将修改后的图片或修饰后的头像分享到朋友圈,是因为他们希望通过"分享"这些定制化"特色"获得他人更多点"赞","这种"获得"是喜悦的,也是令人在心理上获得满足的。

所以,某些现象级产品通常都是迎合了用户潜藏在心中的某些个人诉求或心理,通过某个创新功能或创意引起人们的尝试兴趣,一旦人们尝试产品后达到了个人诉求和心理预期,便希望通过社交化分享释放这些诉求和心理,接下来社交媒体上的关系互动(比如点赞或评论)会进一步满足人的个性诉求和心理。

在激发用户的情绪表达方面,营销传播内容的共情能力也是十分重要的。

产品的宣传内容如何引发用户的愉悦、感动等情感体验，用户尝试产品创新功能后能够获得怎样的极致体验，都会决定用户是否会在社交媒体上分享。如果用户愿意将自己的情感体验分享出去，那么这些内容可能会进一步引发用户圈子中其他人的尝试意愿，从而形成连锁反应。所以，产品营销传播中想要传递或制造什么样的情感或情绪也是需要细思考量的。

让用户感到好玩、有趣或有用、值得，也是能促使用户分享的一大原因。产品好玩、有趣或产品营销内容、营销方式好玩有趣，都会让传播变得更加娱乐化。比如，疯狂猜图的游戏虽然简单，但其在社交媒体上带来的就是好玩、有趣的效果，有趣的并非用户个人玩游戏的体验，而是用户玩游戏的过程中带动朋友或朋友的朋友一起帮助自己解谜。所以疯狂猜图的营销传播点就是：一起解谜更好玩。"足迹"带来的"惊喜感"对用户来说也是十分有趣的，除了这种愉快的精神体验之外，还能将原本"没用"的照片变得"有用""有意义"，这样的体验更能刺激用户的分享欲。

3. 让分享变得再简单一点

我们经常在社交媒体上会接触到某些营销内容，但这些内容往往冗余又复杂，即便用户看到后对内容本身十分感兴趣，但也会因复杂的分享操作而失去耐心。因此，在产品的社会化营销传播中，让用户的分享变简单非常重要。

比如，"足迹"将普通图片处理成电影大片的操作非常简单，普通用户非常容易操作。更重要的是，处理后的图片具有较高的"产品辨识度"，这种图片的风格就表明了是用"足迹"处理的。所以，即便图片上并未标有"足迹"的标志，人们也能凭借独特的风格分辨出来。因此，人们仅仅通过简单地分享一张处理后的图片，就可以在社交媒体圈里讲述自己的生活故事或感悟，这种"简单"让人们乐于分享。所以，它并不需要人们刻意"宣传"，也不需额外添加更多产品信息，只要通过图片分享的方式取得营销效果。此时，图片的传播承载了更多产品信息，图片本身的效果就是"为产品代言"。人们使用脸萌处理后的头像同样辨识度非常高，一看就知道是用该软件处理过的。并且，人们通过更换脸萌头像就达到了传播效果，这个分享过程也非常简单方便。

可以说，这是一种高境界的营销传播方式。人们并未觉得自己是在帮助产品宣传，但因为好玩、有趣、满足个性心理、分享简单方便等原因，人们连锁式的分享却成为最好的口碑营销传播。

同样，疯狂猜图的一时流行也跟该产品在微信上的易于分享有很大关系。分享越方便，人们分享传播的门槛越低。另外，像较为成功的美拍、秒拍等产品，它们让制作或使用变得极其简单，大大满足了用户的心理需求。同时，更重要的是，它们让分享变得十分轻松，人们随时、随地、随手都可以"炫一下自我"，"给分享找个理由，说分享就分享"。

所以，产品营销人员若希望凭借社交媒体进行营销传播，那么首先要找到产品最优质的营销传播点，吸引人们注意，并尽可能让人们用最简单的方式了解、尝试产品的某个新功能或特点，在这个过程中最大限度地满足他们的某种心理，或者激发他们的情绪表达，或者让他们觉得好玩有趣有用，最终能让他们以一种轻松、简便的方式分享出去。

四、 内容营销之道

我们在前面分析了内容在社交媒体蜂巢中的作用，如今内容创业不仅风生水起，而且因自媒体的发展而带来的内容营销也正在成为社会化营销的趋势。蜂巢中由用户生产的内容是引起蜂巢传播的给养品，也是维持蜂巢社交平台良好运转的良药。而如今社交媒体蜂巢中由专门机构生产的内容不仅是保持各社交平台活跃性的养分，由第三方机构或个人生产的内容不仅打开了内容营销的大门，也奠定了移动互联网时代"场景消费"的基础。可以说，基于内容的内容营销的终极目的是促成"场景消费"，内容营销也成为社会化营销的主力。

"场景消费"并非一个新出现的概念，早在 20 世纪 90 年代，就有学者提出"场景消费"的概念。如果生活者经常幻想体验多种模拟场景，比如模拟过各种各样的生活方式，那么他把物品(商品)作为"符号"来利用的倾向也就会越强，并会借助自己和物品来设想可以灵活变换的场景。这样一来，生活者就具有了多种不同的生活方式和自我，物品则作为构成场景的符号而存在，由此就使消费概念发生了变化。在这种消费概念中，成为消费对象的，是物品的功能、人对物品功能所具有的印象以及包含人与物相互关系的时间与空间。这种消费形态，就是"场景消费"。[①]

举个例子来说，你经常幻想过着云淡风轻的生活，而某些款式和材质的服装会体现这样的风格和生活方式，于是你便会寻找并购买这样的着装搭配。而当你穿上这样的服装时，会感到身心舒畅，进一步又加强了你对自我生活方式和生活态度的确定。因此，你消费的不仅仅是服装本身，而是你对服装赋予的情感。以及穿在身上的情感体验。反过来说，你对服装放置在某种生活情境或生活方式下的幻想，也促成了你的消费。

简单来说，场景消费是通过视听与自己想象中的场景相吻合，以满足消费者感受整个场景氛围的心理需求，从而引发的消费行为。[②] 比如，你在观看某部情感电影时，总会将自己置身于片中角色的位置，体验角色的喜怒哀乐，这种体验让电影的感染力更强。一方面，这是电影让你产生了共情；而另一方面，你对片中角色的认可，会使你留意对方所穿戴的服饰、所使用的表情、甚至他所具有的人生态度。这便极有可能让你想象自己穿戴同样的服装会达到什么样的效果，这种情感和心理需求会促使你购买同款服装。

1. 场景消费转至线上，内容提供精神体验场景

许多品牌在线下营销模式中会采用场景营销，消费者进入商家设置的场景

---

① 李静江,金国利. 感性消费与理性消费——捕捉现代消费新动向[M]. 北京：中国经济出版社,1992.

② 文长辉. 媒介消费学[M]. 北京：中国传媒大学出版社,2007.

中，在特定的场景中体验产品，用恰当的氛围烘托消费者深处其中的情感，以此打动消费者的心，最终引起购买行为，比如各式各样的线下体验店。

而如今，在线上的社会化营销模式中，内容营销却承担起了引发"场景消费"的重任。而此时的"消费"远不止购买物品这么简单，而是消费某些观点、服务、理念、情绪或情感等。"消费"的表现也不再只是用金钱购买，而是以其他方式存在，比如：认可内容中的观点、态度，并自愿传播给别人；与内容中传递的情绪形成"共识"，愿意分享这种情绪；对内容中倡导的理念深信不疑，并以该理念为指导而行事；愿意尝试内容生产者发起的活动、服务、线上体验等；愿意消费内容生产者推荐的产品；等等。这些都是"消费"的形式，而这些"消费"的完成却是凭借内容生产者长期不断地输出某种内容给目标用户才完成的，用户在"消费"这些内容时，便完成了自己"无与伦比"的精神体验。

内容生产者通过内容构建出一个阅读环境，在这个内容环境中，内容生产者按照自己的定位并结合用户的心理需求和信息需求，植入某种特定的理念、观点、态度，当用户深入（阅读观看）这些内容时，便会感受到"情感共鸣"式的精神体验。通过内容构建的带有情感偏向的阅读情景，内容生产者便会打开用户的心扉，让用户慢慢对其产生信任感和亲密感，激发用户对其内容的共鸣，从而引起用户的分享欲望和传播行为。

长期来说，内容生产者会通过内容给用户营造出一种精神磁场，用户喜欢这些内容所携带的态度、观点甚至情感情绪，用户也愿意在某些时刻消费这些态度、观点和情感情绪。比如，有些公众号会撰写人生感悟或人生真谛，内容生产者扮演者心灵调节师的角色，他输出的内容具有某种"治愈效果"，用户会觉得他说的"句句在理"，就会情不自禁地在朋友圈转发分享。当内容生产者和用户之间的信任关系越来越紧密时，用户就会由最初只是消费内容中所倡导的理念、情怀、态度、观点等精神，转为愿意"消费"内容生产者所提供的服务、产品，愿意参与并传播内容生产者发起的活动。

我们已经可以从许多内容生产者中看到这样的"场景消费"发生。表面上看，他们提供的仅是内容，然而内容中构建的精神场景才是最重要的，这些场景不仅可以引起用户对内容的精神消费，还能引起他们实际的消费行为。

如果说在传统的体验式营销中，商家设置的购物场景维系着消费者的情感体验，连接着物品和消费者的关系，那么在内容营销中，内容构建的场景则维系着用户的精神体验，促发内容生产者与用户的情感连接，并延伸到服务、产品和用户的连接，而后者的连接在社会化营销时代显得更加紧密和牢固。

2. 内容营销中的"营销"新内涵

内容生产者传播内容信息的目的究竟是什么呢？ 如果能回答这个问题，就能重新认识"营销"在今天甚至未来更长一段时间里的内涵。

内容生产者输出内容、传播内容最主要的目的不再是简单的售卖物品，而是更加多元化：用户长期接触内容后，对它们有了更多的了解，对其品牌形象理解得更加深刻，对它们传递的理念有更多认同，对它们倡导的消费方式更加认可，愿意尝试和参与它们提供的产品或服务，愿意传播分享它们的信息等。

这就可以反映出"营销"内涵的扩展，在内容营销中，"营销"应该包含更多的含义：通过内容的传播，让更多人了解你、认可你、对你更加满意、对你更加信任、愿意消费你（产品/服务/观点/态度）、愿意与你产生更深层的互动、愿意追随你。而这些也将成为衡量营销效果的多重因素，并且如果要达成这些效果，最核心的前提是"内容"。内容是基础，营销贯穿于无形之中。

那么我们又该如何更简单地理解"内容营销"呢？ 如果用一个公式总结"内容营销"的话，或许应该是这样的：内容营销＝内容输出传播＋用户关系紧密＋品牌形象提升＋品牌理念深化＋产品/服务售卖＋附加价值。

"附加价值"在这里有更多想象的空间，这些空间也恰恰是上述"营销"内涵的扩展。

于是，我们又提出新的问题：内容生产者该如何进行内容营销传播呢？ 或许下面这些方法是切实可行的：

● 清晰的定位。

- 明确的目标用户。

- 筛选或创作出符合定位的合适内容。

- 持续输出优质内容。

- 持续与用户互动。

- 让用户成为参与者，而不是一味接受"子弹"射击的靶子。

- 在长期的过程中，你会建立与用户之间的信任关系。

- 你不再是模糊不清的想象，他们也不再是看不透的迷雾，你们达成了伙伴关系！

- 当然，你的投入一定会获得回报。因为在上述过程中，你的品牌形象在他们脑中越来越立体；你越来越让他们感受到，你是一个"活生生的人"，可以跟你交朋友、谈心事。

- 你的品牌理念、风格在"润物细无声"的过程中，充分渗透到目标用户那里。这些效果可能是传统硬性广告持续不断地轰炸、大量广告费用的持续投入才会达成的。

那么，当出现这样的效果时，接下来会发生什么呢？神奇的"回报时刻"可能会发生：

- 当你在合适的时机向他们推荐产品、服务或倡导理念时，他们自然而然地愿意接受、愿意尝试、愿意参与，这一切都是自愿发生的。

- 即便他们看到你的内容是美妙的广告信息，也不觉突兀，因为他们与你已经建立起良好信任关系；这些广告信息或许能满足他们的需求，他们不会反感，还会给予更多包容和互动，甚至也会跟随和参与。

- 如果营销信息拿捏得当，自发传播就会在社交媒体圈子里形成！

这就是"回报时刻"。然而，这一切并非凭空而来、一蹴而就的，也并非空中楼阁，需要内容生产者长期生产输出"好"内容，积累和维护目标用户，才能搭建稳固的根基。这或许才是内容营销最大的魅力所在。

但我们仍要回答的问题是：究竟什么才是"好"内容？内容是内容营销的核心基础，而"好"内容则内容营销中的重要基石。但是，生产"好"内容并不是最终的目的，"好"内容的持续生产和输出应该是为了引起内容营销公式中后续部分的连锁反应。

何谓"好"并没有固定的评判标准，但至少应该满足两个条件：一是能满足目标用户的信息需求；二是在此基础上生产对目标用户"有价值"的内容。而"有价值"就是对用户来说"有用"，或让用户感到有趣、有意义等。

3. 内容营销新形态

自从社交媒体盛行以来，社会化营销的探索之路便没有停止过。最初，多数人对社会化营销的理解一直停留在利用社交媒体账户发布传统广告，并想方设法让用户参与进来，或者将用户导流到企业网站上来。在思维方式上，这种做法仍未脱离传统广告的模式，只不过社交媒体充当了另一种传达信息的媒介而已。

之后，营销者开始尝试"如何制造现象级传播"，他们脱离开仅仅将社交媒体当成发布广告的工具，开始琢磨社交媒体的传播策略、传播路径，并开始积极与用户互动，重视反馈，激励用户传播自己生产的内容。尽管此时内容营销并未露出明显端倪，但内容营销的大幕已经开启。

业界对于社会化营销的尝试从未停止过，而自媒体的快速发展以及各种媒体平台（包括社交媒体）对自媒体的扶持，让内容营销迅速走上前台。这种营销方式的出现似乎让人猝不及防又有颇多意外之喜，营销人苦苦寻觅的"循循善诱"式营销方式在自媒体兴盛时期悄然产生了。所以，在谈内容营销的发展时，自媒体和媒体平台功不可没，而微信在推动自媒体发展和内容营销的进程中，更是起到了重要作用。

微信推出公众号之后，自媒体（包括企业自媒体）呈爆发式增长，迅速掀起了内容创业浪潮。这些内容创业者起初只是以内容输出吸引粉丝，意在扩大自身名气，但对于自身的发展模式并不十分清晰。而随着大批尝鲜者在这一浪潮中脱颖而出，寻得融资和商业模式，内容营销的路子逐渐清晰了起来，内容营销似乎也成为社会化营销中的一枝独秀，让原本不甚明了的社会化营销得到了清楚的信号。

虽然许多内容创作者仍在希冀制造现象级传播事件,但现象级传播显然已成为社会化营销的"深坑",可遇而不可求。更多的创作者在长期的内容输出中慢慢摸索出自己的模式,尝试内容创作之道,深耕自己积累的目标用户群体,即便这些群体并非大众人群,但他们更精准,对内容创作者来说"更有所作为""更可开发""更有转化率"。

因此,内容创作者生产的内容便成为引发用户"场景消费"的基础。"场景消费"只是内容营销的一种结果,而在内容营销的形态上大致分为两种。

（1）为自己营销,"自谋出路"

内容生产者通过在媒体平台上建立的自媒体账户,长期输出自己创作的有定位、有情感或态度倾向的内容,以此积累目标用户群体,并维护和滋养这部分用户群。当与用户之间的关系变得稳固且紧密时,内容生产者便围绕这些目标用户推出新产品、新服务,或者围绕这些群体建立商业模式。

这些内容生产者多为创业型自媒体,他们较为重视内容,并且深谙内容在连接"合适"用户方面的重要性,所以他们对内容的规划十分清晰,会有目的、有策略、有计划地向"合适的"用户提供"合适的"内容,而这都是为了他们运营自身品牌、兜售产品、推广服务而进行的。可以说,他们在营造"场景消费"方面是润物细无声的,并且因为满足了用户较好的"精神体验"和"归属感",所以他们与用户的关系变得更加紧密和信赖,"场景消费"的连接能力也更加稳固。这方面的典型代表包括"罗辑思维""少年商学院"等内容生产者。

另外,还有一些企业组织或品牌建立的企业自媒体账号也属于第一种类型,他们迎合社交媒体和自媒体发展趋势,希望尝试利用自媒体输出产品或品牌信息,从而维护品牌与用户之间的亲密关系。这些自媒体多数情况下提供的信息内容更加直接,多与经营的产品有关,但变化的是,他们不再硬生生地做广告,而是学会如何针对产品向用户"讲述好故事",或者说,信息内容本身就是广告,内容为营销而生。他们单刀直入地营造"场景消费",并且非常直接地满足了用户对产品或服务的需求，比如优惠、折扣。但相对来说，这种"场景消费"的稳定程度不如前者高，因为他们虽然针对产品向用户"讲述了好故事"，但这些内容在维系用户对企业或品牌的情感上有欠缺，所以与用户的关系不如前者紧密。只有当信息对用户有利好或戳中了用户需求时，营销的目的才能达到。

这样的案例其实还有很多，比如欧莱雅创建了"内容工厂"，专门为旗下美容品牌制作美妆视频、美妆文章、美妆照片等内容并上传到社交媒体。它还与Youtube合作，创建了许多与其产品相关的干货视频，其中 8 个"How to"视频引起了用户不错的反响，在不依托付费媒体报道的情况下，获得了大量用户的浏览。

另外，自行车品牌 700Bike 在网站或微信公众号中提供最潮流的自行车资讯、有趣的自行车故事、独特的生活方式等内容，这些内容并没有直接宣传其产品，但却与自行车、自行车精神、自行车带来的生活态度和方式息息相关。在这个过程中，用户对这些内容保持了长期的关注动力，而该品牌也将品牌理念慢慢持续地渗透到用户内心，内容最终连接着用户的购车行为。

这的确改变了广告生产的方式。广告在社交媒体上不再是单单制作精美的图片，而是"会讲好故事的内容"，这个"好故事"恰到好处地曝光了产品信息，植入了广告。即便是"名正言顺"地告诉用户这就是广告，但是只要故事讲得好，用户就喜欢看，愿意尝试购买，甚至还会分享传播给他人。属于这些类型的内容生产者有许多，比如一些企业组织、商家平台或者某些创业型电商平台等。

（2）"内容营销代理商"

在众多内容生产者中，有些只专注于内容的不断输出，并借此提升和巩固自己的品牌和影响力。他们考虑更多的是建立起自身可持续的商业模式，比如做电商，比如提供某些产品或服务，可以说他们更多的是在为自己做营销。

而还有一种内容营销的形态，就是"内容营销代理商"，他们虽然也深谙内容生产和运营之道，也通过内容建立与用户紧密的信任关系，但他们在模式上的考虑却有别于前者，他们并不推出自己的产品或服务，而是利用自身积累的用户资源以及品牌影响力,为他人进行营销传播的策划或推广。

如果说广告代理商是传统广告代理制作中的重要角色,那么在社会化营销的大潮中,一些内容生产者则将扮演"内容营销代理商"的角色,他们类似于广告公司,但区别在于他们不做硬性广告,而是凭借生产内容以及较强的话题运作能力为生。

他们通过不断地输出内容,赢得大量志同道合且较为忠诚的用户。他们往往深谙用户心理需求和信息需求,并且据此创作出能引起大量共情的内容,这些内容往往会备受这些用户的欣赏、认同和喜爱,并由此引起用户在社交媒体圈子中自愿分享和传播这些内容,从而带来更大范围的传播。这些内容生产者承担着"精神领袖"的角色,他们日常生产的内容对用户来说甚至成了一种"精神慰藉"。

而这并非他们的主要目的,也并非单纯地提供内容供养用户,而是在长期的精神培养中,慢慢加紧自身与用户间的黏性、信任和认同关系。而一旦这些账号发起营销活动时,这些用户便会一呼百应。

这些不间断的内容一方面维护着内容生产者自身的品牌形象,保持着用户黏性;而另一方面,他们的真实身份却是"内容营销代理商"的角色。他们利用自身的名气、影响力和传播力,为广告主策划传播与品牌、产品和服务有关的信息。并且,他们与广告主的关系更加平等,甚至主动权更多,因为他们有较强的内容运作能力,对内容传播熟知,也十分了解自己的用户,因此有办法找到用户需求与广告主需求之间的平衡。所以,他们在双方博弈中,自主性更高。

这类内容生产者往往专注娱乐、生活等领域,他们的粉丝数量庞大,他们有较大的可能性和能力为这些领域的广告主提供内容营销服务。我们所熟知的"一条""石榴婆报告""新世相"等内容生产者都属于此类。它们成功地成为"内容营销代理商",为广告主定制生产、传播、推广产品信息,因为与用户建立的紧密和信任关系,所以定制化内容的营销能力和传播效果表现不俗。

在"新世相"针对航班管家的营销传播活动中(4 小时逃离北上广),"新世相"的内容并未像传统广告代理商那样制作传统的广告内容,而是根据自身一贯的定位,触及当代年轻人生活中共同面临的问题：生存与生活。于是,它利用"解决问题式内容"植入了航班管家的广告信息,内容与广告之间契合度非常高,并且内容中贯穿的"逃离即洒脱"的情感势必会引爆人们内心长久以来的纠结与无奈,获得人们较高的认同,释放人们心中的压抑、焦虑与不安,呼吁人们用"说走就走的逃离"行动给自己一个交代。这样高度共情的内容极有可能激发出人们的共鸣而被广泛传播,即便许多人无法实际参与到营销活动中来,但却可以用转发分享内容的行为"释放"自己的情绪,表达自己的立场和态度。

这种方式与硬性广告有很大不同,也并非软文推广,而是将品牌曝光和营销内容非常贴切地结合在一起。尽管有不少评论称,此次营销传播事件有喧宾夺主、对广告主展示不够等问题,但却获得了令人瞩目的传播效果,打开了"内容营销代理商"之路。这也让我们看到,社交媒体时代的内容营销模式展现出的新特点与趋势,内容营销似乎是一场"润物细无声"的春雨,尽管不像狂风暴雨般猛烈,却能有深入人心的效果。

然而,要想成为"内容营销代理商"并非易事,这对内容生产者的要求非常高。比如,内容生产者如何通过长期提供能引起共情的内容而获得大量目标用户？ 如何透彻地了解目标用户的心理需求和情感？ 如何跟用户建立信赖且持久的伙伴关系？ 如何生产既坚持自我又满足用户需要的内容？ 只有解决这些问题,才能踏上"内容营销代理商"的门槛。

未来,更多有内容生产和运作能力的内容生产者将跻身"内容营销代理商"行列,他们可能分散在不同的垂直领域,并在各自领域为相应的广告主提供内容营销的服务。而对于上面提到的对广告主展示不够等问题,也是内容营销可能会面临的问题,内容生产者如何在坚持内容生产自主性的同时,又合理地结合广告主品牌信息？ 恐怕这是一个需要博弈的事情,内容生产者与广告主需要通过营销事件本身进行沟通,而后再确定合适的营销内容。

另外,广告公司代理商也将在社会化营销的浪潮中不断转型,除了承担传统广告的任务,有些广告代理公司将转型为社会化营销公司,从事内容营销传播等业务。它们不单单为广告主设计、制作、投放广告,而"创意"也不再只是创新的设计、优美的制作、精心的文案，而是承担更多任务，那就是创作有创意的营销内容，并负责这些营销内容在社交媒体上的传播、推广等工作，营销内容的传播效果将会成为广告效果衡量的重要参考标准。

当然，对于多数内容生产者来说，"为自己营销"以及"内容营销代理商"的两种形态并非是界限分明的，也并不是"非此即彼"的，只是内容生产者在自身定位和运营模式上的差异罢了。这两种形态只代表内容营销大致的两种方向，许多时候，有些内容生产者既在"为自己营销"，发展自己的商业，又会凭借自身影响力在某些时候充当"内容营销代理商"，为其他企业或产品做营销推广传播的事情。

图书在版编目(CIP)数据

热点：社交媒体内容运营逻辑/ 常宁著.—杭州：
浙江大学出版社，2018.11

ISBN 978-7-308-17929-4

Ⅰ.① 热⋯ Ⅱ.① 常⋯ Ⅲ.① 网络营销—研究
Ⅳ.①F713.36

中国版本图书馆 CIP 数据核字（2018）第 015352 号

热点：社交媒体内容运营逻辑

常　宁　著

责任编辑	杨　茜	
责任校对	杨利军　夏斯斯	
封面设计	周　灵	
出版发行	浙江大学出版社	
	（杭州市天目山路 148 号　邮政编码 310007）	
	（网址：http://www.zjupress.com）	
排　　版	杭州林智广告有限公司	
印　　刷	杭州钱江彩色印务有限公司	
开　　本	710mm×1000mm　1/16	
印　　张	18.25	
字　　数	268 千	
版 印 次	2018 年 11 月第 1 版　2018 年 11 月第 1 次印刷	
书　　号	ISBN 978-7-308-17929-4	
定　　价	49.00 元	